成都屈家山II号墓地

成都文物考古研究院
贵州大学历史与民族文化学院　编著

科学出版社
北京

内 容 简 介

本报告为新川创新科技园考古项目系列报告之一。屈家山Ⅱ号墓地位于四川省成都市双流区中和街道蒲草社区的一处低丘，墓地主要遗迹为各个历史时期的墓葬，包括汉晋崖墓24座、唐宋砖室墓和石室墓8座、明清岩坑墓和土坑瓮棺墓17座，出土遗物380余件。该墓地对于成都平原汉晋崖墓的分期断代以及唐宋至明清墓葬的形制、葬式与习俗等方面的研究具有重要学术意义。

本书可供从事中国考古学、历史学的研究者、爱好者参考、阅读。

图书在版编目（CIP）数据

成都屈家山Ⅱ号墓地 / 成都文物考古研究院，贵州大学历史与民族文化学院编著.—北京：科学出版社，2022.12
（新川创新科技园考古发掘报告.一）
ISBN 978-7-03-074094-6

Ⅰ.①成… Ⅱ.①成… ②贵… Ⅲ.①墓葬（考古）–考古发掘–成都 Ⅳ.①K878.8

中国版本图书馆CIP数据核字（2022）第231310号

责任编辑：柴丽丽 / 责任校对：邹慧卿
责任印制：肖 兴 / 封面设计：美光设计

科学出版社 出版
北京东黄城根北街 16 号
邮政编码：100717
http://www.sciencep.com

北京中科印刷有限公司 印刷
科学出版社发行 各地新华书店经销

*
2022年12月第 一 版 开本：889×1194 1/16
2022年12月第一次印刷 印张：17 插页：34
字数：600 000
定价：328.00元
（如有印装质量问题，我社负责调换）

《成都屈家山Ⅱ号墓地》

编委会

主　任
颜劲松

副主任
蒋　成　周志清　谢　林

江章华　陈云洪　陈　剑

主　编
夏保国　左志强

副主编
陈亮吉　吴功翔　余周剑

谢　涛　杨占风

编委成员
李凌波　何　欢　曾小芳

刘钻兰　张自然　杨　敏

李　晨　李　悦　颜丽娟

汤红豆　郭江峰　门震宇

席鹏龙　张俊峰　谭　煌

原海兵

目　　录

插图目录

插表目录

图 版 目 录

第一章　绪　论

第一节　地理环境与历史沿革

一、地理环境

屈家山Ⅱ号墓地位于四川省成都市双流区中和街道蒲草社区的一个低丘——屈家山上，该地片由成都高新技术产业开发区托管，是新川创新科技园内一处重要的发掘点位。地理坐标为东经104°5′29″、北纬30°30′41″。

双流区主体位于三环外南部偏西，东连龙泉驿区和简阳市，南接眉山市仁寿县和彭山区，西邻新津区和崇州市，北靠温江区、青羊区、武侯区及锦江区。东西宽40千米，南北长49千米，总面积1065平方千米，实际管辖面积466平方千米（图一）。

在自然地理位置上，双流区地处川西平原东南边缘，位于龙泉山山脉中段西侧，地貌有低山、丘陵、平原、台地。地势西北高、东南低，最高点为三星镇云崖村，海拔988.1米，最低点为黄龙溪镇皇坟村四组，海拔423米，最大相对高差565.1米。区境内第四系地层较为发育，由不同时期和不同成因的松散堆积物组成，地层厚度从西北向东南由40多米变为几米，为河相冲积、洪积及冰水堆积成因。

双流区境内河流属岷江水系，流向近于东北—西南向。主要河流有金马河、锦江、江安河、杨柳河、清水河、白河和鹿溪河，河流总长为117.65千米。境内山脉主要有龙泉山和牧马山。龙泉山长210千米，宽10～18千米，东北—西南走向，丘陵连绵，是岷江与沱江的分水岭，也是盆西平原和盆中丘陵的天然界山。牧马山西北—东南走向，绵延35千米，宽约11千米，山势平缓微倾。

双流属四川盆地中亚热带季风湿润气候区。全年温和，无酷暑严寒，常年降水丰富，光热集中，春夏日照较足，秋冬云雾多，四季分明，无霜期长。受地形、云、雾、阴雨影响，日照

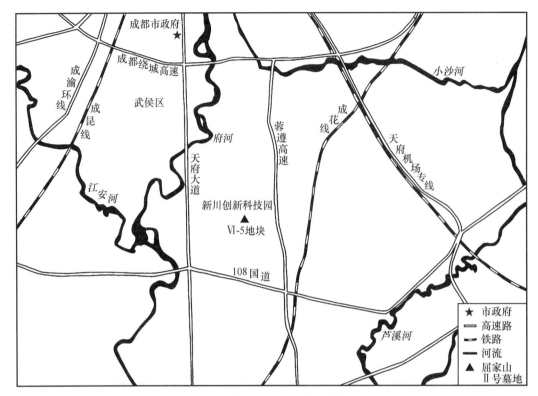

图一　屈家山 II 号墓地位置示意图

少，年累计平均日照时数为938.6小时。平坝区年均气温16~16.5℃，浅丘区16.5~17.6℃，深丘区14.5~16℃。1986~2005年年平均降水量846.6毫米，呈塔形分布，以7、8月为峰顶，12月最低。霜日少，无霜期长，平均为289天。

双流区属于亚热带常绿阔叶林区，主要植被类型有亚热带常绿阔叶林、亚热带落叶阔叶林、温带针阔混交林和山地草、灌、丛等，森林植被在区内有不同的分布。土壤分为水稻土、冲积土、黄壤土、紫色土共4个土类。水稻土分布遍及全区各境内，约占耕地面积80%。紫色土约占全区耕地面积13%，主要分布于东山浅丘地带。

屈家山 II 号墓地所在区域为半坝半丘地貌，周边以浅丘为主，平均海拔455.1米。堆积主要为第四系地层，岩层呈红色，较为松软，易于开凿（图二）。在距离屈家山约500米处有一条沙河沟，属于锦江支流，为岷江水系。这里的小气候是春季较早，无霜期较长，少雨；夏季气温高，雨量大；秋季潮湿多雨；冬季温和，干旱少雨。年平均降水量为900毫米，全年无霜期为278天，初霜期一般在11月底，终霜期一般在2月下旬。年平均气温16℃左右。屈家山低丘的南、东、北山体表面原为灌木丛和少量乔木。

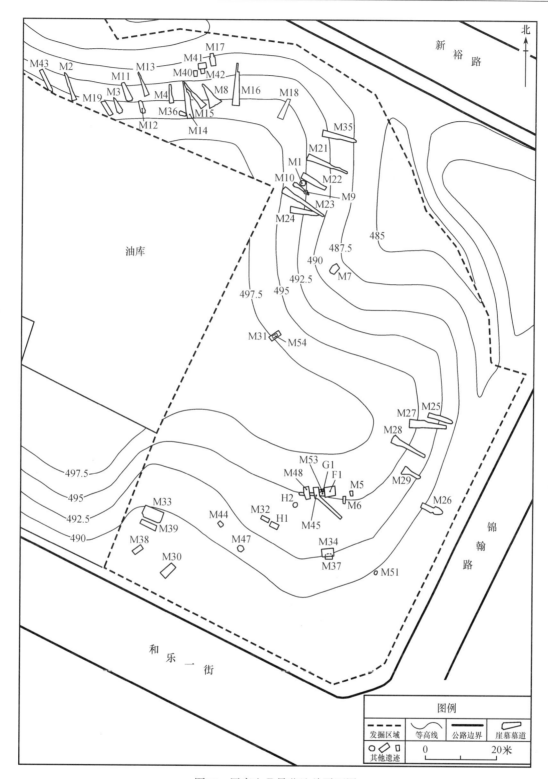

图二　屈家山Ⅱ号墓地总平面图

二、历 史 沿 革

双流古称广都。《山海经·海内经》载："西南黑水之间，有都广之野，后稷葬焉。"① "都广"即"广都"②。

商周时期，双流属古蜀国。扬雄《蜀王本纪》载：蜀王杜宇"移治郫邑，或治瞿上"。瞿上在今双流境内③。开明王朝时双流称广都，与成都、新都并称为"蜀地三都"。开明氏以广都（今双流区）、瞿上（今胜利街道）、樊乡（今华阳街道）为国都。

周慎靓王五年（秦惠文王更元九年，公元前316年），秦灭蜀国。周赧王元年（秦惠文王更元十一年，公元前314年），封子通为蜀侯，以张若为蜀国守，双流地属蜀郡。秦时置郡县，广都为蜀郡地域。

汉承秦制。汉武帝元朔二年（公元前127年），置广都县，为蜀郡所辖。元封五年（公元前106年）增设益州刺史部，广都县隶属益州蜀郡。西汉末年，王莽新朝改广都县为都亭。东汉明帝永平元年（58年）复名为广都县。

蜀汉时期，广都县仍隶蜀郡。东晋永和四年（348年）④，以蜀之流人置侨郡，广都县由蜀郡改属宁蜀郡。治所由古城坝（今华阳街道）北移。

北周武成元年（559年），废宁蜀郡，广都县仍属蜀郡。

隋代文帝仁寿元年（601年），避太子杨广名讳，广都改名为双流，系借左思《蜀都赋》"带二江之双流"⑤而得名，属蜀郡。唐高宗龙朔三年（663年），由双流县析置广都县，两县同属剑南道成都府管辖。武则天久视元年（700年）分蜀县、广都县地置东阳县。唐玄宗天宝元年（742年）更东阳县名为灵池县，灵池同华阳、广都均属成都府管辖。五代十国时期，前蜀（907～925年）、后唐（925～933年）、后蜀（934～965年）之广都隶属益州成都府。宋双流、广都两县均隶属成都府路之成都府。北宋熙宁五年（1072年）废陵州，以贵平、籍县为镇入广都县。至元二十三年（1286年）广都县入双流县，属四川等处行中书省成都路。明太祖洪武十年（1377年）双流县并入华阳县，隶属成都府。洪武十三年（1380年）复置双流县、华阳县，隶属成都府。康熙六年（1667年）双流县并入新津县，新津县隶属成都府。康熙、乾隆年间，府河航运兴盛，商业兴旺，取名中兴场，为华阳县治所在地。雍正八年（1730年）复置双流县并辖五乡，隶属于四川省成都府。道光年间，蒲草塘隶属华阳县所辖。自嘉庆年间至清末，又在省和府之间增设道，双流县属成绵龙茂道之成都府，光绪三十四年（1908年）改成绵

① 袁珂校注：《山海经校注》，上海古籍出版社，1980年，第291页。
② 童恩正：《古代的巴蜀》，四川人民出版社，1979年，第70页。
③ （汉）扬雄撰，王炎、王文才著：《蜀王本纪》，《蜀志类纂考释》，中华书局，2021年，第86页。
④ 一说永和八年（352年）。
⑤ （西晋）左思撰，瞿蜕园注：《蜀都赋》，《汉魏六朝赋选》，上海古籍出版社，2019年，第148页。

龙茂道为川西道。

民国时期，1912年双流县隶属成都府，1913年双流县隶属于川西道，1914年川西道改为西川道，双流县隶属于西川道。1929年双流县直属四川省管辖。1935年，四川省设18个行政督察区分辖各县，双流县属省第一行政督察区管辖。

中华人民共和国成立后，四川划分为川西、川东、川北、川南四个行署区，双流县隶属川西行署区的温江分区。1952年7月撤销行署，保留专区，恢复省制，双流区属于四川省温江专区专员公署。1959年撤销双流建制并入温江，1962年复置双流县，隶属关系不变。1965年撤销华阳县建制，并入双流县。1976年仁寿县籍田区划入双流县，双流县由温江划归成都市管辖。1981年地名普查，中兴镇更名为华阳镇，中兴乡更名为华阳乡。1984年华阳镇由乡级镇升为区级镇，管辖华阳、协和、鹤林和街道4个办事处。1988年，撤销街道办事处。1992年撤销华阳、协和、鹤林3个办事处，保留华阳镇，以镇辖村。2015年撤销双流县，改为成都市双流区。2019年将蒲草社区所属行政区域划归中和街道，中和街道由高新区托管。

第二节　既往考古发现与研究

一、双流区历史时期墓葬材料

双流有着丰富的历史考古遗存。近十年来，为配合城市基础设施建设，成都文物考古研究院和双流区文物管理所在中和镇、华阳镇一带进行了大规模的考古调查、勘探和发掘，发现了汉代以来各个历史时期丰富的考古遗存。下面就双流区境内历年所发现的崖墓、砖室墓、石室墓等墓葬材料，特别是屈家山Ⅱ号墓地所在的新川科技创新园近年来的重要发现做梳理和简要介绍。

（一）崖墓

1957年在黄水乡陶家渡九倒拐附近的牧马山清理东汉崖墓10余座。葬具有瓦棺、木棺。东汉崖墓随葬器物以陶器最多，有罐、釜、盆、钵、灯、甑等，并有陶俑等。铁器有镰、斧、刀、矛等，铜器有釜、镜、弩机等，钱币有五铢、半两、大泉五十、货泉[①]。

---

① 邓伯清：《四川牧马山灌溉渠古墓清理简报》，《考古》1959年第8期。

1983年在黄佛乡境内发现崖墓群，共发现东汉时期崖墓4座、三国时期崖墓1座。东汉时期墓葬形制相似，出土有铜镜、陶钵、陶盘、陶瓮、陶俑、五铢钱等。三国时期墓葬为双棺合葬墓，出土有陶罐、陶瓮、陶甑、陶俑、铜镜、直百五铢等①。

1984年在中和乡前进村发现崖墓群，崖墓有3座，均为东汉时期②。

1985年在华阳乡沙河村发现1座崖墓，墓葬呈"品"字形，受扰乱严重，葬具为陶棺。出土陶罐、陶釜、陶俑等，钱币有五铢、货泉等，判定该墓凿于东汉早期，延续到东汉中期甚至更晚③。

1988年在中和乡应龙村发现崖墓群，清理崖墓6座，均为汉代崖墓④。

2008年在新兴镇庙山村清理崖墓3座，仅M1保存较好，M1时代推断为东汉早、中期，出土陶钵、陶耳杯、陶灶、五铢钱等。M2、M3破坏严重⑤。

2011年在庙儿山勘探发现94座崖墓，清理发现墓葬形制多样，出土资料丰富，以陶器为主，有罐、钵、釜等，铜器有镜、弩机等。推测时代应为东汉早中期⑥。

另外，据《中国文物地图集·四川分册》，历年来在今籍田街道小河村附近发现崖墓群，崖墓有5座，出土陶棺、陶俑、陶动物模型等。在今万安街道东林村附近发现关门山崖墓群，崖墓有3座，出土有陶罐、陶房、陶瓦等。在三星镇河山村磨子山发现1座崖墓，形制较大，依据形制确定为东汉时期。在大林镇小捻沟村附近发现何家埝崖墓群，崖墓有9座。在今白塔社区发现九倒拐崖墓群，崖墓共76座，墓葬形制多样，出土有陶动物俑、铜剑等。在今永安镇新街社区十社龙灯山发现1座崖墓，该墓葬为东汉中型墓，墓室内有仿木结构雕刻，出土陶罐残片、陶俑残件等⑦。

（二）砖室墓与石室墓

1956年在华阳县三圣乡上河村发现一批北宋墓葬，出土有陶罐、陶甑、陶灯、石质买地券等⑧。

① 毛求学：《双流黄佛乡发现崖墓》，《成都文物》1984年第2期。
② 成都市博物馆：《一九八四年第二季度文物考古工作简讯》，《成都文物》1984年第3期。
③ 李加锋：《双流华阳乡沙河村崖墓发掘简报》，《四川文物》1991年第6期。
④ 成都市博物馆考古队：《双流县中和乡应龙村东汉岩墓群发掘简况》，《成都文物》1989年第2期。
⑤ 成都文物考古研究所：《成都市双流县庙山村崖墓发掘简报》，《成都考古发现》（2007），科学出版社，2009年，第271~281页。
⑥ 索德浩、李国：《双流县华阳庙儿山东汉崖墓》，《中国考古学年鉴2012》，文物出版社，2013年，第380、381页。
⑦ 国家文物局：《中国文物地图集·四川分册》，文物出版社，2009年，第123、124页。
⑧ 四川省文物管理委员会：《四川华阳县北宋墓清理简报》，《文物参考资料》1956年第12期。

1956年8月在华阳县桂溪乡发现2座明代石室墓，为明代蜀王府太监墓，一为"掌印承奉正宁菊东"，另一为"典宝正刘远峰"。两墓均被盗，出土陶器有香炉、灯台等，还有陶人物俑、陶动物俑，铜器只有1件铜烛台，还出土有玛瑙带饰[1]。

1957年在华阳县杨柳乡发现李韠墓（？~958年），为后蜀时期长方形砖室墓，出土陶罐、石墓志等，石墓志刻有"蜀故光禄大夫检校司守左领军卫大将军兼御史大夫上柱国"等文字[2]。

1983年在中兴公社境内（华阳镇南部）发现宋代石室墓1座，出土陶俑7件[3]。

1984年在永福乡八大队二小队发现2座单室砖室墓，均为北宋时期，出土有瓷碗、石砚台、铜镜、陶罐等，还出土1件石质买地券，刻有纪年"维政和八年（1118年）"[4]。

1985年在白家乡近都村净土寺发现1座南宋双室券顶砖室墓，出土陶三彩武士俑、文吏俑、匍匐俑等[5]。

1988年在籍田镇竹林村发现马道子后蜀墓，为券顶石室墓，出土陶武士俑、陶文吏俑、陶十二生肖俑、瓷罐、瓷壶等，其中1座出土"大蜀×政二年（939年）"石碑[6]，还出土开元通宝等钱币。

1995年在东升镇青枫村发现8座汉代砖室墓[7]。

1999年在白家镇黄金村2组发现9座宋代砖室墓[8]。

2001年12月在华阳镇绿水康城小区发现一批砖室墓，共38座，时代分为汉代与唐宋两个时期。其中唐宋时期墓葬共19座，出土器物有陶四耳罐、双耳罐、瓶、盘、盏、碟、俑等，钱币有开元通宝铜钱、铁钱等[9]。

2006年在华阳镇骑龙村六组清理一批东汉墓群，均为砖室墓，出土有画像砖、陶车、陶马等[10]。

2008年在华阳镇伏龙村清理西汉时期竖穴土坑墓2座。出土遗物以陶器为主，另有铁器、铜器，出土钱币有半两、五铢。还发现有7座唐宋时期的砖室墓，均破坏严重，无出土

① 唐淑琼、任锡光：《四川华阳明太监墓清理简报》，《考古通讯》1957年第3期。
② 任锡光：《四川华阳县发现五代后蜀墓》，《考古通讯》1957年第4期。
③ 黎佳：《1983年考古工作概述》，《成都文物》1984年第1期。
④ 刘平、王黎明：《双流发现北宋砖室墓》，《成都文物》1984年第1期。
⑤ 李加锋：《双流县白家宋墓发掘简报》，《成都文物》1988年第4期。
⑥ 王黎明：《双流县后蜀墓清理简记》，《成都文物》1995年第3期。
⑦ 成都市文物考古工作队：《成都市一九九五年田野考古工作概述》，《成都文物》1996年第1期。
⑧ 市文物考古工作队：《成都市一九九九年田野考古工作综述》，《成都文物》2000年第1期。
⑨ 成都市文物考古研究所、双流县文物管理所：《成都市双流县华阳镇绿水康城小区发现一批砖室墓》，《成都考古发现》（2003），科学出版社，2005年，第347~396页。
⑩ 国家文物局：《中国文物地图集·四川分册》，文物出版社，2009年，第124页。

器物①。

2009年在东升镇青杠村清理汉、唐、宋代墓葬17座。汉代墓葬共7座，均为砖室墓，出土有陶器、铜器、石雕像、钱币，陶器有罐、钵、仓、井等，还有陶人物俑、陶动物俑，铜器有铜环、摇钱树叶、铺兽等，石雕像有1件石羊。唐宋墓葬共10座，均为砖室墓，破坏较为严重，出土有瓷器和钱币，瓷器有碟、盏、罐②。

2009年2月在华阳镇北骑龙村发现一批墓葬，有土坑墓、砖室墓共36座，年代从汉代延续至南宋。其中唐宋时期墓葬11座，均为砖室墓，出土物主要是瓷器，有碗、罐、盆等，还出土有石质买地券、钱币和铜发钗等③。

2012年6月在公兴镇双塘村发现1座北宋双室砖室墓，随葬品均为瓷器，东室出土有碗、盏、双系罐等，西室出土有四系罐和瓶④。

2012年在黄龙溪镇皇坟村发现3座明代墓葬，出土有建筑构件、瓷器、陶器等，建筑构件有瓦当、滴水等，瓷器有罐、碗、盘、盏、炉等，陶器有钵⑤。

二、新川创新科技园主要墓葬考古工作

为配合园区建设，近年来成都文物考古研究院联合四川大学、西南民族大学、贵州大学等高校持续开展了相关考古勘探、发掘工作，考古发现以墓葬材料为主。

2015年6~8月，成都文物考古研究院及四川大学在中和镇龙灯山村二组的小山丘上发现并清理了一批两汉时期墓葬。出土物以陶器居多，器形有罐、瓮、釜、钵、盆、壶、甑等，铁器有锸、削、刀等，铜器很少，仅见带钩⑥。

2016年4~5月，成都文物考古研究院在高新南区中和街道红松村红苕坡发现一处宋墓群，发掘清理宋墓17座，包括砖砌土葬墓9座和砖砌单室火葬墓8座。墓葬均存在不同程度的破坏，

①　成都文物考古研究所、双流县文物管理所：《四川双流华阳镇"家益欣城"地点西汉土坑墓及唐宋砖室墓清理简报》，《成都考古发现》（2010），科学出版社，2012年，第510~525页。

②　成都文物考古研究所、双流县文物管理所：《四川双流县青杠村汉、唐、宋代墓地发掘报告》，《成都考古发现》（2010），科学出版社，2012年，第447~509页。

③　成都文物考古研究所、双流县文物管理所：《双流县华阳镇骑龙村"欧香小镇"唐宋墓葬发掘简报》，《成都考古发现》（2011），科学出版社，2013年，第435~460页。

④　成都文物考古研究所、双流县文物管理所：《双流县公兴镇双塘村北宋砖室墓发掘简报》，《成都考古发现》（2011），科学出版社，2013年，第483~488页。

⑤　成都文物考古研究所、双流县文物管理所：《双流县黄龙溪镇明蜀藩王墓调查与试掘报告》，《成都考古发现》（2011），科学出版社，2013年，第521~561页。

⑥　索德浩、刘雨茂、杨洋：《成都市中和镇板栗湾西汉崖墓M17发掘简报》，《考古》2019年第4期。

出土物较少。以瓷器为主，多系琉璃厂窑生产①。

2017年3～4月，成都文物考古研究院与四川大学在双流区中和镇龙灯山社区11组联合发掘谢家包墓地，共计清理墓葬10座，其中西汉岩坑墓4座，另有东汉和六朝时期崖墓6座②。

2018年3～7月，成都文物考古研究院联合四川大学对卢家冲地点进行了考古发掘，共清理各类墓葬134座，其中东汉时期崖墓11座，六朝时期崖墓66座，唐宋时期的砖室墓4座、石室墓4座，明清时期岩坑墓48座、砖室墓1座。墓葬年代跨越较大，尤其是六朝时期崖墓数量较多，为研究成都平原东汉至明清墓葬提供了重要材料③。

2020年，成都文物考古研究院联合西南民族大学在园区范围内继续开展相关考古工作，发掘地点共计9个，清理墓葬674座，包括西汉时期岩坑墓，东汉时期砖室墓，东汉六朝时期崖墓，唐宋砖、石室墓，明代砖、石室墓以及灰椁墓等。其中，东汉六朝时期崖墓351座，分布地点有刘家大堰、王家山、杨家山、五根松、大山坡、周家山、廖家山、刘家山、许家山等处④。

此外，新川创新科技园内历年的考古发掘地点还有板凳湾、黄家官山、俞家山、蛮洞山、李家山、尹家湾。

新川创新科技园各个时期墓葬的文化内涵、时代特征大体可以概括如下。

战国早段墓葬仅发现于九龙山1、2号地点，形制为狭长条形土坑墓，使用葬具，形制不明，推测年代为战国早中期。战国晚段至秦代墓葬发现甚多，主要位于彭主山Ⅰ、Ⅱ号和红花沟地点，排列规整有序，墓葬形制有船棺墓、木椁墓、岩坑墓。

汉代早段墓葬发现地点甚多，主要位于浅丘邻近平坝处的山梁。分布地点有红花沟、彭主山、黄家山边、大山坡、高高山、九龙山、李家山、蛮洞山、黄家官山等。墓葬形制为长方形竖穴土坑、岩坑墓。少量岩坑墓为"架棺式"墓葬。葬式多为仰身直肢葬，少量为屈肢葬。出土器物有釜、釜甑、钵、盆、壶、豆、井、罐、瓮、盘、钫、鼎等陶器；壶、鍪、带钩、印章、钺、矛等铜器，以及斧等铁器；还有少量漆木器，主要为耳杯、盘等。时代为西汉初期至中期。

汉代中段墓葬发现地点同于早段。墓葬形制包括带天井式崖墓、岩坑木椁墓等。值得一提的是，黄家官山、李家山各出土1座带斜坡墓道的竖穴岩坑木椁墓，出土大量陶、铜、石、铁器以及动物骨骼等，规格罕见。时代为西汉晚期至两汉之际。

汉代晚段墓葬发现甚广，遍布园区浅丘西半部，数量众多。墓葬形制包括崖墓、砖室墓。崖墓绝大多数为单主室墓，带侧室，侧室多者可达13个。盛行单室崖墓可能是该区域崖墓的地

---

① 成都文物考古研究院、双流县文物管理所：《成都市高新南区中和街道红松村宋墓群发掘简报》，《成都考古发现》（2017），科学出版社，2019年，第307～333页。

② 罗二虎、韩恩瑞：《成都市双流区谢家包西汉岩坑墓发掘简报》，《考古》2022年第1期。

③ 该资料尚在整理中，暂未正式发表。

④ 该资料尚在整理中，暂未正式发表。

域性特色，区别于郫江等地盛行的前后纵列的多室崖墓。少量有雕刻仓廪、水田等。葬具多为陶棺，出土近10具画像石棺。年代为东汉中晚期。

蜀汉时期的墓葬主要在王家山、杨家山、黄家山等地发现，可以分为早、晚两段。早段以王家山M5为代表。王家山M5为单室崖墓，由墓道、墓门、甬道、主室、侧室等组成。晚段以杨家山墓地M54为代表，该墓为单室，前窄后宽，结构包括墓道、墓门、主室、侧室等。

两晋南朝时期墓葬的形制皆为崖墓。发现地点有黄家山边、板凳湾、黄家官山、蛮洞山、尹家湾、卢家冲等。墓葬体量明显缩小，墓门斜直，双层门框。随葬陶器多位于封门内侧。不少墓葬为合葬，墓室内通常葬两具及以上的人骨。随葬品种类包括陶器、铜器、铁器、瓷器等，其中陶器主要包括钵、罐、碟、仓等；陶俑形制较为特殊，较之东汉时期更为小型、粗糙；铜器包括釜、洗、秤、镜、盘等；铁器为刀、削、剪刀、矛；瓷器包括青瓷钵、青瓷罐等。

唐宋时期墓葬形制主要包括砖室墓、石室墓。砖室墓可区分为晚唐五代、宋两个大的时段。晚唐五代砖室墓规模略大于宋代，由墓道、甬道、前后室等部分组成。墓道为竖井式，较短。墓室由素面青砖砌筑而成，券顶。盗扰严重，出土器物较少，组合单一，以陶罐、碗、盏为主。部分墓葬有开元通宝出土。宋代砖室墓由墓道、甬道、墓室、肋拱、腰坑等部分组成。墓道以竖井式为主，亦有少量斜坡式。墓室平面均呈梯形，由素面青砖砌筑而成，部分墓葬墓室内壁有肋拱，葬具保存较差。顶部有券顶和叠涩顶两种。少量墓葬铺地砖下有腰坑，腰坑内放置1件瓷四系罐。墓向不一，以南向为多。墓葬较小者为火葬墓，较大者为整身葬。双室并列者墓葬结构、随葬品类型一致，为合葬墓。随葬器物以陶器为主，组合为四系罐、盏、碗。砖室墓墓主应为平民。石室墓由墓道、墓室、壁龛等部分组成。墓向不一。带墓道者数量较少，墓道均为竖井式。墓室平面呈梯形，由红砂岩砌筑而成。个别宋墓随葬石质买地券，文字已剥落殆尽。

明代墓葬多数为南北方向。墓葬分为砖石混筑墓、砖室墓、石室墓三大类。墓葬结构包括排水沟、墓道、墓门、墓室。随葬品有瓷器、金器，多出土石质墓志等。九龙山地点M3、M7出土的石质墓志较重要。M7男性墓主应为卢信，下葬于建文壬午年（1402年），墓主生前为明威将军，以指挥佥事职位致仕，曾官至成都府左卫中所，从五品，墓志记载有累累战功。M3墓主为卢忠，为卢信之子。更为罕见的是M6还出土有神位，记载M3与M7墓主之间有谱系关系。M1是双室石室墓，带有浓郁宗教色彩。这批墓葬年代为明代初年，是目前四川地区所见年代最早的明代墓葬。M3、M7的墓志为探讨元末明初战争、蜀藩管理及品官墓礼俗提供了实物资料[①]。此外，园区还见有明代岩坑墓、土坑墓等。

除此之外，园区范围内还发现清代的石室墓、瓮棺葬等，出土有碑铭、题记等文字材料，为晚近的地方社会史的研究提供了宝贵材料。

---

①　该资料尚在整理中，暂未正式发表。

第三节 项目发掘工作概况

一、项目地块编号与发掘阶段

为配合新川创新科技园园区的基本建设，2021年年初成都文物考古研究院确定与贵州大学历史与民族文化学院联合对园区范围内的Ⅵ-5地块展开考古发掘工作。因在其西北大约1千米处亦有一处低丘名为"屈家山"，并已进行过考古工作，故将本处发掘点命名为"屈家山Ⅱ号墓地"。此前，成都文物考古研究院进行了发掘前的勘探工作。通过初步钻探，确认了屈家山Ⅱ号墓地的主要遗迹为各个历史时期的墓葬，大体包括汉晋崖墓、唐宋砖室墓和石室墓、明清岩坑墓和土坑瓮棺葬等，并且基本明确了各类型墓葬的大体分布区域。

屈家山Ⅱ号墓地的发掘项目领队为成都文物考古研究院副研究员左志强，执行领队为贵州大学历史与民族文化学院教授夏保国，贵州大学历史与民族文化学院硕士研究生陈亮吉（现为中山大学社会学与人类学学院博士研究生）担任了现场发掘工作责任领队，组建了以研究生为主体的贵州大学项目发掘团队。

本次发掘项目编号为"2021GZPQ2"，其中"G"代表"高新区"，"Z"代表"中和镇"，"P"代表蒲草社区。本次发掘大体采取从北向东至南，按发掘顺序进行编号，共清理遗迹单位55处，其中墓葬49座，包含崖墓24座、砖室墓6座、石室墓2座、岩坑墓16座、土坑墓1座，以及晚近历史时期的灰坑2个、灰沟1条、房址1座。

自2021年1月上旬开始田野发掘工作，至当年8月份全部完成。以春节为界，可以分为前、后两个工作期、三个工作阶段。

第一阶段：从2021年1月9日至2021年1月26日。1月上旬开始，新川创新科技园建设主管部门安排相应人员对墓地的地表进行清理，发掘团队继续钻探，大体明确了各类型墓葬的具体位置。其中，崖墓主要分布于山体北侧、东侧以及北侧与东侧相夹的山谷地带，砖室墓、石室墓则主要位于山体南缘和北部山腰，岩坑墓则散布于山体东部。墓葬大多遭受不同程度的盗扰、破坏。依据本次地表清理和钻探获得的判断，确定了墓葬的顺序编号，并做了春节前的发掘清理工作的初步安排。在半个多月的时间，对暴露情况特别明显的零散墓葬进行发掘，逐步清理山体表土和植被，共清理两晋时期崖墓3座、明清时期岩坑墓4座。

第二阶段：从2021年2月22日至2021年5月25日，此阶段田野发掘工作最为重要，共清理崖墓21座、砖室墓6座、石室墓2座、岩坑墓12座和土坑墓1座，以及灰坑2个、灰沟1条、房址1座。发掘期间，成都文物考古研究院闫雪指导发掘团队对墓地部分随葬品内的内含物进行了浮选；四川大学历史文化（考古文博）学院原海兵副教授对墓地部分人骨进行了头型、身高等外显的体征形态的基本测量和鉴定，初步获取了人种体质特征的信息。双流区文旅局、双流区文物管理所和新川创新科技园区有关单位领导、专家和工作人员观摩了发掘现场和出土文物。5月25日，由成都文物考古研究院组织四川大学、西南民族大学等单位的专家进行了本项目的中期检查（田野验收），获得通过。

第三阶段：从2021年5月26日至2021年8月12日，主要对墓地发掘清理的所有遗迹单位进行测绘复核以及对砖室墓、石室墓进行结构解剖清理。成都文物考古研究院科技考古中心白铁勇等完成了M27中墨书提取识别工作，贵州大学项目发掘团队完成了墓地出土动植物遗存的浮选工作。项目发掘团队对出土器物进行了继续清理、搬运和修复、绘图工作。期间，还接待了成都市文化广电旅游局机关相关部门人员的观摩，并开展两次公共考古活动。

在项目团队完成发掘报告初稿后，2021年8月12日成都文物考古研究院组织西南民族大学、四川省文物考古研究院等单位专家进行结项验收，获得通过。

二、发掘方法

屈家山Ⅱ号墓地发掘区内地层堆积相对简单，为便于田野发掘，建设单位配合发掘团队进行了大规模的表土清理工作，揭掉地表植被后经过刮面即发现部分墓葬的墓道或墓圹开口。

依据国家文物局田野考古操作规程，在整个发掘过程中，对崖墓、砖室墓、岩坑墓等不同类型墓葬采用不同的发掘方法，故有必要将崖墓和砖室墓、石室墓发掘过程中的一些技术环节做一简要介绍。

1. 崖墓

（1）确定崖墓范围。通过考古勘探，结合刮面工作，确定崖墓墓口，划出墓道、墓圹范围，并注意与其他遗迹之间的打破、避让关系。需要说明的是，避让关系是墓葬营建过程中人为的规划布局和操作，反映了墓葬的营建顺序，可以理解为一种叠压关系。在崖墓发掘中，要注意不同墓葬的墓道走向以及与相邻墓葬的墓室之间明显表现出来的避让关系，晚期墓没有避让而出现的打穿、打断早期墓的墓室、墓道，则为打破关系。不过，崖墓的避让关系也可能只是反映营建的先后顺序，不等同于下葬年代的先后。

（2）发掘墓道填土，预留边壁填土剖面划分填土地层。主要有以下几个步骤：首先判断有无盗洞，然后清理盗洞与墓道表土；由墓道口部至墓门方向清理墓道填土，顺向紧贴墓道一侧边壁或两侧边壁预留10~20厘米宽（厚）的填土，形成边壁剖面。发掘至墓道中部时，对墓道填土进行横向解剖，依据土质、土色划分填土堆积地层，横截面显示有多层填土堆积的墓道依据土质、土色自上而下逐层清理。清理至近墓门处再对墓道填土进行横向解剖，划定墓道边壁反映的填土堆积层次，与墓门预留剖面的地层线形成闭环，其后清理剩余墓道填土。其间观察填土的堆积形态与分布，详细记录填土内出土器物及遗迹现象的层位信息。

（3）清理封门砖、墓室。在清理中注意到部分晚期崖墓封门砖使用早期砖块的情况。因盗扰，墓葬内器物杂乱，常脱离下葬时位置，但发掘时仍精细记录器物出土位置与状态，注意墓室中能证明器物原来位置的痕迹。

（4）清理墓棺。对棺内的填土进行清理，观察其内是否有随葬品或人骨痕迹。对其下填土（垫土）进行清理，确保无器物遗漏。通过对陶棺残片关键部位的判断，计算陶棺数量。

（5）清理凿痕。对墓壁、墓底、墓顶的开凿痕迹进行清理，观察墓壁、顶、底上开凿工具遗留的施工痕迹（含碓窝、滑槽），对凿痕反映出的开凿方向、工具类型进行详细描述和影像记录。注意墓室内石雕建筑样式和台阶、壁龛、耳室，以及特殊的沟、洞等设施的建造方式与技术。

2. 砖室墓、石室墓

（1）判别开口层位，确定墓圹范围。

（2）清理墓圹表土，露出墓道及墓室。首先清理墓道，其后打开墓室顶部，露出墓室。清理随葬品及人骨，详细记录随葬品摆放位置及墓室内填土情况。发掘至墓室底部时，注意有机物腐朽后的痕迹，留意土质、土色的变化，分析其颜色、性质及内涵；注意人骨迹象，尽量复原埋葬时人骨的姿势及头向。

（3）查看铺地砖之下是否存在隐藏坑（腰坑），四壁是否存在隐藏的壁龛，近底部墓砖的砖面是否存在文字、纹饰等。

（4）解剖墓室结构的关键部分。注意墓室不同结构的筑砌方法及先后次序，弄清券顶的修筑方法。

（5）完成测绘、摄影、绘图后，揭取墓砖。统计不同规格墓砖的数量信息。观察底砖下垫土的土质、土色，探明营造墓葬时的地基深度、形态。

第四节　发掘报告编写

屈家山Ⅱ号墓地发掘资料的室内整理与报告编写工作主要由贵州大学历史与民族文化学院项目团队在成都文物考古研究院的专家指导下完成。

一、资料整理

2021年5月25日，随着田野发掘工作的基本完工，工作重心转向室内整理。墓地的资料整理工作可分为两个阶段。

第一阶段：从2021年5月25日至2021年8月31日，对墓地的各种资料进行详细梳理及完善，开展出土器物的修复、绘图、统计和标本选取工作。至2021年8月31日，报告编写人员在对各类实物资料进行仔细核对的基础上核校了发掘记录表、墓葬统计表、器物登记表、小件登记表，对拍摄的照片进行挑选。修复器物累计100余件，绘制纸质线图，制作器物卡片，开展类型学分析，初步进行了分期分段。

第二阶段：从2021年9月1日至2021年12月31日，由于高校陆续开学，参与整理的学生陆续返校，该阶段资料整理工作由陈亮吉、杨敏、吴功翔、张自然负责。主要是继续对出土器物进行修复、绘图，对选取的标本进行文字描述，核对墓葬数据，制作图版。至2021年12月底，全部工作完成。

二、报告编写

经过繁杂的资料整理工作，我们将编写报告需要的重要代表性材料、标本挑选出来，于2021年9月启动报告文本的编写工作，其中2022年2月10日至4月30日为集中汇稿阶段。

屈家山Ⅱ号墓地发掘的墓葬年代跨度从东汉早期一直延续至明清时期，类型包括崖墓、砖室墓、岩坑墓和土坑墓等，为科学、客观、完整、真实地展现考古材料，我们确定了以下报告编写思路。

首先，报告第一章为绪论，对该墓地所在双流区的地理概况及历史沿革进行了概略介绍，力图反映该区域历史时空中的自然与人文景观；也对墓地所处双流区和新川创新科技园的相关既往考古工作进行了梳理。这是本报告对遗存的环境背景和工作背景的介绍部分。

其次，按照新川创新科技园系列报告的整体排版要求，并结合不同墓葬考古报告的编写体例，将发掘的墓葬分为汉晋崖墓、唐宋墓葬、明清墓葬及其他遗迹三个章节进行介绍，即第二、三、四章。每一章大体按照墓葬形制、出土器物、分期与年代的分节顺序进行介绍和研究，第一节墓葬形制部分，先做墓葬形制的类型划分，然后按照墓葬类型划分小节，小节内再根据分型或亚型结果逐型（亚型）、逐个墓葬介绍墓葬形制、墓道填土、凿痕（仅见于汉晋崖墓部分）、葬具葬式和随葬品等的基本情况。第二节出土器物部分，各个时期墓葬按照出土器类的分型分式结果进行标本器物的描述性介绍和相关研究。第三节是依据墓葬形制和出土器物的分型分式和既有研究等情况进行的年代学判断。每章最后以"结语"做终。这是本报告的主体部分。

报告第五章为"专题研究"，每节一个专题，分别针对屈家山Ⅱ号墓地中汉晋崖墓墓门形制的分期断代标尺问题、墓道填土分层现象所反映的多次下葬问题及其发掘方法、凿痕所见崖墓修凿技艺、四川地区明墓出土龙纹罐的类型及相关问题，清代瓮棺葬及相关问题等五个专题，普遍引用四川地区的相关发现进行了延展性的研究和探讨。

鉴于墓地年代跨度较大，包括了三个较长时段的墓葬，各具特点，每章结语之外，又有专题研究进行适当深入的探讨，故不再设置整个报告的结语。

本报告主体部分的所有线图、表格随文编排，专题研究部分还编排了一部分遗迹、遗物照片。报告后面的全部彩色图版则是按照先遗迹、后遗物的顺序进行编排，力求丰富、翔实。附录部分是屈家山Ⅱ号墓地人骨鉴定报告。

三、相　关　说　明

为保证报告的科学性，在报告编写中对以下几项进行了适当的统一，特作说明。

1. 部分器物名称

陶碗和陶钵：在成都当地以往的考古发掘简报中，形状、大小相似的同一类器物称陶碗、陶钵者均有。为避免定名混乱，本报告中依据足部特征，将饼足、平底者定名为陶钵，圈足者定名为陶碗。

陶平底釜：成都当地考古发掘简报多将该类器物定名为平底罐，但根据M4、M10出土的釜、盆器物组合看，形制、大小、材质与之相似的器物，如M23：2、M13：12，似定名为平底釜较为妥当。

2. 墓葬平面、剖视图标注细节

报告在对崖墓组线图定名时统一为"墓葬平面、剖视图"，例如M16的线图定名即为"M16平面、剖视图"。另外，崖墓的平面、剖视图内所标记的器物，均为出土位置未受明显扰动且器形损坏程度较小的器物。有些墓葬因扰动过于剧烈，器物残碎零落，出土位置的意义已经丧失，如M14，因而不再在平面、剖视图中标注器物出土位置细节，仅在描述中大体归于各个墓室。

3. 排水管的描述

完整排水管出土时均为前后套接，一般排水管的前端，即上口径较大，后端即下口径较小。描述上统一为介绍排水管口径由小到大的尺寸范围，较小数据为下口径，较大数据为上口径。

4. 钱币编号

汉晋崖墓中的铜钱，因出土情况不同，单枚出土的钱币单独编号，黏连出土或位置相近、聚堆出土的钱币经清洗剔理后按照最初编号进行二级编号。如M16出土铜钱32枚，编号为M16：2-1～M16：2-10，即表示10枚钱币系黏连出土，最初共同编号为M16：2。M16：10-1～M16：10-22等其他情况近同。

第二章 汉晋崖墓

屈家山Ⅱ号墓地共发掘汉晋崖墓24座，其中开凿完毕的崖墓22座，包括M2～M4、M8、M10、M11、M13～M16、M18、M19、M21、M23～M29、M35、M43；未开凿完毕的崖墓2座，包括M12、M22。这些崖墓主要分布于屈家山Ⅱ号山体北侧、东侧（图版一）以及北、东两侧相夹的山谷地带（图版二）。

第一节 墓葬形制

根据墓葬规模、主室数量、主室平面形制、墓内附属设施等情况，屈家山Ⅱ号墓地的汉晋崖墓可分为A、B、C、D、E、F六型。

一、A型崖墓

2座。长方形单室崖墓。单层门框，墓室内带壁龛，排水设施由排水管套接而成。包括M16、M18。根据有无侧室，可分为二亚型。

Aa型　1座（M16）。主室东侧有一个侧室，其内有两个对称的壁龛。

Ab型　1座（M18）。仅墓室后壁凿一个壁龛，无侧室。

M16

1. 墓葬形制

位于山体北侧，东邻M18。墓葬全长19.48米。方向10°。由墓道、墓门、甬道、主室和侧室五部分组成（图三；图版四，1）。

墓道平面大致呈梯形，南部较宽，北部较窄，直壁。长8.62、宽0.62~1.68米，边壁最高处3.24米。底部较平缓。

排水沟始于墓室北部，打穿墓门西侧门框，向北延伸出墓道口，整体呈长条形，长12.47、宽0.16~0.56米，自南至北深度不一，南部距墓道底部0.16、北部深近1米。沟内铺设排水管，整体由29节排水管前后套接而成。排水管均为夹砂灰陶，饰绳纹，有舌，内无卡槽。单节长0.42、口径0.12~0.14米。

墓门立面呈长方形，整体向墓室内微倾，上部微向墓室内收，倾斜度为4°。宽1.2、高1.84米。外门框为单层，东侧门框宽0.3、高2.53米，西侧门框宽0.36、高2.44米。门框进深0.1米。墓门外底部凿有一条东西向浅沟，长1.68、宽0.25、深0.22米，疑为安置封门石板的卡槽（图版四，2）。

甬道平面呈梯形，南部较宽，北部较窄，平顶，直壁，底部南高北低。宽1.2~1.36、高1.62~1.8、进深0.8米。

主室平面呈长方形，顶较平，直壁，墓底南高北低。长7.06、宽1.76~1.96、高1.62~2.15米。

侧室位于主室东侧南部，有甬道。甬道平面呈长方形，宽1.6~1.62、高1.6~1.64、进深0.46~0.49米。侧室平面呈长方形，侧室底部高于主室底部0.12米，平顶，直壁。侧室长3.17、宽2.8、高1.82米。侧室凿有壁龛两个，对称分布于侧室西北角和西南角。壁龛平面均呈"L"形，距侧室顶部0.32~0.34米（图版五）。

2. 墓道填土

堆积共5层。第1层：缓坡状堆积，近墓门处受盗洞扰乱。红褐色砂土，土质较疏松，包含少量植物根茎和岩块。第2层：坡状堆积，由墓道至墓门逐渐变薄。红褐色砂土，土质较疏松。第3层：坡状堆积，由墓道至墓门逐渐变薄。红褐色砂土，土质较疏松，包含大量红砂岩块、少量青砖残块、绳纹筒瓦残片。第4层：不规则状堆积，分布于墓道中段以北。黄褐色砂土，土质较疏松，内含大量红砂岩块。第5层：不规则状堆积，仅在墓道中段以南分布。红褐色砂土，土质较疏松，无包含物（图四）。

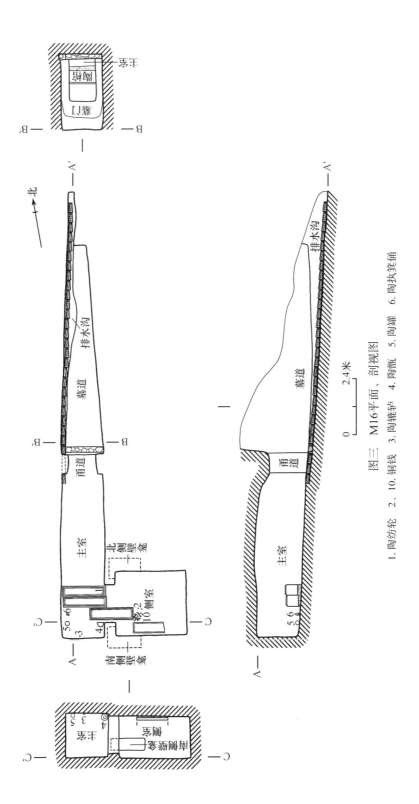

图三　M16平面、剖视图

1. 陶纺轮　2、10. 铜钱　3. 陶辘轳　4. 陶甑　5. 陶罐　6. 陶执箕俑

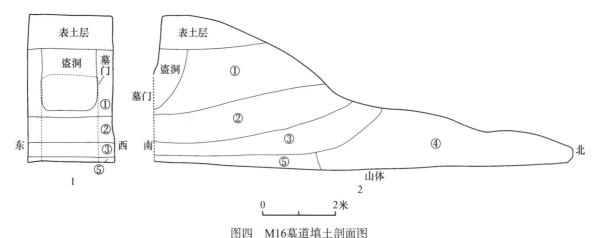

图四　M16墓道填土剖面图

1. 墓道近墓门处横剖面图　2. 墓道西壁剖面图

3. 凿痕

凿痕有尖凿、圆凿、碴窝三种。

尖凿见于墓道，墓门上部，甬道下部，主室东、西壁，东侧室甬道、墓壁、壁龛、后壁上部。长0.5~32、宽0.5~2、深0.5~1.5厘米。

圆凿见于墓门下部，主室后壁，东侧室后壁下部。直径1~4、深0.5~2.5厘米。

碴窝见于主室东、西壁及墓底西南部。直径10、深6厘米。

4. 葬具及葬式

墓室内现存四具陶棺，均存在不同程度的残损，由北至南呈东西向平行排列，棺壁微弧，按由北至南，由西向东编号为陶棺1、陶棺2、陶棺3、陶棺4。陶棺1、陶棺2并排横列于主室南部，棺的一端紧贴侧室甬道。陶棺1长1.92、宽0.45、高0.5、厚0.09米，棺沿长1.8、宽0.33、高0.06、厚0.03米。陶棺2长1.92、宽0.44、高0.5、厚0.09米，棺沿长1.8、宽0.32、高0.06、厚0.03米。陶棺3横跨主室与侧室，长1.95、宽0.53、高0.5、厚0.09米，棺沿长1.85、宽0.43、高0.06、厚0.04米。陶棺4位于侧室南部南侧壁龛之下，残长1.36~1.4、宽0.36~0.44、残高0.13米。

5. 随葬品

墓葬盗扰严重，出土随葬陶器8件、铜钱32枚。分布情况如下：主室东南部紧邻侧室门外平躺陶甑1件（M16：4），甑口朝主室墓门。陶棺1内东南角出土陶纺轮1件（M16：1），陶棺2内南部出土陶女俑头残片（无法修复）。主室南部近西壁处出土陶罐1件（M16：5）、执箕俑1件（M16：6）。主室近后壁处出土带车轴的陶辘轳1件（M16：3）。侧室内紧邻陶棺3

东壁处出土完整铜钱32枚（M16：2-1~M16：2-10、M16：10-1~M16：10-22），可辨钱币有五铢、货泉，另有残币若干。

残碎陶片中修复所得陶碗2件（M16：7、M16：9）、残陶灯1件（M16：8），还发现有陶钵、陶囷、陶俑残片。

M18

1. 墓葬形制

位于山体北侧，西邻M16。墓葬残长9.8米。方向25°。由墓道、墓门、甬道和墓室四部分组成（图五；图版六，1）。

墓道北端毁坏，平面大致呈梯形，南部较宽，北部较窄，直壁，底部南高北低，呈斜坡状，高差2.45米。残长5.99、宽0.66~1.27米，现存边壁最高处2.04米。墓道底部有两级阶梯：第一级阶梯距墓道口约1.42米，宽0.72、高约0.18米；第二级阶梯距墓道口约2.1米，宽0.76、高0.09米。

排水沟始于墓室北端，紧贴墓道西壁向北延伸至墓道口，整体呈长条形，长6.29、宽0.12~0.16、深0.14~0.42米。沟内铺设排水管，整体由18节排水管套接而成。排水管均为夹砂灰陶，饰绳纹，无舌，内无凹槽，器身瘦长，器壁较薄。单节长0.33~0.35、口径0.1~0.13米。

墓门垮塌严重，整体微向墓室内倾斜，上部略向墓室内收，倾斜度为2°。单层门框，西侧门框宽0.16、残高约1.73米，东侧门框残宽0.06~0.18、残高0.84米。门框进深0.07米。

甬道平面呈长方形，直壁，平底。宽1.06~1.12、残高1.74、进深0.38~0.46米。

墓室平面呈长方形，东西两壁为直壁，后壁略弧，墓底较平。长3.36、宽1.56~1.68、高1.75米。后壁凿有壁龛，距墓顶0.11、距墓底0.84米，立面呈不规则四边形，上窄下宽，宽0.5~1、高0.56~0.82、进深0.28~0.3米（图版六，2）。

2. 墓道填土

堆积共3层。墓门处被袋形盗洞破坏，几乎及底。第1层：坡状堆积，由墓道至墓门方向逐渐变薄，黄褐色黏土，土质较致密。第2层：坡状堆积，由墓道至墓门方向逐渐变薄。红褐色砂土，土质较疏松。第3层：坡状堆积，由墓道至墓门方向逐渐变薄。灰黄色砂土，土质较疏松。

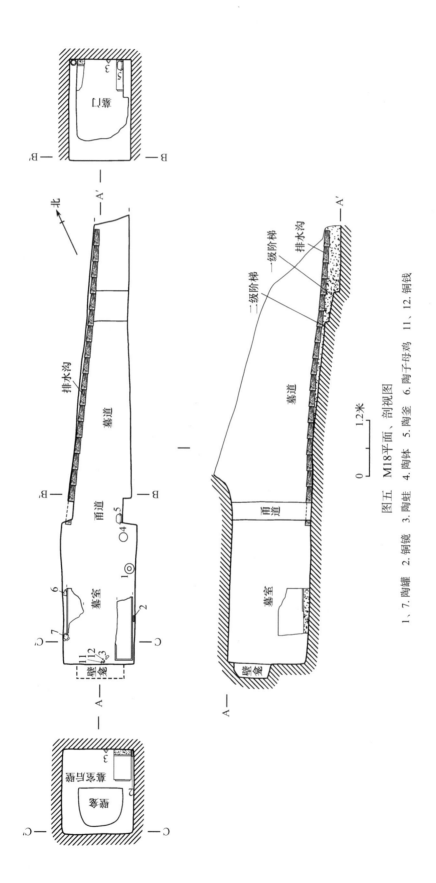

图五　M18平面、剖视图

1、7. 陶罐　2. 铜镜　3. 陶蛙　4. 陶钵　5. 陶釜　6. 陶子母鸡　11、12. 铜钱

3. 凿痕

凿痕有尖凿、圆凿两种。

尖凿见于墓道，甬道，墓室西壁南侧、东壁、后壁、壁龛。直径6~30、宽0.5~4、深0.3~3厘米。

圆凿见于墓室后壁及西壁北侧。直径2~5、深1.5~5厘米。

4. 葬具及葬式

墓室东、西侧各有陶棺一具，保存状况不佳，均受损严重，且有严重的移位现象。东侧陶棺距墓室南壁0.16、距东壁0.06米，残长1.35、残宽0.35~0.4米；西侧陶棺距墓室南壁0.62、距西壁0.08米，残长1、残宽0.2~0.4米。

5. 随葬品

墓葬盗扰严重，出土随葬品10件、铜钱6枚。分布情况如下：墓室前端紧邻东侧甬道出土1件陶釜（M18：5），倾倒状，釜口朝墓室东壁。陶釜南侧立放陶钵1件（M18：4），较完整。紧临东壁有残陶罐1件（M18：1）。墓室东壁中段偏后与东侧陶棺夹缝的填土中侧立一面铜镜（M18：2）。紧临墓室后壁处见有残碎陶片和完整陶蛙1件（M18：3）、完整五铢6枚（M18：11-1~M18：11-5、M18：12）。墓室西南角见有陶房残片若干（残，无法修复）。墓室西壁与西侧陶棺夹缝填土中出土陶子母鸡1件（M18：6）、无口沿陶罐残器1件（M18：7）。墓室中部出土残陶鸡1件（残，无法修复）。

陶片经修复得陶罐1件（M18：8）、陶釜2件（M18：9、M18：10），另发现陶甑、陶鸡、陶房残片。

二、B型崖墓

2座。纵列双室大型崖墓，主室平面呈长方形，单层门框，排水设施由排水管套接而成，墓室内出现仿木构建筑石雕。包括M14、M27。根据侧室数量、结构、分布情况及墓内仿木构建筑石雕样式的差异，可分为二亚型。

Ba型　1座（M14）。墓葬带有五个侧室，前室东西两侧各有两个，略对称分布，后室带一个侧室，无耳室。墓内雕凿简易斗拱。

Bb型　1座（M27）。墓葬带有两个侧室，均位于主室北侧。墓内仿木构建筑样式较多，后室墓门雕凿简易斗拱，后侧室雕凿带斗拱的楼阁、直棂窗、石台等，后侧室带一个耳室。

M14

1. 墓葬形制

位于山体北侧，东邻M15。墓道前端被M15打破。墓葬全长22.4米。方向356°。由墓道、墓门、甬道、主室和侧室五部分组成（图六；图版七，1）。

墓道平面大致呈梯形，南部较宽，北部较窄，直壁，长7.4、宽0.3~1.8米，边壁最高处4.4米。底部南略低、北略高，呈缓坡状，高差0.27米。

排水沟始于前室北端，打穿前室西侧门框，紧贴墓道西壁向北延伸至墓道口，整体呈长条形，长11.27、宽0.12~0.33、深0.12~0.26米。沟内铺设排水管，整体由22节排水管前后套接而成。排水管均为夹砂灰陶，饰绳纹，无舌，内有卡槽，器身较为瘦长。单节长0.424、口径0.13~0.16米。

墓门立面呈长方形，整体向墓室微倾，倾斜度为1°。宽1.24、高2米。单层门框，西侧门框宽0.46、高1.74米，东侧门框宽0.38、高1.78米。门楣被盗洞破坏。

甬道平面呈梯形，南部较宽，北部较窄，平顶，直壁，平底。宽1.24~1.35、高1.8~2、进深0.9米。

主室分为前室和后室，前室东西两侧各有侧室两个，由北向南编号为东侧室1、东侧室2、西侧室1、西侧室2；后室西侧有一个侧室，为后侧室。

前室平面呈长方形，平顶，直壁，底部南高北低。长7.2、宽1.64~1.76、高1.8~1.86米。

东侧室1由墓室和甬道组成，墓室平面近长方形，顶部东高西低，直壁，底部东高西低。长3.22~3.85、宽3.34、高1.58~1.62米。甬道平面呈长方形，南北两侧似有一石墩，平顶，直壁，平底。宽1.6、高1.6、进深0.8米。

东侧室2由墓室和甬道组成，墓室平面近长方形，顶部西高东低，直壁，底部东高西低。长2.9~3.02、宽3.1、高1.4~1.8米。甬道平面呈长方形，平顶，直壁，平底。宽1.6、高1.8、进深0.2米。

西侧室1由墓室和甬道组成，墓室平面近长方形，顶部东高西低，直壁，底部西高东低。长2.22~2.49、宽2.5~2.58、高1.72米。甬道平面呈西宽东窄的梯形，平顶，直壁，平底。宽1.6~1.8、高1.8、进深0.6米。

西侧室2由墓室和甬道组成，墓室平面近长方形，顶部西高东低，平顶，直壁，底部西高东低。长3.3~3.82、宽3.32~3.48、高1.8米。甬道平面略呈长方形，平顶，直壁，平底。宽1.2、高1.8、进深0.6米。

后室入口门形，门口立面呈方形，宽1.6、高1.62米。单层门框，东侧门框宽0.24、高1.74米，西侧门框宽0.12、高1.78米（图版七，2）。门楣立面呈长方形，宽1.3、高0.1米。其两侧各雕有简易的斗拱，对称分布，东侧斗拱长0.1~0.18、高0.12、厚0.1米，西侧斗拱

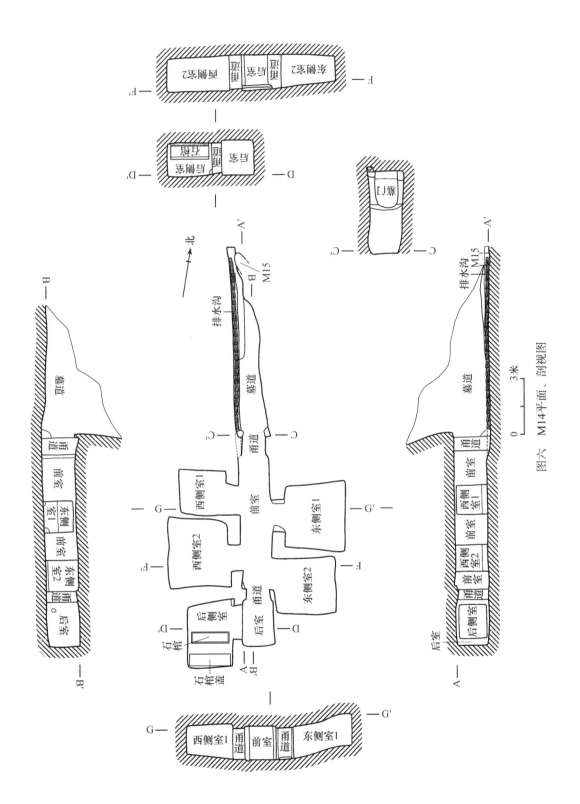

图六　M14平面、剖视图

长0.18~0.28、高0.16、厚0.1米（图版八，1）。后室东壁下端有一圆形洞贯穿东侧室2西壁壁面。

前后两室间以甬道相连，甬道平面呈梯形，宽1.28~1.4、高1.66~1.72、进深0.48~0.62米。

后室平面呈梯形，南部较宽，北部较窄，平顶，直壁，底部南高北低。长2.42~2.56、宽1.66~1.8、高1.58~1.82米。

后侧室与后室以甬道相连，甬道平面近梯形，东部较宽，西部较窄。宽1.77~1.86、高1.65~1.84、进深0.5米。甬道南北两侧各雕凿斗拱，对称分布，北侧斗拱长0.4、宽0.1~0.32、厚0.1米，南侧斗拱长0.3、宽0.1~0.24、厚0.1米（图版八，2）。

后侧室平面呈梯形，东部较宽，西部较窄，底部西部稍高，东部稍低，高于后室底部0.04米。长3.12~3.69、宽2.4~2.6、高1.72~1.82米。

2. 墓道填土

堆积共4层。第1层：坡状堆积，由墓道至墓门逐渐变薄，近墓门处被盗洞破坏。黄褐色砂土，土质较疏松，包含少量植物根茎。第2层：坡状堆积，由墓道至墓门逐渐变薄。黄褐色砂土，土质较疏松。第3层：坡状堆积，由墓道至墓门逐渐变薄。黄褐色砂土，土质较疏松，夹杂植物根系及少量红砂岩石块。第4层：近水平状堆积。黄褐色砂土，土质较疏松，包含有少量红砂岩石块（图七）。

3. 凿痕

凿痕有尖凿、圆凿两种。

尖凿见于墓道、甬道，前室两壁及墓顶，东侧室1甬道及墓壁，东侧室2甬道及西壁、北壁东部，西侧室1甬道及东壁，西侧室2墓壁，后室门框上部、甬道、墓壁，后侧室两侧斗拱、甬

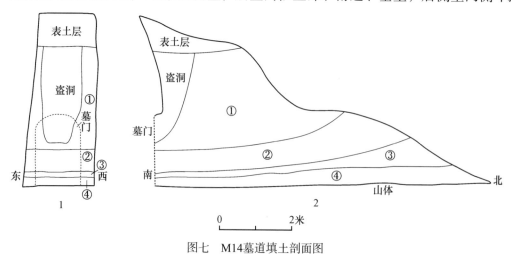

图七　M14墓道填土剖面图
1.墓道近墓门处横剖面图　2.墓道西壁剖面图

道、墓壁。直径3～21、宽1～3、深0.5～3厘米。

圆凿见于东侧室2北壁西部，西侧室1北壁东部，后室门框。直径1～7、深1～4厘米。

4. 葬具及葬式

后侧室内有一具石棺，东西向摆放，棺身位于中部偏南，棺盖仰靠于南壁之下，系盗扰迹象。石棺材质为青砂岩，质地较硬，棺盖和棺身分别用整块石料凿成，为仿木石棺。棺盖拱形，平面呈长方形，长2.24、宽0.64、高0.21米。盖顶外表面通体刻划规整的折线纹，大体以纵长中线为界，左右两侧各有四列错向斜线纹带。盖底有沿，沿宽0.13～0.15、沿高0.07～0.08米，可覆扣于棺身之上。棺身为长方形，中空。通长2.07、宽0.61、高0.7米，内长1.95、宽0.48、高0.61米，开凿方式为纵下圆凿。棺壁较薄，厚0.06～0.07米；底壁较厚，厚约0.1米。石棺仅右壁前半部有阴刻斜线天头，四围地脚均为阴刻粗壮竖线纹；主体阴刻三角纹带，行列较为整齐。石棺前端、左侧棺壁、右侧棺壁均有线刻和浅浮雕画像。

石棺前端画像为阴刻单檐双阙，左阙高0.602、右阙高0.632、阙顶相距0.35米，阙脊两端起翘。有阙基，左右阙基不在同一条水平线上，左侧阙基略高。双阙之间偏右位置站立一人，浅浮雕，距左阙0.165、距右阙0.06、高0.436米，近阙高的7/10。人物形象为头戴冠帽，帽顶方正，以内有斜线网的方格加以表现，额中刻划一横杠，似为冠帽前沿，两耳侧上似有帽披斜出。眉眼清晰，双目有神，颌下还似有胡须。衣领圆窄，上衣较紧，款式难辨；双手合拱作捧物状，袖摆下垂；腰身紧收，下裳斜散拂地。画像人物应为立于天门的迎谒侍者（图八；图版九，1）。

棺左侧壁刻有二层亭阁建筑，顶层屋脊两端起翘，整体略显敦实，高0.553米。棺右侧壁中部偏右刻有外、中、内三重扁长方格，外方格长0.765、宽0.57米，中方格长0.605、宽0.4米，内方格长0.445、宽0.235米。外长方格与中长方格区框内刻错向斜线纹，内长方格由两条横刻线将画面分割为上、中、下三部分，各自施刻三角纹，三重空间层次感明显。内长方格中浮雕游鱼一尾，沿对角线刻画，鱼头向下，鱼尾向上，鱼目凸出，鱼嘴外阴刻三角斜线纹，似正吐泡，鱼身长0.4米，波浪式鱼鳞纹，鱼尾为阴刻三角斜线纹，似正在游弋（图九；图版儿，2）。

5. 随葬品

墓葬盗扰严重，随葬品均存在不同程度的残损，位置凌乱，经后期修复共44件。墓道填土中出土石凿1件（M14：1）、瓦当1件（M14：2）；盗洞中出土铜摇钱树叶1件（残为3片，M14：3）、环首铁刀1件（M14：5）；甬道内出土瓦当1件（M14：9）、陶碗1件（M14：10）；前室内出土陶纺轮1件（M14：13）、陶钵1件（M14：19）、瓦当1件（M14：24）；西侧室1内出土陶罐1件（M14：15）；东侧室1内出土陶釜1件（M14：18）、陶鸡1件（M14：20）、陶锺（壶）1件（M14：21）、陶钵2件（M14：22、M14：23）；西侧

0 ———————|——————— 12厘米

图八　M14石棺前端画像拓片

室2出土陶钵1件（M14：25）、瓦当2件（M14：26、M14：36）、陶镳斗把2件（M14：51、M14：52）；东侧室2内出土陶豆盘1件（M14：28）、琉璃耳珰1件（M14：30）；后侧室内出土陶钵2件（M14：6、M14：8）、陶碗1件（M14：32）、陶甑1件（M14：33）、瓦当1件（M14：34）；后室甬道内出土瓦当1件（M14：35）。

墓内还出土陶罐2件（M14：42、M14：43）、陶钵6件（M14：37、M14：41、M14：45、M14：46、M14：48、M14：50）、陶釜1件（M14：49）、陶甑1件（M14：47）、陶瓮1件（M14：44）、陶盘1件（M14：38）、陶器盖1件（M14：39）、陶耳杯1件（M14：40）、陶锺（壶）盖1件（M14：53）、陶动物小腿1件（M14：54）。

另出土钱币21枚，其中五铢13枚、货泉8枚（2枚残）（M14：4、M14：7-1、M14：7-2、M14：11、M14：12、M14：14、M14：16、M14：17-1 ~ M14：17-3、M14：27-1 ~ M14：27-8、M14：29-1 ~ M14：29-3）[①]。

还发现有陶托盘、陶房残片。

---

① M14：31，与其他器物拼为一件，销号。

1

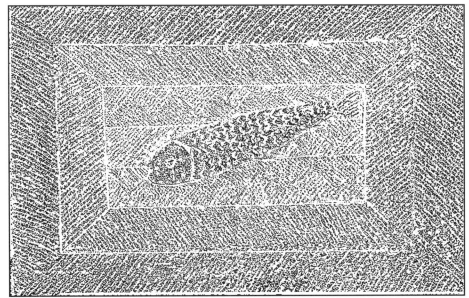

2

0　　　　　12厘米

图九　M14石棺两侧画像拓片
1.左壁　2.右壁

M27

1. 墓葬形制

位于山体东侧，北邻M25，南邻M28。墓葬全长25.18米。方向95°。由墓道、墓门、甬道、主室和侧室五部分组成（图一〇；图版一〇，1）。

墓道平面呈梯形，西部较宽，东部较窄，长约10.67、宽0.79～2.33米，边壁最高处3.41米。底部西高东低，高差1.1米。墓道自东向西共凿筑五级阶梯，斜向抬高，第五级阶梯末端连接墓门。第一级阶梯横宽约1.1、高约0.17、进深4.33米；第二级阶梯横宽约1.64、高约0.21、进深2.69米。该段两壁开凿不及底，墓道底部两侧凸起，明显收束，形成一段夹道。第三级阶梯横宽约1.71、高约0.18、进深0.84米；第四级阶梯横宽约1.9、高约0.2、进深0.88米；第五级阶梯横宽约2、高约0.34、进深1.92米。

排水设施始于墓室东部，打穿南侧门框，紧贴墓道南壁向东延伸，贯通墓道，通长11.9米。甬道后端至第五级石阶上凿筑有排水沟，内铺排水管。自第五级石阶向东至墓道口只铺设排水管。自墓门外1.7米处至墓道口排水管下铺有垫土，垫土厚0.12～0.42米，夹道区段于红砂岩上铺设垫土，其上再置排水管。排水管均为夹砂灰陶，饰绳纹，有舌，内无凹槽，器身瘦长，共28节，其首、尾两节残，前后相套接。单节长0.42、口径0.12～0.14米。

墓门顶部遭破坏，现存墓门立面近长方形，垂直于墓道底部，宽1.27、高2.27米。单层门框，立面呈长方形，南侧门框宽0.4～0.42、高2.22米，北侧门框宽0.45～0.57、高2.27米。门框底部有门槛，宽2.14、高0.14米。

甬道平面呈梯形，西部较宽，东部较窄，近墓室处外张，并向南、北折拐，平顶，直壁，平底，底部高于墓道约0.11米。宽1.85～1.94、高2.09～2.27、进深0.7米。甬道内有封门墙，由长方形青砖和梯形青砖错缝堆砌。现存9层封门砖，残高0.72米，其中梯形青砖整砖11块、残砖9块，长方形砖整砖29块、残砖30块。M27：砖1，梯形青砖，短边饰有菱形纹带乳钉。砖边长0.27～0.34、宽0.2、厚0.06米（图一一）。M27：砖2，长方形青砖，长边饰有方胜纹。砖长0.33、宽0.2、厚0.06米（图一二）。

主室分为前室和后室，前室北侧有一个侧室，为前侧室。后室北侧有一个侧室，为后侧室。

前室平面呈长方形，顶部有脱落现象，底部较平。长约6.4、宽1.9～2.1、高约2.31米。

前侧室入口立面呈长方形，宽约1.9、高约2.12米。无甬道。前侧室平面呈长方形，顶部有脱落现象，直壁，底部高于前室底部0.16～0.21米。长3、宽1.9、高2.18米。

后室有入口与甬道。入口立面呈长方形，宽1.2、高1.65米（图版一〇，2）。甬道平面呈梯形，西部较宽，东部较窄，平顶，直壁，平底，甬道底部高于前室底部0.12米。甬道宽1.18～1.23、高1.4～1.6、进深0.66米。后室平面呈长方形，平顶，顶部有脱落现象，直壁，平底。整体长6.34、宽1.23～1.9、高约2米。

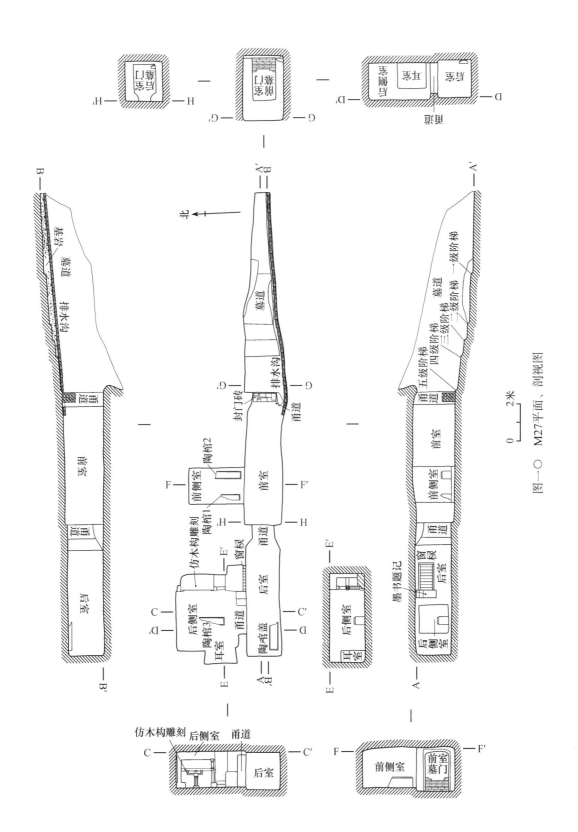

图一〇　M27平面、剖视图

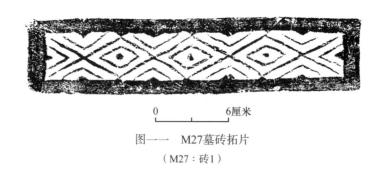

图一一　M27墓砖拓片

（M27：砖1）

图一二　M27墓砖拓片

（M27：砖2）

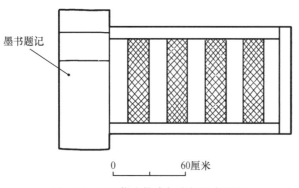

图一三　M27仿木构直棂窗与墨书题记

后室北壁上镂空雕凿一扇仿木构直棂窗，距后室甬道后端1.36米，距墓底0.94米，宽1.5、高0.83米。窗棂由4根纵向长条形方柱构成，方柱边长0.14、高0.65米，柱面刻有不规则菱形纹（图一三；图版一一，1）。

紧邻直棂窗西侧有一墨书题记。题记四周刻划框线，题字幅面总宽0.4、高1.07米，留有天头、地脚；左、右留边，边宽0.02～0.03米。墨书文字由于经年风化和破坏，大多模糊不清。肉眼可识文字范围大体长0.45、宽0.4米，其内文字直行八列，单字长约0.035、宽约0.04米，初估文字约110字。字体风格系汉隶近楷，笔画纤弱。上半幅文字书写较工整，字体大小、间距相当。下半幅书写稍显随意，字体大小及间距不一。整幅可识字词有：第五列第二字"人"，第六列前二字"平生"及其下"复为"，第七列前二字"后人"，第八列第三字"六"字，以及下半幅第四列"家主大"等（图版一二）。

后侧室位于后室北侧，有墓门和甬道。墓门立面呈长方形，宽1.5、高约1.6米。甬道平面呈长方形，平顶，直壁，平底，甬道底部高于后室底部约0.16米，宽1.5、高1.6、进深0.44米。

后侧室包含主体空间、耳室和仿木构建筑石雕、石阶与石台等附属设施。

耳室、仿木构二层楼阁石雕、石台等附属设施之间的空间，即放置陶棺的后侧室主体空间，平面呈较规整的长方形，长约4.82、宽约3.43、高1.92米。

耳室位于后侧室西壁南部，平面呈梯形，西部较宽，东部较窄。宽1.64～1.78、高约1.36、进深0.68～0.82米。

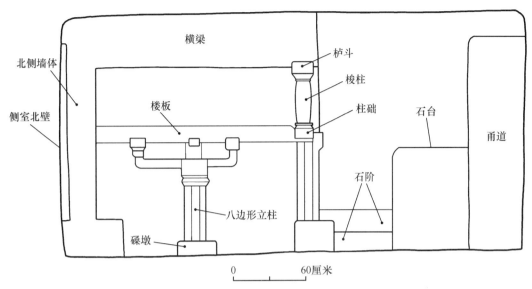

图一四 M27仿木构二层楼阁、二层石阶、石台正视图

后侧室东侧的附属设施依傍北壁、东壁和南壁，似与直棂窗一起整体雕凿而成，自北向南为仿木构的二层楼阁石雕、二级石阶和直棂窗内墙下的石台（图一四；图版一一，2）。

仿木构的二层楼阁石雕宽1.83、高1.5、进深0.91米。二层楼阁顶部横梁与北墙未见开凿痕迹。梁上无坡顶，直接连接墓顶板。为保证二层高度基本一致，横梁随墓顶自南向北高度逐渐降低，长2.1、最高处为0.45、最低处为0.42米。北侧墙体基本与侧室北壁连为一体，仅于前缘凿有宽0.11、进深0.1米的凹槽以示区隔。北侧墙体贯通两层承重，墙体厚0.23米，宽度与仿木构楼阁石雕的进深大体一致，为0.91米，承重墙下部前缘凿有凸出的椭圆形柱础（礤墩），长径0.5、高0.28米。二层南侧采用两头皆有卷杀的梭柱，柱高0.34、柱身最大径0.16、柱身最小径0.1米。梭柱上下端收小似梭形，柱身圆润，卷杀柔和。上承栌斗，栌斗立面呈梯形，四面刻饰菱形方格纹，下有皿板。下部有柱础，柱础嵌于一层楼板，系仿榫卯结构。柱础宽0.16、高0.12米。楼板长1.64、宽0.66、厚约0.15米。楼板与二层梭柱下柱础之间有嵌入关系。楼板与北侧墙体未产生搭建关系，仅为相连关系，与顶部横梁之间可见搭建关系。一层南侧采用八边形立柱，宽0.18、高0.7、距北墙1.72米；柱下圆角方形柱础，宽0.33、高0.25米。楼板中间为一层中柱和斗拱。一层中柱为八边形立柱，柱高0.9米。柱上承斗拱一个，距北墙0.44、距南柱0.74米。斗拱为一斗三升式，南侧安拱已脱落。在首层中柱柱头上施栌斗（即为大斗），栌斗上施安拱，其两边再各施散斗，在拱心上面有突出的小方块。斗下有方形皿板。立柱下部有宽约0.32、高0.12米的圆形柱础（图一五；图版一三）。

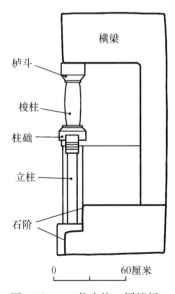

图一五 M27仿木构二层楼阁、二层石阶、石台侧视图

仿木二层楼阁石雕向南1.44米即直棂窗，窗下凿有宽1.02～1.1、高0.82、进深1.42米的石台。石台与二层楼阁之间凿有两级石阶，第一级石阶长0.48、宽0.15、高0.15米，第二级石阶长0.65、宽0.63、高0.19米。第一级石阶北侧与二层仿木构建筑南柱相连。

从后侧室的结构、功能来看，仿木构二层楼阁石雕和直棂窗、窗下石台及二级石阶应为后侧室主体空间开凿完成后于东侧壁上一体规划、雕凿的附属设施。楼阁上下两层和直棂窗下石台应为摆放随葬器物之处，楼阁第二层空间和石台上部空间与壁龛功能类似。在后侧室光源照明的情况下，透过后室镂空直棂窗，可清晰观察到后侧室内仿木构二层楼阁南柱，随葬器物也可一收眼底。

2. 墓道填土

堆积共3层。第1层：缓坡状堆积，由墓道至墓门方向逐渐变薄，近墓门处被盗洞破坏。黄褐色砂土，土质疏松，内含大量黑褐色颗粒、植物根茎。第2层：不规则状堆积，仅墓道东段分布，中间较厚，两端较薄。红褐色砂土，土质疏松，含大量红砂岩块与少量植物根系。第3层：不规则状堆积，墓道内均有分布，两端较厚，中间较薄。红褐色砂土，土质较疏松，夹杂大量红砂岩块与少量植物根系，包含少许青砖残块及绳纹筒瓦残片（图一六）。

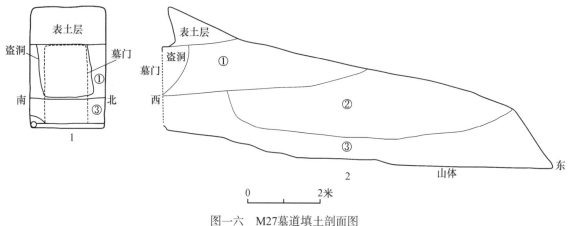

图一六　M27墓道填土剖面图
1.墓道近墓门处横剖面图　2.墓道北壁剖面图

3. 凿痕

凿痕有尖凿、圆凿、尖圆凿混合、碓窝四种。

尖凿见于前墓道，墓门门框下部，甬道，前室两壁下部，前侧室西壁上部、东壁上部，后室墓门上部、甬道，后侧室顶部、东西两壁，耳室顶部、西壁。直径1～40、宽0.5～10、深0.3～3厘米。

圆凿见于墓门门框上部，前侧室西壁下部、北壁、东壁下部，后室墓门下部，后侧室后壁，耳室后壁。直径1～5、深0.3～3厘米。

尖圆凿混合见于前室两壁上部。

碓窝见于前室两壁、前侧室两壁。直径10、深5～8厘米。

4. 葬具及葬式

M27被盗扰严重，墓道、墓室填土中发现大量陶棺残片，在前侧室、后室及后侧室发现灰褐色残陶棺，均有严重的移位现象。前侧室有陶棺两具，东（陶棺2）、西（陶棺1）各一具，均残。东侧陶棺残存部分主要为棺身和棺底，北端两角缺，南端两角存，未见棺盖。棺口残长1.2、宽0.34米，棺沿残长1.28、宽0.41米，棺底残长1.42米，棺残高0.48～0.55米。西侧陶棺主要残存东南端棺角和棺底，棺口残长0.76～0.82、残宽0.31～0.35米，棺身残长1.03米，棺底残长0.36、残宽0.3米，棺残高0.55米。后室发现一残陶棺盖，发掘时棺盖里朝上，面朝下，残长1.27～1.46、残宽0.45、通高约0.18米。后侧室有陶棺一具（陶棺3），残，发现时倒扣于墓底，棺口残宽0.34～0.42米，棺身宽0.45～0.5、残高约0.62米。另于后侧室内发现陶棺残片若干，大体拼接后也是一具陶棺（陶棺4），其质地与陶棺1一致，残长0.33～1.38米。

5. 随葬品

墓葬遭严重盗扰，出土随葬品共23件（含后期修复）、铜钱45枚，其原放具体位置不详。发掘时主要见于前室、前侧室及墓道、盗洞。前室北侧靠近前侧室墓门东侧，距墓底约0.2米的填土中出土陶女俑首1件（M27：7），面部朝下；前侧室墓门东侧出土红陶釜1件（M27：11），与之位置相对的前室北侧覆扣陶钵2件（M27：5、M27：6），其下有较大的陶棺残片。由此往东，墓底覆扣陶钵1件（M27：8）。前室北侧后段出土陶纺轮1件（M27：4）。前侧室前缘中间出土铁锸1件（M27：3）。墓室及盗洞内出土完整铜钱共45枚，包括货泉（M27：1-27）、五铢（M27：1-1～M27：1-15、M27：1-28～M27：1-33）、剪轮五铢（M27：1-16～M27：1-26、M27：1-34～M27：1-45）等。盗洞附近出土陶钵1件（M27：2）。扰土内还出土有陶釜1件（M27：24）、陶俑手2件（M27：22、M27：23）、陶俑足1件（M27：21）、陶动物小腿2件（M27：19、M27：20）。

修复陶罐4件（M27：12、M27：14、M27：16、M27：18）、陶钵2件（M27：15、M27：10）、陶釜2件（M27：13、M27：9）、陶瓮1件（M27：17）。

墓中还发现有陶碗、陶囷、陶甑残片。

三、C 型 崖 墓

3座。单室崖墓，半幅门框，主室平面呈长方形，排水设施由排水管连接而成。包括M21、M24、M35。根据侧室数量，可分为二亚型。

Ca型　2座。主室带有双侧室。包括M24、M35。

Cb型　1座（M21）。主室西南部有一个侧室。

M24

1. 墓葬形制

位于山体的东侧与北侧相夹的山谷地带，北邻M23，墓道前端被M23打破。墓葬残长14.4米。方向104°。由墓道、墓门、甬道、主室和侧室五部分组成。墓室顶部几乎全部坍塌，墓室暴露（图一七；图版一四，2）。

墓道平面呈梯形，西部较宽，东部较窄，直壁，残长7.8、宽0.66~1.56米，边壁最高处2.56米。底部西低东高，呈缓坡状，高差0.11米。

排水沟始于甬道东端，打穿墓门北侧门框，向东延伸至墓道口，整体呈长条形，前段被M23墓道打破。残长约7.43、宽0.1~0.16、深0.1~0.16米。沟内铺设排水管，整体由18节前后连接而成。排水管均为夹砂灰陶，饰绳纹，其中6节残，单节长0.352、口径0.12~0.16米。

墓门立面呈长方形，整体向墓室内倾斜较明显，上部略向墓室内收，倾斜度为10°，宽0.8~0.83、高1.58米。双层门框在距离墓道底约0.24米处合为一层，形成"半幅门框"样式。外层门框南侧宽0.22、高1.84米，北侧宽0.3、高1.88米。内层门框南侧宽0.1、高1.68米，北侧宽0.06、高1.66米。外门框距内门框0.18米（图版一四，1）。

甬道平面呈梯形，西部较宽，东部较窄，平顶，直壁，平底。宽0.86~0.9、高1.57、进深0.72米。在甬道内距甬道底部0.36米处发现三层平铺的封门砖，封门砖均为长方形，部分饰有几何乳钉纹，其中仅1块完整。M24：砖1，长0.34、宽0.22、厚0.05米（图一八）。

主室平面呈长方形，顶部坍塌，直壁，底部西高东低。长5.88、宽0.96~1.86、高1.62~2.01米。

北侧室位于主室北侧东部，无甬道，平面略呈方形，顶部坍塌，直壁，底部较平整。北侧室北壁被M23墓道的壁龛1打破。长2.45、宽2.3、高1.72米。

南侧室位于主室南侧中部，与主室之间以甬道连接。甬道平面呈直角梯形，南部较宽，北部较窄。宽2.04~2.08、高1.86、进深0.26米。南侧室平面呈长方形，顶部坍塌，直壁，底部较平整。长2.36~2.5、宽1.86~2.02、高2.05米。

2. 墓道填土

堆积共2层。第1层：缓坡状堆积，由墓道向墓门方向逐渐增厚，近墓门处被盗洞破坏。黄褐色黏土，土质较致密。第2层：近水平状堆积。红褐色砂土，土质较疏松。

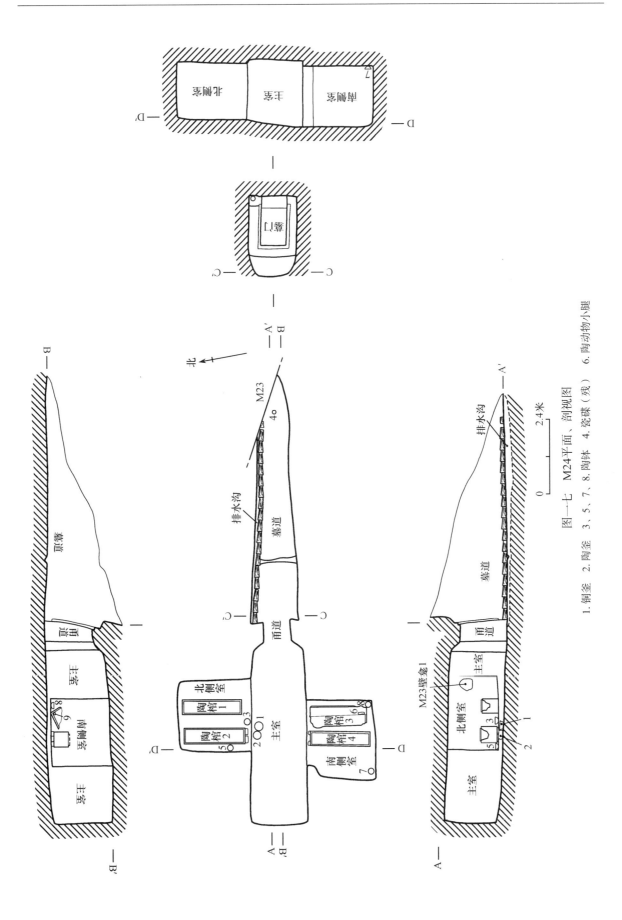

图一七　M24平面、剖视图

1. 铜釜　2. 陶釜　3、5、7、8. 陶钵　4. 瓷碟（残）　6. 陶动物小腿

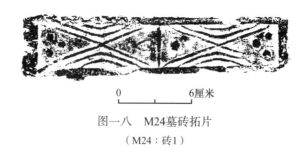

0 —————— 6厘米

图一八　M24墓砖拓片
（M24：砖1）

3. 凿痕

凿痕有尖凿、圆凿两种。

尖凿见于墓道、甬道、主室、北侧室东壁、南侧室东壁。直径4～17、宽1～3、深0.5～2厘米。

圆凿见于墓门，北侧室北壁、西壁，南侧室南壁、西壁。直径1.5～5、深0.6～3厘米。

4. 葬具及葬式

墓内有四具陶棺，北侧室和南侧室各两具。北侧室内陶棺位于侧室中部，均呈南北向，由东向西依次编号为陶棺1、陶棺2。陶棺平面均呈长方形。

陶棺1距侧室东壁0.56米，距侧室北壁0.16米，棺壁受到轻度破坏。长1.94、宽0.46、高0.56、厚0.08米，棺沿长1.86、宽0.38、高0.04、厚0.04米。陶棺2距侧室西壁0.28米，距侧室北壁0.16米，长2、宽0.5、高0.54、厚0.08米，棺沿长1.92、宽0.42、高0.04、厚0.03米。棺底四角垫有砖块，砖宽0.22、高0.04米。南侧室内陶棺位于侧室中部，呈南北向，由东向西依次编号为陶棺3、陶棺4。陶棺3距侧室东壁0.14米，距侧室南壁0.2米，其东部被破坏严重，其余三面也受到不同程度的破坏。陶棺残长1.84、残宽0.38、残高0.44、厚0.08米，棺沿高0.04、厚0.04米。陶棺4距离侧室西壁1.08米，距侧室南壁0.1米，陶棺四面受到轻度破坏。陶棺长1.96、宽0.45、高0.48、厚0.08米，棺沿长1.88、宽0.37、高0.04、厚0.04米。棺底四角垫砖，砖宽约0.08、高0.1米。

5. 随葬品

墓葬后期盗扰严重，出土随葬品共11件（含后期修复），随葬品有陶器、铜器及陶动物俑等。主室与侧室均有出土。其中，主室中部靠近北侧室处东西向并列置铜釜1件（M24：1）、陶釜1件（M24：2），铜釜在东侧，陶釜紧贴其西侧，口沿搭于铜釜口沿之上。填土中出土残瓦当1件（保存状况不佳）。北侧室前段，紧邻侧室西壁出土陶钵1件（M24：5），侧室两陶棺之间有陶钵1件（M24：3）。南侧室西南角、东南角分别出土陶钵1件（M24：7、M24：8），陶棺3内有陶动物小腿1件（M24：6）。墓内还出土了陶俑足1件（M24：10）。

主室扰土中与墓道口表土中采集晚期陶盏1件（M24：9）、唐宋时期瓷碟1件（M24：4）。其中陶盏（M24：9）由于残损严重，无法修复，故不予介绍，仅保存资料。

后期修复青瓷盏1件（M24：11）。

墓中还发现陶有领罐、陶瓮、陶甑、瓷罐残片。

M35

1. 墓葬形制

位于山体的东侧与北侧相夹的山谷地带，南邻M21。墓葬全长17.04米。方向98°。由墓道、墓门、甬道、主室和侧室五部分组成（图一九；图版一五，1）。

墓道平面大致呈梯形，西部较宽，东部较窄，直壁，长9.44、宽0.3～1.64米，边壁最高处2.16米。底部西高东低，呈缓斜坡状，高差0.28米。

排水沟始于甬道西端，打穿北侧门框，斜向东延伸至墓道口，整体呈长条形，长9.49米。内铺排水管，整体由24节前后套接而成，前6节排水管紧贴墓道北壁，后17节接近墓道中线，保存完整。排水管均为夹砂灰陶，饰绳纹，单节长约0.52、口径0.12～0.16米。

墓门立面呈长方形，整体略向墓室内倾斜，上部略向墓室内收，倾斜度为10°。宽约1.1、高1.58米。门楣破坏严重，无装饰。北侧外门框与内门框在距底部0.34米处合二为一，南侧外门框与内门框在距底部0.34米处交汇合二为一，形成"半幅门框"样式。外层门框北侧宽0.2～0.29、高1.56米，南侧宽0.18～0.29、高1.54米。内层门框北侧宽0.08～0.1、高1.22米，南侧宽0.08～0.1、高1.2米。外门框距内门框进深0.06米。

甬道平面呈梯形，西部较宽，东部较窄，平顶，直壁，平底。宽1.06～1.1、高1.54～1.56、进深0.72～0.8米。

墓室由主室和两个侧室组成。主室平面呈长方形，顶部东高西低，顶部脱落现象严重，平底。整体长6.64、宽1.1～1.88、高1.56～2.16米。两个侧室均位于主室南侧，由东向西依次编号为南侧室1、南侧室2（图版一五，2）。

南侧室1墓门立面呈长方形，顶部残，宽1.54、高1.62米。单层门框，立面呈长方形，西侧门框宽0.06～0.1、高1.58米，东侧门框宽0.06～0.08、残高1米。外门框距内门框0.07米。甬道平面呈长方形，底部较平，顶部脱落现象严重。甬道宽1.54、高1.62、进深0.32～0.36米。南侧室1平面呈长方形，顶部东高西低，脱落现象严重，底部较平，高于主室底部0.2～0.24米。侧室长2.2、宽2.11、高1.58～1.92米。

南侧室2无甬道，顶部残，直壁，平底。墓门宽2、高1.5米。侧室平面整体近长方形，长2.6、宽2～2.14、高1.5～1.78米。拱形顶，其北端脱落严重，直壁，底部较平，高于主室底部0.13～0.16米。

2. 墓道填土

堆积共3层。第1层：坡状堆积。黄褐色填土，土质较疏松。第2层：缓坡状堆积。填土为黄褐色砂土，土质疏松，内含少量红褐色砂石。第3层：缓坡状堆积，由墓门至墓道方向逐渐增厚。红褐色砂土，土质较疏松，内含较多红褐色岩块。

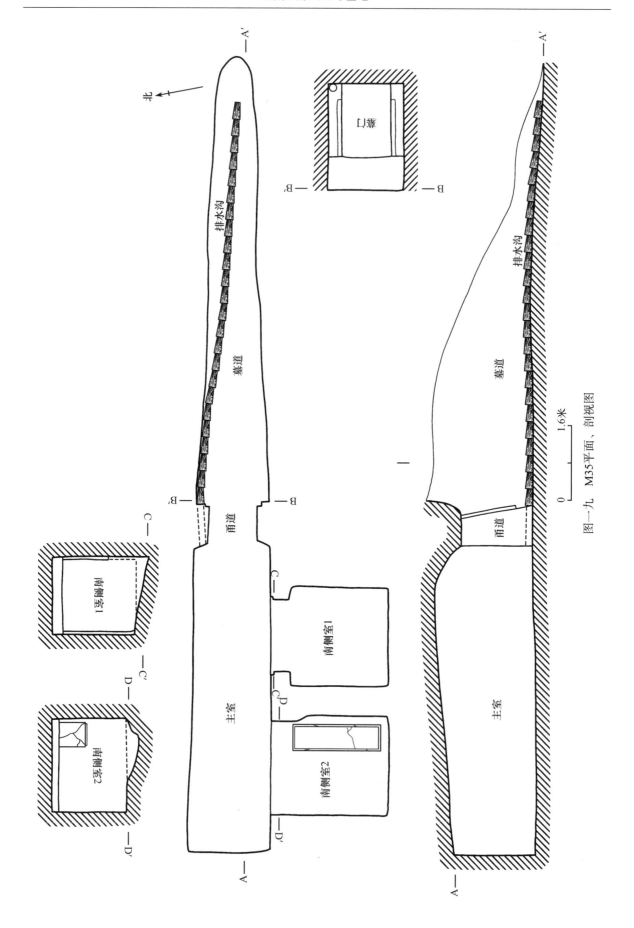

图一九　M35平面、剖视图

3. 凿痕

凿痕有尖凿、圆凿、碓窝三种。

尖凿见于墓道，甬道，主室北壁、南壁，南侧室1门框以及东、西两壁，南侧室2东、西壁。直径2～26、宽1～3、深0.5～3厘米。

圆凿见于墓门，主室后壁，南侧室1甬道、后壁，南侧室2后壁。直径1～6、深1～3厘米。

碓窝见于墓道，主室南壁、北壁。直径8、深6厘米。

4. 葬具及葬式

南侧室2内出土陶棺一具，残，已位移，呈南北向放置，无棺盖，内无人骨。陶棺长1.94、宽0.56、高0.61、厚0.05米，棺沿长1.86、宽0.48、高0.04、厚0.04米。

5. 随葬品

墓葬受盗扰严重，出土随葬品10件（含后期修复），以陶器、陶俑为主。分布情况如下：盗洞扰土中有陶俑首1件（M35：1）；墓道西侧（墓门方向）有陶俑残身，其后朝墓门处有抚琴俑残件（M35：2），两者可拼接。M35：2身前及身下有数块陶棺残片，身前陶棺残片下压陶抚琴俑（M35：3），俑身覆倒于地，头部残缺。甬道北侧后端斜立陶钵1件（M35：4），钵口朝外。南侧室2西部紧邻门槛平放残铁刀1件（M35：6），刀尖朝内。

主室出土残陶罐碎片，后修复所得陶罐3件（M35：8、M35：9、M35：10）。另修复陶釜2件（M35：11、M35：12）[①]。

M21

1. 墓葬形制

位于山体的东侧与北侧相夹的山谷地带，南邻M22，北邻M35。墓葬残长17.5米。方向114°。由墓道、墓门、甬道、主室和侧室五部分组成（图二〇）。

墓道平面大致呈梯形，西部较宽，东部较窄，前端被破坏，残长7.25、宽0.42～1.64米，边壁最高处3.2米。底部高低不平，高差0.08米。

排水沟始于主室东端，打穿主室甬道及北侧门框，向东延伸至墓道之外，整体呈长条形。长11.92、宽0.14～0.68、深0.05～0.25米。由30节排水管前后套接而成。排水管均为夹砂灰陶，饰绳纹，其中9节残，单节长0.352、口径0.12～0.16米。

---

① M35：5、M35：7，为不同位置出土器物残件，后与其他器物修复为一件，故销号。

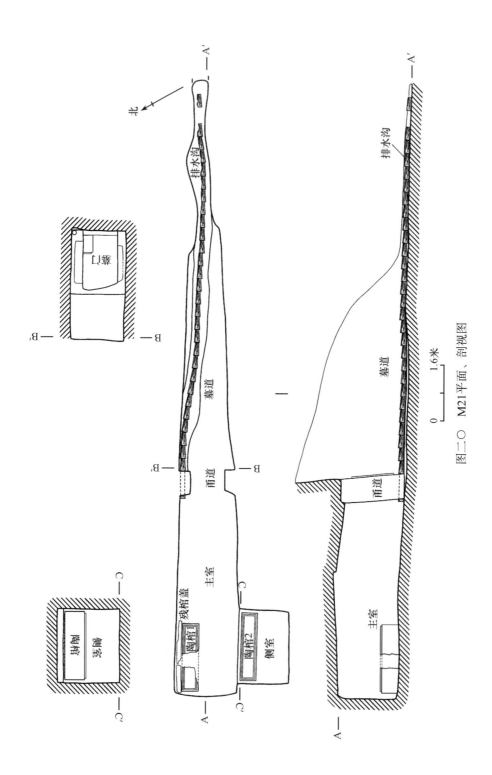

图二〇　M21平面、剖视图

墓门立面呈长方形，整体明显向墓室内倾斜，上部向墓室内收，倾斜度为14°~15°。顶部残，宽1.02、残高1.7米。北侧两层门框距墓道底部0.32米处合为一层，南侧两层门框距墓道底部0.42米处合为一层，形成"半幅门框"样式。外层门框宽0.22~0.36、高1.82米。内层门框破坏严重，北侧宽0.22~0.25、高1.2米，南侧宽0.13~0.16、高1.04米。外门框距内门框0.05米。

甬道平面呈长方形，顶部被破坏，直壁，平底。宽1.04、残高1.73~1.84、进深0.55~0.65米。

主室平面呈长方形，平顶，墓顶中部脱落，直壁，底部高低不平。长5.76、宽1.64~1.84、高1.72~1.88米。

侧室位于主室西南部，平面近长方形，平顶，直壁，底部高于主室底部0.17~0.19米。长2.02~2.14、宽1.46~1.52、高1.66米。

2. 墓道填土

堆积共3层。第1层：坡状堆积，由墓道至墓门方向逐渐增厚。黄褐色砂土，土质较疏松。第2层：近水平状堆积。红褐色砂土，土质较疏松。第3层：不规则状堆积，墓道内均有分布。红褐色砂土，土质较疏松。

3. 凿痕

凿痕有尖凿、圆凿、碓窝三种。
尖凿见于墓道、甬道北侧下部、主室、侧室。直径1~17、宽1~5、深0.3~3.5厘米。
圆凿见于墓门、甬道南侧上部。直径1~10、深0.5~2厘米。
碓窝见于墓道。直径5~15、深2~10厘米。

4. 葬具及葬式

墓内发现陶棺两具。其中陶棺1置于主室西北部，残断，东西向放置，残棺盖立于陶棺北侧和墓壁之间。陶棺长1.93、宽0.43、高0.5米。陶棺2置于侧室内，东西向，长1.93、宽0.46、高0.63米。

5. 随葬品

墓葬遭盗扰，出土随葬品13件（含后期修复），以陶器为主，另有铜钱54枚。分布情况如下：墓道填土西南角、靠近南壁出土铜泡钉1件（M21：13）。主室出土残陶屋顶1件（M21：5）、陶钵2件（M21：6、M21：7）。侧室出土陶钵1件（M21：9）、陶釜1件（M21：12）。墓门外盗洞填扰土上平放陶罐1件（M21：1），底部朝外，其北侧靠近墓道北壁斜立陶罐1件（M21：2）。墓内还出土了陶鸡首3件（M21：17、M21：18、M21：19）。铜钱出土位置较分散，分别见于甬道西侧、主室、侧室及陶棺内，共54枚，包括五铢51枚（M21：3-2～M21：3-7、M21：4、M21：8-1、M21：10-1～M21：10-24、M21：10-26～M21：10-28、M21：11-1～M21：11-3、M21：14-1～M21：14-13）、货泉1枚（M21：3-1）、剪轮五铢2枚（M21：8-2、M21：10-25）。后期修复陶瓮1件（M21：16）、青瓷双耳罐1件（M21：15）。

墓中还发现有陶盆残片。

四、D型崖墓

12座。单室崖墓，双层门框。包括M2～M4、M10、M11、M13、M15、M19、M23、M25、M28、M43。根据崖墓平面形制的差异，可分为二亚型。

Da型　7座。包括M2～M4、M10、M11、M25、M43。主室平面呈长方形，有向梯形过渡的趋势。

Db型　5座。主室平面呈梯形。包括M13、M15、M19、M23、M28。

M2

1. 墓葬形制

位于山体北侧山腰处，东临M19。单室崖墓。墓葬残长10.99米。方向329°。由墓道、墓门、甬道和墓室四部分组成（图二一）。

墓道平面大致呈梯形，南部较宽，北部较窄，直壁，墓道前端部分被毁，残长7.85、宽0.6～1.28米，现存边壁最高处1.94米。底部南高北低，呈斜坡状，高差约0.37米。

排水设施始于距墓门0.18米的墓道处，仅象征性使用若干残砖铺于墓道底部，不具备排水功能。整体呈长条形，长2、宽0.3米。

墓门立面呈长方形，整体向墓室内倾斜较明显，上部向墓室内收，倾斜度为12°。宽0.68～0.8、高0.86米。双层门框，立面呈长方形。外层门框东侧宽0.14～0.2、高0.96米，西侧宽0.1～0.12、高0.96米。内层门框东侧宽0.1～0.12、高0.96米，西侧宽0.1～0.12、高0.96米。外门框距内门框0.26米。门楣无装饰，宽0.68、高0.1米。

甬道平面呈梯形，南部较宽，北部较窄，平顶，直壁，底部南高北低。宽0.78～0.84、高0.78～0.86、进深0.4米。

墓室平面呈长方形，顶部略拱，直壁，墓底较平整，南高北低。长2.42～2.48、宽0.86～0.98、高0.72～0.85米。

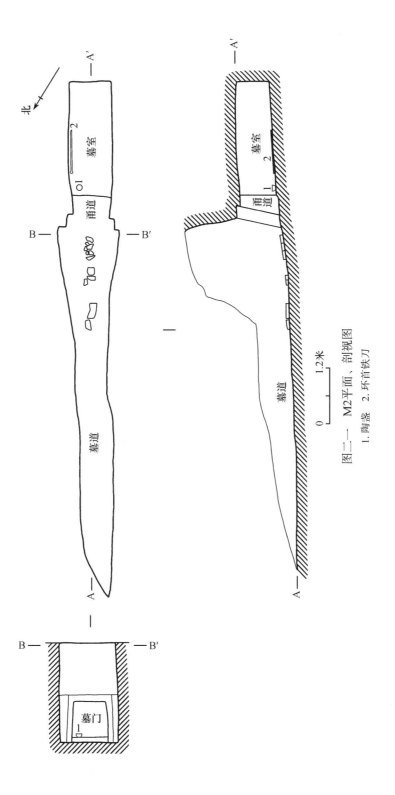

图二一　M2平面、剖视图
1. 陶盉　2. 环首铁刀

2. 墓道填土

堆积仅1层。黄褐色填土，土质较疏松（图二二）。

3. 凿痕

凿痕有尖凿、圆凿两种。
尖凿见于墓道、甬道、墓室西壁。直径7～40、宽2～2.5、深1～2厘米。
圆凿见于墓门、墓室东壁。直径2～4、深1～2.5厘米。

4. 随葬品

墓葬受扰乱严重，于墓室内出土随葬品3件（含后期修复）。分布情况如下：墓室东侧前端平放陶盏1件（M2∶1），由此向南，紧邻墓室东壁平置环首铁刀1件（M2∶2），刀尖朝向墓室后壁、刀柄朝向墓门。墓室内还发现有若干铁钉。

后期修复陶碗1件（M2∶3）。

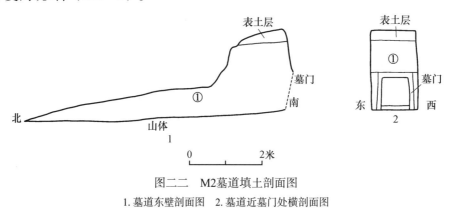

图二二　M2墓道填土剖面图
1.墓道东壁剖面图　2.墓道近墓门处横剖面图

M3

1. 墓葬形制

位于山体北侧山腰处，东邻M11，西邻M19。单室崖墓。墓葬全长6.8米。方向345°。由墓道、墓门、甬道和墓室四部分组成（图二三；图版一六，1）。

墓道平面大致呈倒三角形，长3.72、最宽处1.34米，边壁最高处2.86米。底部不平，北部略高，南部略低，呈缓坡状，高差0.18米。

排水设施始于墓室北部，为低于墓室底部的坡洼，向外延伸至距墓门1.2米处，内收为漏斗形，尾部于墓道中线位置形成条形沟。总长约4.06、宽0.08～1.32、深0.06～0.18米。沟内残存少量残砖。

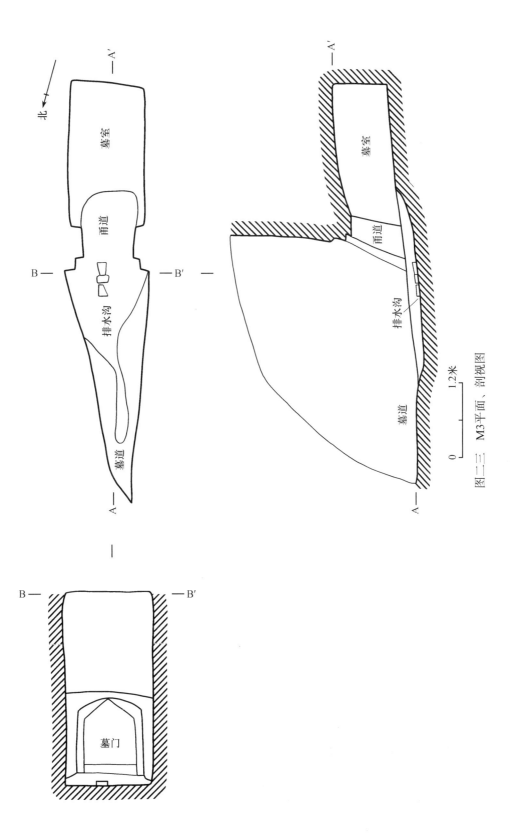

图二三 M3平面、剖视图

墓门立面呈长方形，明显向墓室内倾斜，上部向墓室内收，宽0.86、高1.4米。双层门框，外层门框整体向墓室内倾斜25°，宽0.14~0.18、高1.4米。内层门框整体向墓室内倾斜20°，宽0.1~0.14、高1.2米。外门框距内门框0.21米。门楣被盗洞破坏。

甬道平面呈梯形，南部较宽，北部较窄，近门立面呈尖顶，直壁，底部南高北低。宽0.82~0.9、高0.83~0.9、进深0.49米。

墓室平面呈长方形，顶部部分脱落，直壁，墓底南高北低。长2.18~2.38、宽1.18~1.26、高0.82~0.92米。

2. 墓道填土

堆积仅1层。黄褐色填土，土质较疏松。

3. 凿痕

凿痕有尖凿、圆凿两种。

尖凿见于墓道，甬道，墓室东、西壁。直径3~27、宽1~5、深0.5~3厘米。

圆凿见于墓门、墓室后壁。直径2.5~9、深0.5~2.5厘米。

4. 随葬品

墓葬受扰乱严重，无随葬品出土。

M4

1. 墓葬形制

位于山体北侧，东邻M14，西邻M13。单室崖墓。墓葬全长7.21米。方向354°。由墓道、墓门、甬道和墓室四部分组成（图二四；图版一六，2）。

墓道平面大致呈梯形，南部较宽，北部较窄，直壁，壁面粗糙。长4.69、宽0.55~1.12米，边壁最高处1.6米。底部两端略低、中部略高，高差0.25米。

排水沟始于墓室南端，靠近西壁，向北延伸至墓道中部，主体呈长条状，北端为圆窝形。长3.75、宽0.03~0.35、深0.02~0.08米。

墓门立面呈方形，整体向墓室内倾斜较明显，上部向墓室内收，倾斜度为10°。宽0.8、高0.84米。双层门框，外层门框宽0.07~0.09、残高1.02米；内层门框宽0.07~0.09、残高1.02米。外门框距内门框0.1米。门楣被盗洞破坏。墓门外无序堆积封门砖，共4块，均为梯形砖，其中3块为素面。M4：砖1，梯形砖，短边饰有菱形纹。砖长0.32~0.38、宽0.24、厚0.06米（图二五）。

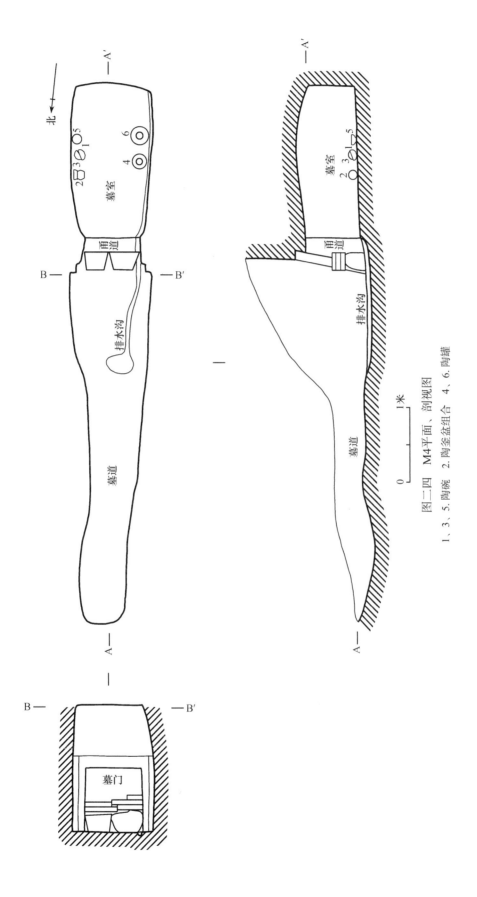

图二四　M4平面、剖视图

1、3、5. 陶碗　2. 陶釜盆组合　4、6. 陶罐

0　　　　6厘米

图二五　M4墓砖拓片
（M4：砖1）

甬道平面呈梯形，北部较宽，南部较窄，顶部不平，直壁，底部南高北低。宽0.73～0.84、高0.76～0.84、进深0.36米。

墓室平面近长方形，平顶，顶部保存完好，东西两壁为直壁，后壁略弧，墓底南高北低，东高西低。长2.04～2.06、宽0.75～1.11、高0.64～0.84米。

2. 墓道填土

堆积仅1层。黄褐色填土，土质较疏松。

3. 凿痕

凿痕有尖凿、圆凿两种。

尖凿见于墓道，甬道，墓室东、西壁。直径4～27、宽0.7～3、深0.5～3厘米。

圆凿见于墓门、墓室后壁。直径2～9、深0.5～2.5厘米。

4. 随葬品

墓葬受盗扰程度较轻，随葬品保存较好，均置于墓室。随葬品共6件，均为陶器，包括碗、罐、釜盆组合等。分布情况如下：罐2件（M4：4、M4：6）摆放于墓室西壁旁，釜盆组合1件（M4：2），倾覆于墓底，盆口紧邻东壁，碗1件（M4：3）侧倒于釜盆组合之后，与另一陶碗（M4：1）碗口相合，南部平放陶碗1件（M4：5）。

M10

1. 墓葬形制

位于山体东北坡，北邻M22，南邻M23。单室崖墓，规模较小。墓葬全长6.92米。方向130°。由墓道、墓门、墓室三部分组成（图二六）。

墓道前端被圆形岩坑墓M9打破，平面大致呈梯形，西部较宽，东部较窄，长4.46、宽1.15米，现存边壁最高处1.03米。底部东高西低，呈缓坡状，高差0.15米。

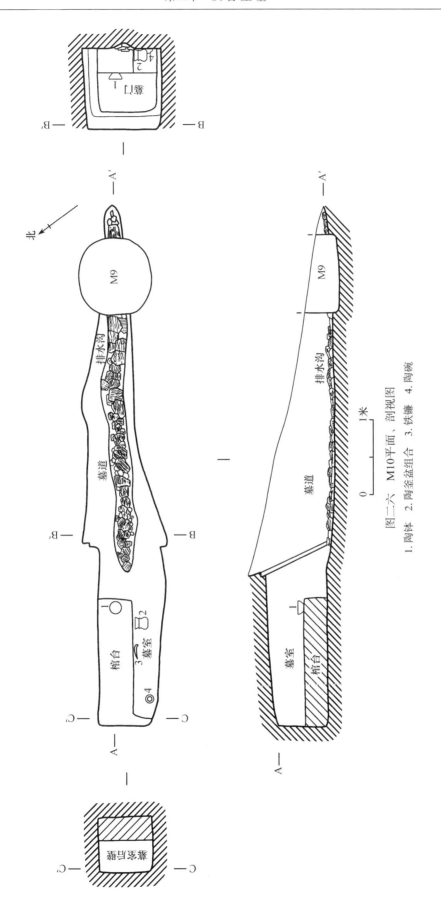

图二六　M10平面、剖视图

1. 陶钵　2. 陶釜盆组合　3. 铁镰　4. 陶碗

排水沟始于墓室东部，向东延伸至墓道口，整体呈长条形。长4.8、宽0.1~0.3、深0.05~0.1米。沟内铺设残碎绳纹板瓦和极少量绳纹筒瓦片。

墓门立面近方形，向墓室内倾斜幅度大，上部向墓室内收，倾斜度为25°，宽0.82~1.05、高约0.81米。双层门框顶部脱落，立面呈长方形。外层门框北侧宽0.04~0.1、残高0.88米，南侧宽0.04~0.1、残高0.88米；内层门框北侧宽0.1~0.12、残高0.78米，南侧宽0.1、高0.74米。门楣脱落。外门框距内门框0.06米。

墓室平面近直角梯形，顶部较平，北壁较直，南壁略弧，平底。长2.4、宽0.66~0.92、高0.67~0.84米。墓室北半侧有一倒"L"形棺台，长1.7、宽0.44~0.72、高0.3米。

2. 墓道填土

堆积仅1层。黄褐色填土，土质较疏松。

3. 凿痕

凿痕有尖凿、圆凿、尖圆凿三种。

尖凿见于墓道北壁西侧。直径5~10、宽3~5、深1~4厘米。

圆凿见于墓道南壁东侧、西侧，墓道北壁中部，墓门，棺台之下。直径1~18、深1~5厘米。

尖圆凿见于墓道南壁中部、北壁东侧，棺台之上。直径12~45、宽2~8、深0.5~5厘米。

4. 随葬品

墓葬受盗扰程度轻，随葬品保存较好，共4件，有陶器和铁器，均置于墓室。墓室中部出土陶釜盆组合（M10：2），套叠倾倒于墓底，盆口紧邻棺台。陶钵1件（M10：1）微侧立于棺台前端，陶碗1件（M10：4）覆扣于墓底后端。墓室中部贴近棺台平放残铁镰1件（M10：3）。

M11

1. 墓葬形制

位于山体北侧山腰处，东邻M13，西邻M3。单室崖墓。墓葬全长7.58米。方向320°。由墓道、墓门、甬道和墓室四部分组成（图二七）。

墓道平面大致呈梯形，南部较宽，北部较窄，直壁，长4.72、宽0.74~1.6米，边壁最高处1.33米。底部南高北低，呈缓坡状，高差0.23米。

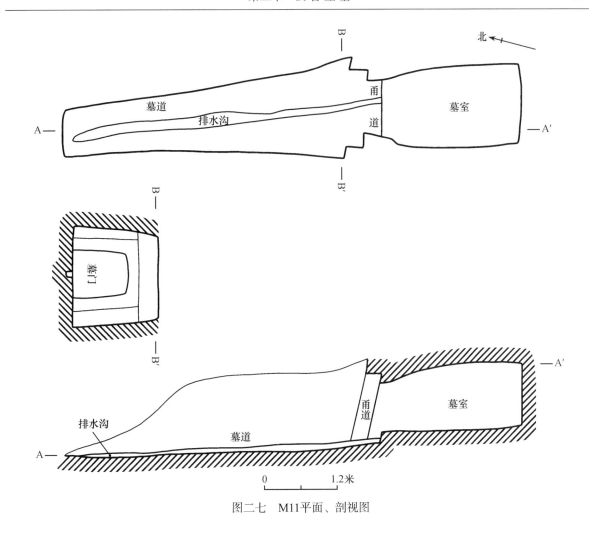

图二七　M11平面、剖视图

排水沟始于甬道与墓室交界处，向北延伸至墓道口后方0.18米处，整体呈长条形，位于墓道中间，截面为"U"字形。长5.23、宽0.06~0.18、深0.06~0.12米。

墓门立面呈梯形，整体明显向墓室内倾斜，上部向墓室内收，宽0.68~0.76、高0.93米。双层门框。外层门框向墓室内倾斜15°，东侧宽0.11~0.2、高1.08米，西侧宽0.2~0.28、高1.08米；内层门框向墓室内倾斜16°，东侧宽0.16~0.2、高1.08米，西侧宽0.18~0.2、高1.08米。外门框距内门框0.28米。单层门楣，宽0.68、高0.08米。

甬道平面呈梯形，南部较宽，北部较窄，弧顶、直壁，底部较为平整。宽0.84~0.9、高0.79~0.9、进深0.24~0.3米。

墓室平面呈长方形，顶部南高北低，直壁，墓底较平。长2.34、宽0.9~1.34、高0.79~1.09米。

2. 墓道填土

墓道填土堆积共2层。第1层：坡状堆积。黄褐色黏土，土质较疏松，含少量植物根茎。第2层：近水平状堆积。浅红色砂土，土质较疏松，含少量植物根茎。第2层填土堆积之上水平覆扣1件铜釜，距墓道底部0.4米。

3. 凿痕

凿痕有尖凿、圆凿两种。

尖凿见于墓道，甬道，墓室东、西壁。直径3.5～30、宽0.5～3、深0.5～3厘米。

圆凿见于墓门、墓室后壁。直径4、深1～2厘米。

4. 随葬品

墓葬受盗扰，出土随葬品4件，主要为陶器和铜器。甬道西侧填土中出土陶碗1件（M11∶2）、陶盆1件（M11∶4）、陶罐1件（M11∶3），墓道中段东侧距墓底深约0.4米处的填土中覆扣1件铜釜（M11∶1），釜壁烟炱厚重。

M25

1. 墓葬形制

位于山体东坡山腰偏下部，南部紧邻M27，墓道前段距M27仅1米。单室崖墓。墓葬全长10.04米。方向104°。由墓道、墓门、甬道和墓室四部分组成（图二八；图版一七，1）。

墓道平面大致呈长条形，总长7.16、宽0.52～1.24米，边壁最高处2.85米。底部西高东低，呈斜坡状，高差0.49米。东半部两壁陡直，西半部距墓门约3.74米处两壁开凿不及底，红砂基岩凸起，明显收束，形成一段夹道。

排水沟始于甬道与墓室交界处，整体呈长条形，沿甬道和墓道中线向东延伸至墓道口。长7.62、宽0.04～0.16、深0.04～0.12米。沟内有断续铺设的绳纹筒瓦残片，沟上自墓道口至墓道中段铺盖红砂岩石块。

墓门立面呈梯形，向墓室内倾斜较明显，上部向墓室内收。宽0.82～0.9、高0.98米，上部略向墓室内敛。双层门框，外层门框向墓室内倾斜10°，宽0.06～0.14、高1.06米；内层门框向墓室内倾斜12°，宽0.06～0.1、高1.06米。外门框距内门框0.11米。单层门楣，无装饰，宽0.82、高约0.08米。墓门外堆放一层封门石，其南侧贴近墓道南壁，其北侧靠近墓道北壁未开凿及底的红砂基岩，未紧贴墓道北壁。

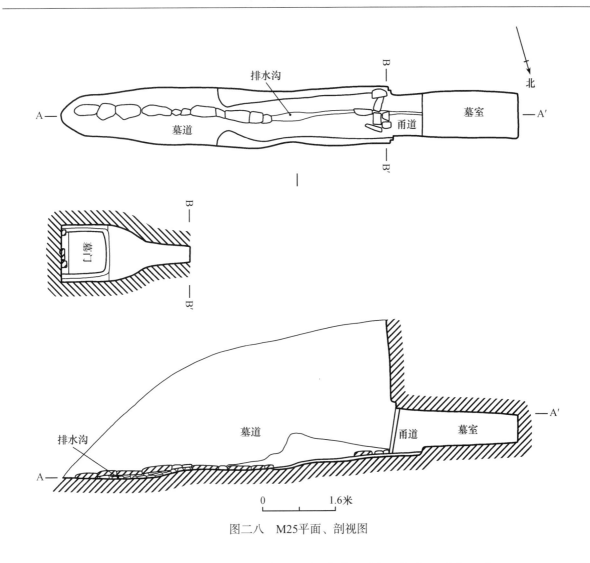

图二八 M25平面、剖视图

甬道平面呈梯形，西部较宽，东部较窄，顶部东高西低，直壁，平底。宽0.88～0.92、高0.78～0.96、进深0.65～0.71米。

墓室平面呈长方形，顶部东高西低，直壁，平底。长2.12、宽0.92～1、高0.58～0.78米。

2. 墓道填土

堆积共2层。第1层：坡状堆积，由墓道向墓门方向逐渐增厚，上层近墓门处被盗洞扰乱。黄褐色砂土，土质疏松，含大量植物根系及少量石块。第2层：缓坡状堆积，由墓道向墓门方向逐渐变薄。红褐色砂土，土质疏松，内含大量石块。

3. 凿痕

凿痕有尖凿、圆凿两种。

尖凿见于墓道、甬道。直径4～40、宽1～6、深1～5厘米。

圆凿见于墓门、墓室。直径1～10、深1～6厘米。

4. 随葬品

墓葬受盗扰严重，仅于墓道填土中出土陶碗1件（M25：2），盗洞扰土内出土2枚小钱（M25：1-1、M25：1-2）。

M43

1. 墓葬形制

位于山体北侧，东邻M2。单室崖墓。墓葬全长9.94米。方向343°。由墓道、墓门、甬道和墓室四部分组成（图二九；图版一七，2）。

墓道平面大致呈梯形，直壁，底部较平。长7.2、宽0.68～1.22米，现存边壁最高处1.48米。

排水沟始于甬道中部，向北延伸至墓道口，整体呈长条形，长7.8、宽0.06～0.2、深0.08米。

墓门立面呈方形，整体向墓室内微倾，上部向墓室内收。宽0.82、高0.8米。双层门框，外层门框向墓室内倾斜9°，东侧宽0.15、高0.96米，西侧宽0.09、高0.96米；内层门框向墓室内倾斜10°，东侧宽0.12、高0.9米，西侧宽0.06、高0.9米。外门框距内门框0.14米。门楣无装饰，宽0.98、高0.1米。

甬道平面整体呈长方形，顶部较平，直壁，底部较平。宽0.83、高约0.82、进深0.77米。

墓室平面呈长方形，弧顶，顶部北高南低，且脱落严重，直壁，平底。长1.83、宽0.7～0.8、高0.52～0.75米。

2. 墓道填土

堆积共2层。第1层：坡状堆积，由墓道至墓门方向逐渐增厚，近墓门处被现代油库基建打破。黄褐色填土，土质较疏松。第2层：近水平状堆积，墓道内均有分布。红褐色填土，土质较疏松，包含有少许石块。

3. 凿痕

凿痕有尖凿、圆凿两种。

尖凿见于墓道，墓室东、西壁。直径1～20、宽0.5～4、深0.5～2厘米。

圆凿见于墓门。直径0.5～2、深1～2.5厘米。

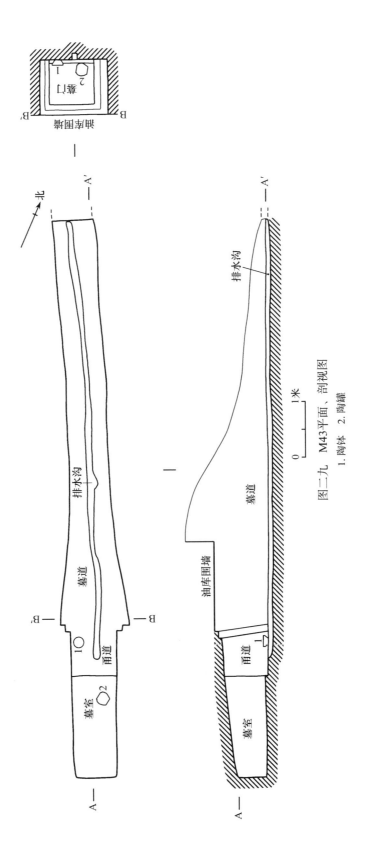

图二九　M43平面、剖视图
1. 陶钵　2. 陶罐

4. 随葬品

墓葬受盗扰，出土随葬品2件，均为陶器。分布情况如下：甬道前端西侧出土陶钵1件（M43：1）。墓室前端紧邻西壁的上层填土中出土铁刀1件（残，无法修复）。墓室底部前段出土陶罐1件（M43：2）。

M13

1. 墓葬形制

位于山体北侧山腰处，东邻M4，南邻M12。单室崖墓。墓葬全长约9.21米。方向335°。由墓道、墓门、甬道和墓室四部分组成（图三〇）。

墓道平面大致呈梯形，南部较宽，北部较窄，直壁，长6.33、宽0.18～1.34米，边壁最高处1.48米。底部南高北低，呈斜坡状，高差0.91米。

排水沟始于墓道南部距墓门0.64米处，向北延伸至距墓道口0.82米处，位于墓道中间，整体呈长条形，截面呈"U"字形。沟长4.88、宽0.12～0.2、深0.04～0.12米。

墓门立面呈梯形，向墓室内倾斜幅度较大，上部向墓室内收，宽0.82～0.88、高0.9米。双层门框，外层门框向墓室内倾斜27°，东侧宽0.06～0.1、高约0.98米；西侧宽0.08～0.16、高1米。内层门框向墓室内倾29°，东侧宽0.1、高0.98米；西侧宽0.12、高1米。外门框距内门框0.18米。门楣无装饰，宽0.82、高0.09米。墓门外堆砌有封门砖，外侧堆积封门石。封门砖紧贴墓门外门框，东侧贴近墓道东壁，西侧靠近内门框西壁。自下而上的两层整齐叠砌，每层三砖；第三、四层西部两砖，东部为陶棺残片堆砌；第五层西侧仅一块菱形纹砖，余皆陶棺残片；第六层仅西侧一块残砖，六、七层之间东部夹陶棺残片；第七、八、九层西半部两砖，东半部竖置陶棺残片。封门砖共39块，其中37块素面砖、2块菱形纹砖。8块封门砖较完整，其余31块残。较完整的7块为长方形砖，1块为梯形砖，长方形砖长0.34、宽0.19、厚0.07米。其余31块砖块呈不规则四边形或不规则多边形。

甬道平面呈长方形，顶部北高南低，直壁，底部南略高、北略低。宽0.94、高0.92、进深0.7米。

墓室平面呈梯形，南部较宽，北部较窄，拱形顶，南部较低，顶部无脱落现象。直壁，墓底较平，底部高于甬道底部0.05米。长2、宽0.96～1.24、高0.6～0.76米。

2. 墓道填土

堆积共2层。第1层：坡状堆积。黄色黏土，土质较疏松，含少量植物根茎。第2层：缓坡状堆积，由墓道向墓门方向逐渐增厚，填土上层近墓门处受盗洞扰乱。浅红色砂土，土质较疏松，含少量植物根茎（图三一）。

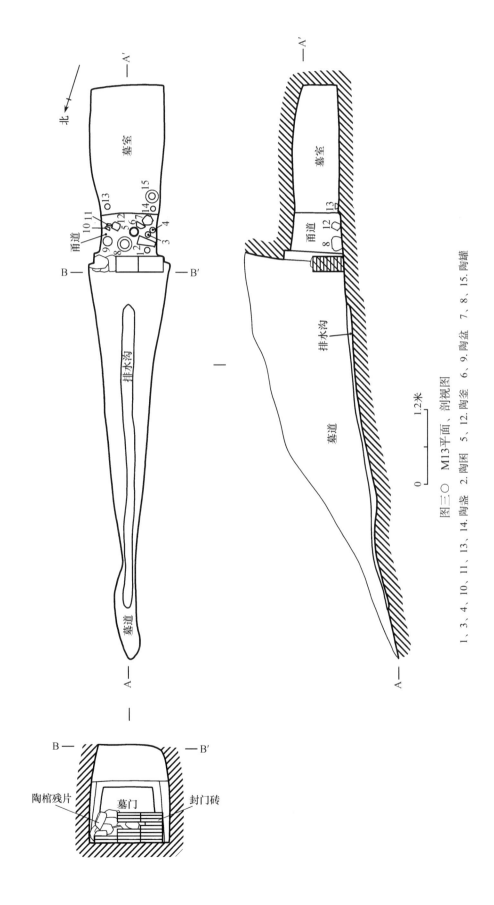

图三〇 M13平面、剖视图

1、3、4、10、11、13、14. 陶盏 2. 陶瓶 5、12. 陶釜 6、9. 陶盆 7、8、15. 陶罐

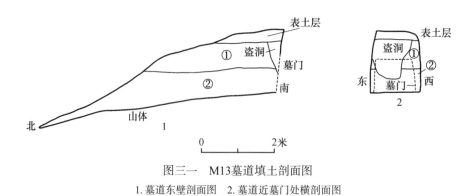

图三一　M13墓道填土剖面图
1.墓道东壁剖面图　2.墓道近墓门处横剖面图

3. 凿痕

凿痕有尖凿、圆凿两种。

尖凿见于墓道，墓门，甬道，墓室东、西壁。直径4~40、宽0.8~3、深0.5~3厘米。

圆凿见于墓室后壁。直径3~4、深2厘米。

4. 随葬品

墓葬受盗扰程度较轻，随葬器物保存较好，出土完整器物16件，以陶器为主。分布情况如下：甬道西侧南北向摆放陶盏3件（M13:1、M13:3、M13:4），其间斜向插放陶囷1件（M13:2），紧贴陶囷底端平放陶釜1件（M13:5），陶釜后依次侧放陶盆1件（M13:9）、陶罐1件（M13:8）；甬道西侧后端斜向摆放陶罐1件（M13:7）、旁边侧放陶盆1件（M13:6），甬道东侧后端有陶盏2件（M13:10、M13:11）、旁边摆放陶釜1件（M13:12），均为侧放，口向墓道，底部朝墓室。墓室前端紧贴西壁摆放陶盏1件（M13:14）、陶罐1件（M13:15）；墓室前端紧贴东壁出土陶盏1件（M13:13），另在盗扰坑出土残卷云纹瓦当1件（M13:16）。

M15

1. 墓葬形制

位于山体北侧山腰处，东邻M8，西邻M14，M15墓道打破M14。单室崖墓。墓葬全长11.4米。方向320°。由墓道、墓门、甬道和墓室四部分组成（图三二；图版一八，1）。

墓道平面大致呈梯形，东部较宽，西部较窄，斜壁。残长5、宽0.36~1.84米，现存边壁最高处1.98米。底部东高西低，呈缓坡状，高差0.22米。

排水沟有2条。墓室外排水沟始于甬道中部偏东位置，向西延伸至墓道口，整体呈长条形，截面为"U"字形。长8.9、宽0.18~0.52、深0.04~0.12米。沟内填充绳纹陶片及残砖。墓

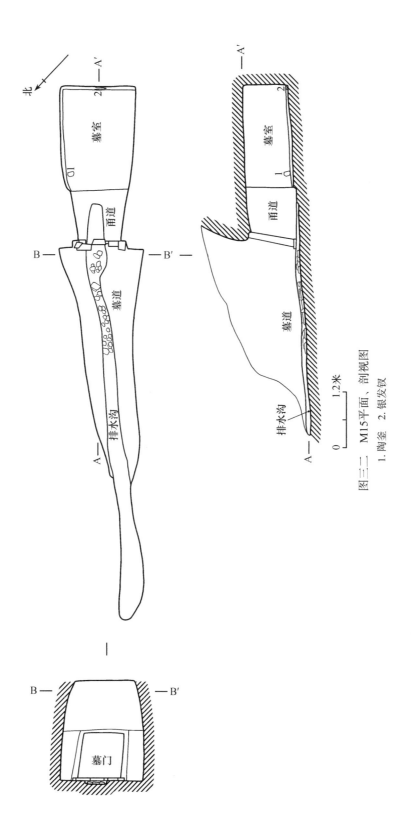

图三二 M15平面、剖视图
1. 陶釜 2. 银发钗

室内的排水沟分为两段，分别凿于底部东侧和北侧，两段连通。东侧排水沟紧贴墓室后壁，平面呈长条状，截面呈"U"字形，长1.58、宽0.04~0.06、深0.04米。北侧排水沟紧贴墓室北壁，平面呈长条状，截面呈"U"字形，长2.24、宽0.06~0.1、深0.04~0.08米。

墓门立面近长方形，明显向墓室内倾斜，上部向墓室内收，宽0.86~0.94、高1.04米。双层门框，外层门框向墓室内倾斜12°，东侧宽约0.25~0.38、高1.08米；西侧宽0.32~0.38、高1.08米。内层门框向墓室内倾斜10°，东侧宽0.08~0.12、高1.08米；西侧宽0.1~0.14、高1.08米。外门框距内门框0.17米。门楣无装饰，宽0.86、高0.06米。墓门内堆有砖和陶棺残片，原似有封门。乱砖均残，素面。

甬道平面呈梯形，东部较宽，西部较窄，弧顶，顶部东高西低，直壁，平底。宽0.96~1.24、高1~1.12、进深1.05~1.11米。

墓室平面呈梯形，东部较宽，西部较窄，顶部较平，脱落严重，墓底较平。长2.2~2.26、宽1.24~1.66、高0.98~1.08米。

2. 墓道填土

堆积共2层。第1层：坡状堆积，由墓道向墓门方向逐渐增厚。红褐色砂土，土质较疏松，含少量植物根茎。第2层：坡状堆积，由墓道向墓门方向逐渐增厚。浅红色砂土，土质较疏松，含少量植物根茎。

3. 凿痕

凿痕有尖凿、圆凿两种。
尖凿见于墓道，甬道，墓室南、北壁。直径3~30、宽0.8~3、深0.5~2厘米。
圆凿见于墓门、墓室后壁。直径1~5、深1~4厘米。

4. 随葬品

墓葬受盗扰，出土随葬品3件，有陶器与银器。另有铜钱3枚。分布情况如下：墓室前段紧靠北壁侧置陶釜1件（M15:1），釜口向墓室，釜底朝墓口。墓室东侧排水沟内平置银发钗1件（M15:2）。墓室东侧填土中覆扣陶盆1件（M15:3）。甬道前端东侧出土铜钱3枚，均残。

M19

1. 墓葬形制

位于山体北侧山腰处，东邻M3。单室崖墓。墓葬残长6.66米。方向347°。由墓道、墓门、甬道和墓室四部分组成（图三三；图版一八，2）。

墓道平面大致呈梯形，直壁。残长4、宽1.08～1.25米，现存边壁最高处1.56米。底部南高北低，呈斜坡状，高差0.4米。

排水沟始于甬道北部，向北延伸至墓道口，整体呈长条形，截面为"U"字形。沟残长3.96、宽0.1～0.22、深0.04～0.08米。

墓门立面呈长方形，向墓室内倾斜幅度较大，上部向墓室内收。宽0.78、高0.98米。双层门框，外层门框向墓室内倾斜17°，宽0.06～0.16、高1.18米。内层门框向墓室内倾斜15°，宽0.06～0.18、高1.18米。外门框距内门框0.3米。单层门楣，无装饰，宽0.78、高0.24米。墓门外以陶棺残片封门。

甬道平面呈长方形，顶部不平，直壁，平底。宽0.74、高0.84～0.96、进深0.24米。

墓室平面呈梯形，南部较宽，北部较窄，顶部被现代墙基打破，直壁，墓底南高北低。长2.26、宽0.72～1、高0.75～0.85米。

2. 墓道填土

堆积共3层。第1层：不规则状堆积，仅在墓道南端分布。黄褐色填土，土质疏松，内含植物根系及粉状褐色颗粒。第2层：不规则状堆积，仅在墓道北端分布。填土为黄褐色砂土，土质疏松，内含少量红褐色砂石。第3层：缓坡状堆积，由墓门至墓道方向逐渐增厚。红褐色砂土，土质较疏松，内含较多红褐色岩块。

3. 凿痕

凿痕有尖凿、圆凿两种。
尖凿见于墓道，甬道，墓室东、西壁。直径5～25、宽1～5、深0.5～2厘米。
圆凿见于墓门、墓室后壁。直径2～5、深0.5～2.5厘米。

4. 随葬品

墓葬受盗扰严重，仅在墓室前段靠近西壁处出土铜戒指1枚（M19：1）。

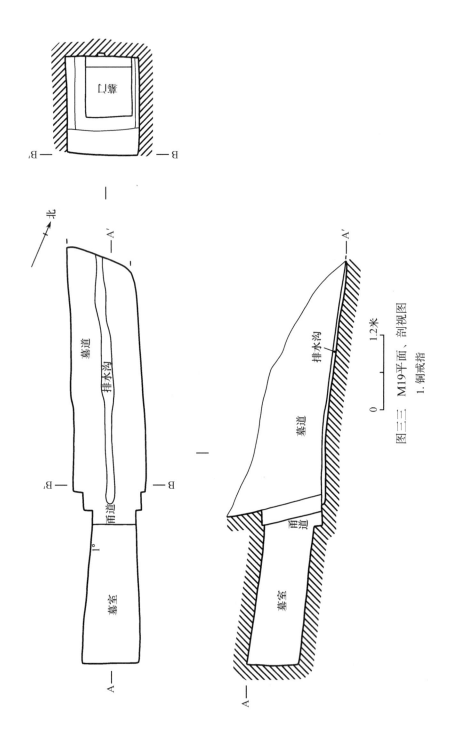

图三三　M19平面、剖视图
1. 铜戒指

M23

1. 墓葬形制

位于山体东侧山腰处，北邻M1、M9、M10，南邻并打破M24。单室崖墓。墓葬全长16.26米。方向120°。由墓道、墓门、甬道和墓室四部分组成（图三四；图版一九，1）。

墓道平面大致呈梯形，西部较宽，东部较窄。长12.88、宽0.42～1.83米，边壁最高处2.37米。底部西高东低，呈斜坡状，高差1.18米。墓道口部打破M24墓道及其排水沟。距墓道口约3.54米处有一级阶梯，宽0.46、高约0.3米。墓道南壁近墓门处凿有两个壁龛，立面均近长方形，由东向西依次编号为壁龛1、壁龛2。壁龛1距墓门0.74、距墓道底部1.02米，长约0.45、宽0.32、进深0.4～0.5米，打破M24北侧室北壁。壁龛2距墓门0.28、距墓道底部0.78米，长0.46、宽0.36、进深0.6～0.7米。

排水沟始于墓室东端，向东延伸至墓道口，整体呈长条形。通长14.08、宽0.04～0.25、深0.06～0.32米。沟内断续分布绳纹陶片。墓道后端近墓门处横铺梯形砖3块。

墓门立面呈梯形，向墓室内倾斜幅度大，上部向墓室内敛，倾斜度14°左右。宽0.7～0.86、高约0.98米。双层门框，外门框宽0.18～0.42、高1.52米。内门框宽0.04～0.12、高约1.16米。门楣无装饰，宽0.7、高0.11米。门框底部有门槛，宽约0.98、高0.27米。外门框距内门框0.12米（图版一九，1）。内门框之外由四排五列单层梯形砖封堵，门框槛下为墓道垫土。纵列梯形砖，砖腰相错对接，形成齐整的纵横排面。封门自下而上第一排5块封门砖保存良好，紧贴南侧门框的一列第二排尚存1块，紧贴北侧门框的一列第二、三、四排尚存3块，总计9块。封门砖平面均呈梯形，短边有菱形纹和乳钉纹组合纹饰。封门砖长0.28～0.32、宽0.18～0.2、厚0.06米。

甬道平面呈梯形，西部较宽，东部较窄，顶部西高东低，直壁，底部不平。宽0.9～1.04、高0.92～0.98、进深1.02～1.08米。甬道填土之中有封门砖3块，似为盗扰活动导致。

墓室平面呈梯形，弧顶，壁略弧，墓底较平，长2.24、宽1.04～1.88、高0.96～1.08米。设有棺台，南北两分，顶端相连，整体呈倒"U"字形，棺台两翼均为西部宽东部窄，长2.13～2.24、宽0.26～0.64、高0.34米。

2. 墓道填土

堆积共3层。第1层：不规则状堆积，近墓门处填土被盗洞扰乱。黄褐色黏土，土质较致密，内含大量红色石块和黑色颗粒。第2层：缓坡状堆积，中间填土较厚、两端较薄。黄褐色黏土，土质致密，内含黑色颗粒。第3层：坡状堆积，仅在墓道东端分布，由墓道向墓门方向逐渐变薄。长7.2、宽1.83、深0.95米。填土为红褐色砂土，土质较疏松，无包含物。

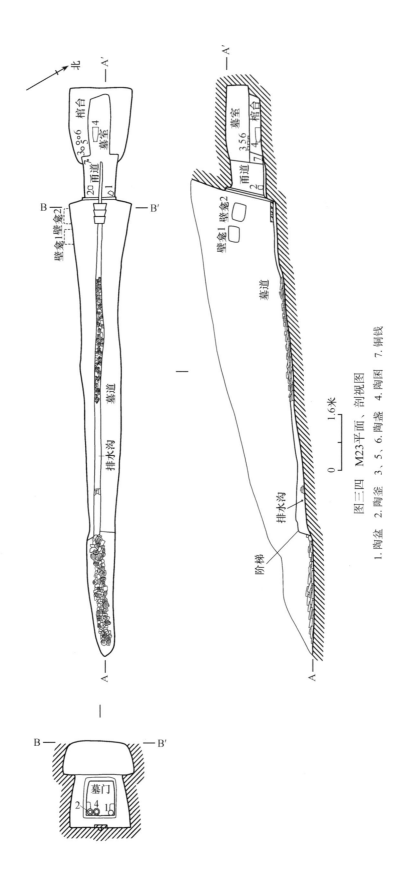

图三四　M23平面、剖视图

1. 陶盆　2. 陶釜　3、5、6. 陶瓮　4. 陶罔　7. 铜钱

3. 凿痕

凿痕有尖凿、圆凿两种。

尖凿见于墓道、甬道。直径6~50、宽2~6、深0.5~6厘米。

圆凿见于墓门、墓室。直径2~10、深1~6厘米。

4. 随葬品

墓葬受盗扰，但未及墓室，随葬品保存较好。墓内出土随葬品9件，主要为陶器，另有铜钱1枚。分布情况如下：墓室南侧棺台前段紧凑摆放陶盏3件（M23：3、M23：5、M23：6），棺台前缘底部出土直百五铢（M23：7）1枚。南、北侧棺台间垫土上平置陶囷1件（M23：4），口朝墓道。甬道南侧平置陶釜1件（M23：2），口朝向墓室，底向墓口；北侧紧贴门框出土陶盆1件（M23：1），器身微侧，其下有垫土。排水沟内出土残瓦当3件（M23：8、M23：9、M23：10）。

M28

1. 墓葬形制

位于山体东侧山腰处，北邻M27，南邻M29。单室崖墓。墓葬全长13.59米。方向120°。由墓道、墓门、甬道和墓室四部分组成（图三五）。

墓道平面大致呈梯形，西部较宽，东部较窄，壁斜。长9.85、宽0.7~2.38米，边壁最高处3.1米。底部中间高，西部与东部低，呈"凸"字形，高差0.84米。紧贴墓道南壁近墓门处附建有一座砖棺墓，编号为M28-1。

排水沟始于甬道中部偏东位置，沿墓道中线向东延伸至距离墓道口1.84米处，整体呈长条形，长8.45、宽0.06~0.18、深0.03~0.13米。沟前段铺绳纹陶片，沟内有卷云纹瓦当，当面文字有"千万富""百万富""富贵"。

墓门立面呈梯形，向墓室内倾斜明显，上部向墓室内收。宽0.98~1.18、高1.24米。双层门框，立面均呈梯形。外层门框向墓室内倾斜17°，南侧宽0.4~0.46、高1.37米，北侧宽0.38~0.4、高1.4米。内层门框向墓室内倾斜15°，南侧宽0.11、高1.37米，北侧宽约0.16、高1.37米。外门框距内门框0.22米。门楣无装饰，宽0.98、高0.14米。墓门由红砂基岩石块封堵。

甬道平面整体呈长方形，平顶，直壁，平底。宽1.22、高1.22、进深1.01米。

墓室平面呈梯形，西部较宽，东部较窄，弧形顶，东部较低，顶部有脱落现象，直壁，墓底较平。长2.51、宽1.72~2.38、高1.04~1.32米。墓室南壁凿有一个壁龛，壁龛距墓顶0.17~0.34、距墓底0.44米，立面呈梯形，上宽下窄，长0.74~0.82、宽0.41、进深0.3米。

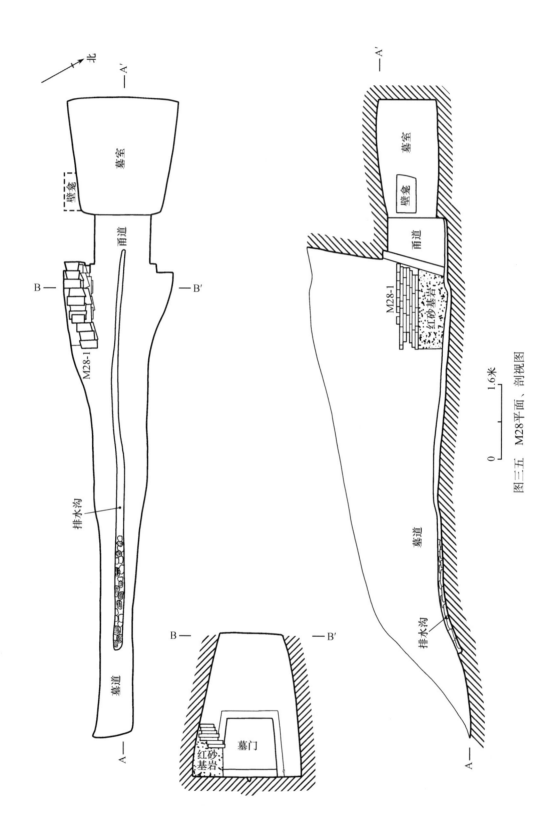

图三五　M28平面、剖视图

M28-1砖棺墓开口于M28墓道的第2层填土下，基底坐落于第3层填土上。平面呈长方形，头向东，方向120°。外圹长2.08、宽0.6～0.68、高0.5米，内圹长1.48、宽0.3～0.34、高约0.25米（图版一九，2）。砖棺东、北、西三面为砖块垒砌，南面借用M28墓道南壁。棺上平铺横砖，横砖南端嵌入M28南壁，形成较为规整稳固的棺盖。棺底大部未铺砖，仅东端墓主头骨枕一块梯形砖。全棺共砌有7层砖，为不规则错缝垒砌，三面各层用砖数量不等，东端最上层横立二砖。棺底部高于M28墓道底0.54米。

2. 墓道填土

堆积共3层。第1层：坡状堆积，由墓道向墓门方向逐渐增厚。红褐色填土，土质较疏松，无包含物。第2层：缓坡状堆积，填土厚度无明显差异。黄褐色填土，土质较疏松，包含有少许石块。第3层：坡状堆积，墓道内均有分布，两端填土较厚，中间较薄。红褐色土，土质较疏松，包含有较多红砂岩石块。

3. 凿痕

凿痕有尖凿、圆凿两种。

尖凿见于墓道，甬道，墓室南、北壁。直径3～30、宽1～3、深1～2厘米。

圆凿见于墓门、墓室后壁。直径0.5～4、深0.5～2.5厘米。

4. 葬具及葬式

M28-1砖棺内有人骨一具，仰身直肢，人骨被砖块及填土所掩盖。头骨位于棺内东端，下颌和盆骨在下葬位置，腿骨推测在下葬位置，右侧稍偏，左右股骨上下相反，据此判断为二次葬。人骨残长1.4989米，股骨长0.38米，腿骨较细，初步判断为女性。根据仅存的三颗牙齿，判断其年龄应在30岁左右。砖棺墓出土长方形砖30块、梯形砖20块。其中，33块砖为花纹砖，余均为素面。M28-1：砖1，梯形花纹砖，长边饰菱形纹和乳钉纹，形制与大小基本相同，长0.35～0.38、宽0.18～0.2、厚0.06米（图三六）。M28-1：砖2，梯形砖，长边饰菱形纹，长0.26～0.34、宽0.2、厚0.06米（图三七）。另有2块子母砖，一端中部有一凸起圆形榫头，另一端中部有一凹槽楔口，拼接时榫头可插入凹槽楔口。人骨头底所枕梯形砖上底长0.4、下底长0.3、宽0.26、厚0.06米。

5. 随葬品

墓葬受盗扰严重，仅于墓室内出土残铜弩机部件1件（M28：4），排水沟内出土卷云纹"千万富"文字瓦当1件（M28：1）、"富贵"文字瓦当2件（M28：2、M28：3），均残。

墓中还发现有喇叭口陶罐残片。

0　　　　　　6厘米

图三六　M28-1墓砖拓片

（M28-1：砖1）

0　　　　　　6厘米

图三七　M28-1墓砖拓片

（M28-1：砖2）

五、E 型 崖 墓

2座。横列双室崖墓。包括M8、M29。

M8

1. 墓葬形制

位于山体北侧山腰，东邻M16，西邻M15。并列双室崖墓。墓葬全长9.66米。方向330°。由墓道、墓门、甬道和墓室四部分组成（图三八；图版二○，1）。

墓道平面大致呈三角形，南部较宽，北部较窄，长6.31、最宽3.8米，边壁最高处3.2米。底部南高北低，呈斜坡状，高差0.44米。

排水沟整体呈"Y"字形。东墓室排水沟始于其甬道与墓室交界处，西墓室排水沟始于其甬道中部近墓室处，二者于墓道南部、墓道距外门框中部约0.97米处汇聚后大体沿墓道中线向外延伸至墓道口。长6.54、宽0.03～0.3、深0.04～0.16米。沟内有绳纹陶片。

墓门分东、西室，立面呈长方形，向墓室内倾斜较明显，上部向墓室内收。东墓门宽0.92～1.06、高1.12米，西墓门宽0.8～0.96、高1.13米。东西墓门均为双层门框，两墓室共用一个外门框，外层门框向墓室内倾斜17°。外门框西部宽0.18～0.26、中部宽0.47、南部宽0.2～0.24、高1.4米。东墓室内门框向墓室内倾斜20°，宽0.12～0.26、高1.25米；西墓室内门框向墓室内倾斜18°，宽0.16～0.22、高1.25米。东墓室外门框距内门框0.26米，西墓室外门框距

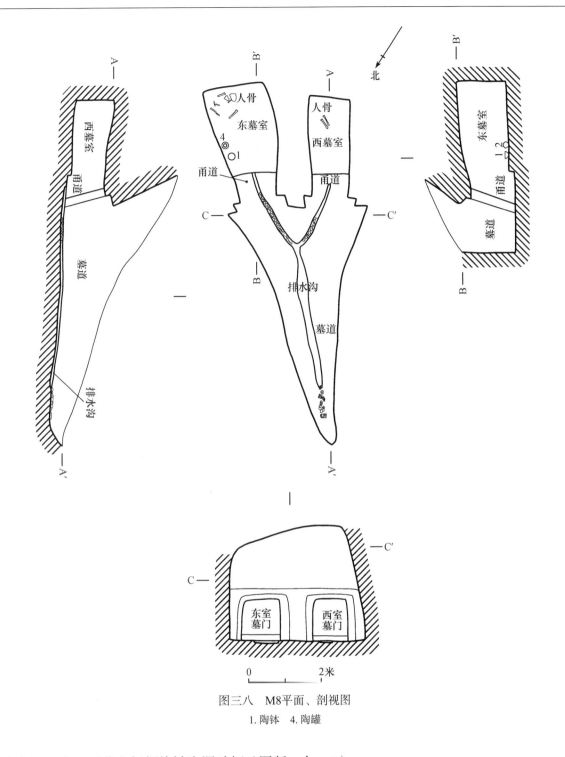

图三八　M8平面、剖视图

1.陶钵　4.陶罐

内门框0.24米。两墓室门楣均被盗洞破坏（图版一九，2）。

甬道分东侧甬道和西侧甬道，平面均呈梯形，南部较宽，北部较窄，顶部不平，南高北低，直壁，底部较平。东侧甬道宽1~1.18、高1.16~1.32、进深0.59~0.61米；西侧甬道宽0.92~0.98、高1~1.04、进深0.63米。

东、西墓室平面均近长方形，顶部南高北低，直壁，底部南高北低。东墓室整体长2.43、宽1.18~1.68、高1.16~1.38米。西墓室整体长2.1、宽1~1.14、高0.9~1.1米。

2. 墓道填土

堆积共3层。第1层：坡状堆积，由墓道向墓门方向逐渐增厚，近墓门处被盗洞扰乱破坏。黄褐色填土，土质较疏松。包含有大量植物根茎及少许陶棺碎片。第2层：近水平状堆积。红褐色填土，土质较致密，内有少量红砂岩石块。第3层：缓坡状堆积，墓道内均有分布，由墓门向墓道方向逐渐增厚。浅红褐色填土，土质较致密，内含红砂岩石块。

3. 凿痕

凿痕有尖凿、圆凿两种。

尖凿见于墓道、甬道、东室东壁、西室东壁。直径10～36、宽0.5～4、深0.5～3厘米。

圆凿见于墓门、东室后壁、西室后壁。直径2～8、深0.5～3厘米。

4. 葬具及葬式

东、西墓室填土中有大量陶片和陶棺碎片，推测其内各有陶棺一具。东墓室内有股骨、头骨、桡骨、颅骨、腓骨、尺骨、胫骨等人骨，骨骼较宽大。根据骨架情况，判断墓主已成年，性别不详。根据骨架摆放位置，判断为二次葬。西墓室有一根胫骨和左侧股骨等人骨，根据骨架初步判断墓主已成年，性别不详，为二次葬。

5. 随葬品

墓葬扰乱严重，出土随葬品5件（含后期修复），均为陶器。西墓室盗洞出土陶罐1件（M8：2）。东墓室北部靠近东壁有陶罐1件（M8：4）、陶钵1件（M8：1）。

另有修复陶碗2件（M8：3、M8：5）。

M29

1. 墓葬形制

位于山体东侧山腰，北邻M28。并列双室崖墓。墓葬全长8.02米。方向120°。由墓道、墓门、甬道和墓室四部分组成（图三九；图版二一）。

墓道平面大致呈"Y"字形，西部较宽，东部较窄，北壁直，南壁斜，两壁脱落严重。长4.83、宽0.64～2.16米，边壁最高处2.4米。底部两端略高，中间略低，高差0.14米。

排水沟始于南、北墓室甬道与墓室交界处的中间，于墓道西部、墓门外门框中部交汇，排水沟整体呈"Y"字形，横截面呈"凹"字形。排水沟在南、北墓室门前以砖覆盖，其中整砖

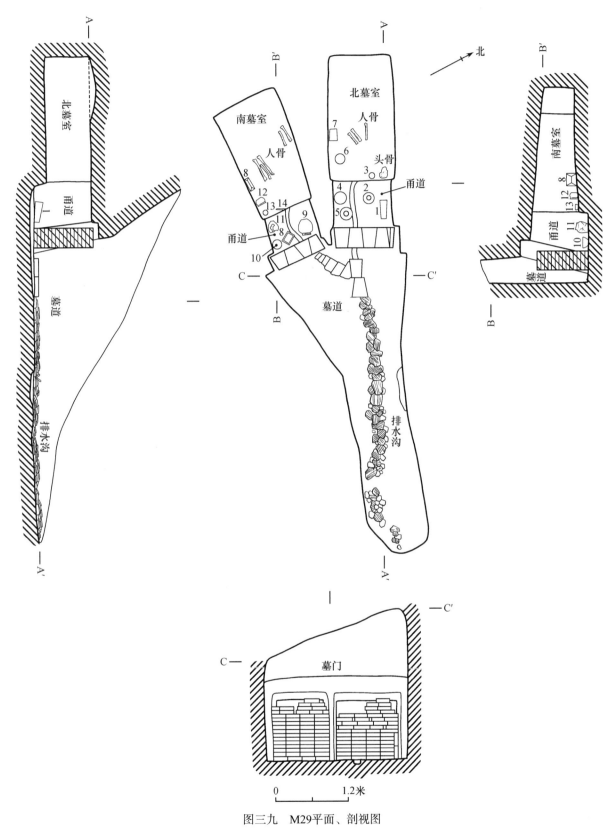

图三九　M29平面、剖视图

1.陶囷　2、9.陶罐　3、13.陶盏　4、10.陶盆　5、6.陶碗　7、8.陶仓　11.青瓷四系罐　12.陶釜　14.铁削刀（残）

两块，其余均为残砖。整砖长0.28、宽0.18～0.28、厚0.06米。砖后以不规律的绳纹陶片填充，并延伸至墓道口。排水沟长5.9、宽0.06、深0.01～0.06米。

墓门分南、北室，立面均呈竖长方形，明显向墓室内倾斜，上部向墓室内收，双层门框，两墓室共用一个外门框。外门框北部向墓室内倾斜10°，宽0.11米，中部宽0.07米，南部向墓室内倾斜15°，宽0.11米，高1.35米。南墓室内门框向墓室内倾斜8°，宽0.06、高1.12米；北墓室内门框向墓室内倾斜10°，宽0.07、高1.08米。北墓室外门框距内门框0.42米，南墓室外门框距内门框0.36米。北墓门门楣宽0.98、高0.13米，南墓门门楣宽0.76、高0.13米。墓门处有封门砖，M29：砖1，平面呈梯形，短边饰有三重菱形纹带，图形比较规整。封门砖边长0.16～0.3、宽约0.24、厚0.06米（图四〇）。

图四〇　M29墓砖拓片
（M29：砖1）

北墓室墓门封门砖共62块，包括整砖45块、残砖17块，其中花纹砖58块。南墓室墓门封门砖共60块，包括整砖41块、残砖19块，其中花纹砖54块。

甬道分南、北侧甬道，平面均近长方形，平顶，直壁，平底。南侧甬道宽0.76、高0.92～1、进深0.53米；北侧甬道宽0.96～1.08、高约0.94、进深0.74米。两甬道均平砌梯形菱纹砖进行封堵。南甬道平砌14～16层砖。北甬道平砌13～16层砖，其中左上角墓砖排列不甚规整。

墓室分为南、北墓室。南墓室平面呈西宽东窄的梯形，西高东低，直壁，墓底较平。长1.73、宽0.8～1、高0.5～0.77米。北墓室平面呈长方形，墓顶后部部分坍塌，直壁，墓底较平。长2.03、宽0.98～1.11、高0.82～0.85米。

2. 墓道填土

墓道填土堆积共2层。第1层：坡状堆积，由墓道至墓门方向逐渐增厚。黄褐色填土，土质较疏松。第2层：近水平状堆积。红褐色填土，土质较疏松，包含少许石块。

3. 凿痕

凿痕有尖凿、圆凿两种。
尖凿见于墓道，甬道，南墓室南、北壁。直径2～22、宽1～3、深1厘米。
圆凿见于墓门、北墓室后壁、南墓室后壁。直径1～8、深1～4厘米。

4. 葬具及葬式

南、北墓室均无葬具。北墓室中部发现有散乱人骨，墓室内共有两根腿骨，墓室北侧与甬道交界处有一头骨。南墓室内共发现五根人骨。

5. 随葬品

墓葬遭扰动较轻，出土随葬品共14件，保存较好。随葬品集中分布于南、北墓室及甬道，以陶器和陶模型为主。分布情况如下：北墓室甬道出土随葬品4件，靠近北壁东西向放置陶囷1件（M29：1），口朝外；中间平放陶罐1件（M29：2），其南侧紧贴甬道南壁置陶盆1件（M29：4）；南侧靠近南壁前端倒扣陶碗1件（M29：5）。北墓室出土随葬品3件，前端偏北出土陶盏1件（M29：3），紧邻墓室南壁自东向西平放陶碗1件（M29：6）、陶仓1件（M29：7）。南墓室甬道出土随葬品4件，靠近北壁平放陶罐1件（M29：9），口朝墓道；前端中间立陶仓1件（M29：8），其陶仓盖斜靠于墓室南壁；紧贴南壁由东向西摆放陶盆1件（M29：10）、青瓷四系罐1件（M29：11）。南室出土随葬品3件，中部近甬道处有铁削刀残片1件（M29：14），因锈蚀过于严重，后文未予介绍；前端靠近南壁有陶盏1件（M29：13），其西侧平躺陶釜1件（M29：12），口朝外。

六、F 型 崖 墓

3座。异形崖墓。包括M12、M22、M26。根据崖墓的埋葬、开凿等情况，可分为二亚型。

Fa型　1座（M26）。为三次开凿的墓葬。

Fb型　2座。未开凿完成崖墓。包括M12、M22。

M26

1. 墓葬形制

位于山体东侧山脚。单室崖墓。墓葬全长8.65米。方向125°。由墓道、墓门、甬道和墓室四部分组成（图四一；图版二二）。

墓道平面不规则，斜壁。残长3.51、残宽1.34~1.88米，现存边壁最高处2.33米。底部西高东低，呈缓坡状，高差0.22米。墓道入口为一双层门框，似为已废弃崖墓墓门，编号为M26-1。墓道南壁上部被一横穴岩洞墓斜向打破，编号为M26-2。

排水沟始于甬道中部，向外延伸至墓道口，整体呈长条状，截面呈"U"字形。长5.97、宽0.08~0.1、深0.02~0.12米。

墓门立面呈方形，整体向墓室内倾斜幅度大，上部向墓室内收。宽1~1.04、高1米。双层门框。外层门框向墓室内倾斜30°，北侧宽0.14~0.2、高1.18米，南侧宽0.1~0.16、高1.18米。内层门框向墓室内倾斜16°，北侧宽0.14~0.16、高1.18米，南侧宽0.08~0.14、高1.18米。门楣

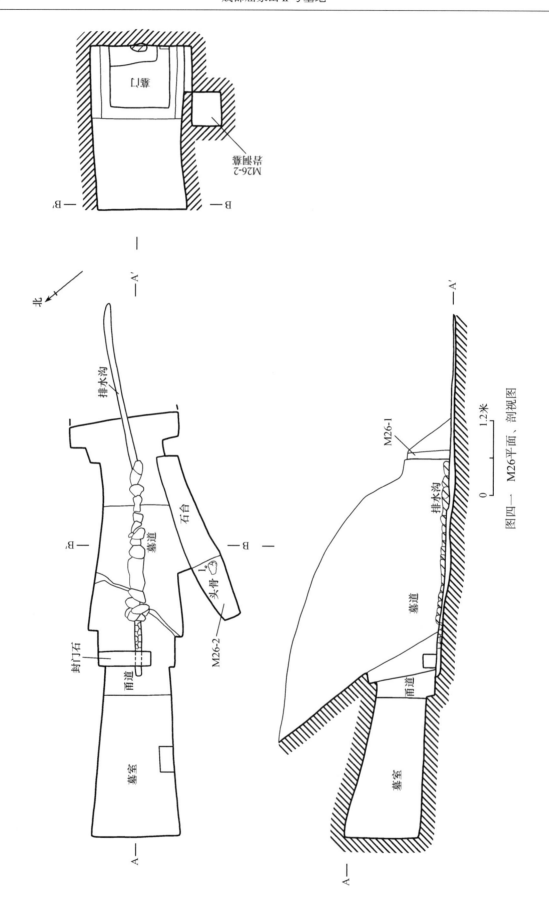

图四一　M26平面、剖视图

无装饰，宽1、高0.18米。外门框距内门框0.58米。内层门框内有一块封门石，整体呈长方形，长0.88、宽0.24、高0.22～0.24米。

甬道平面呈梯形，西部较宽，东部较窄，弧形顶，直壁，底部西高东低。宽1.04～1.12、高0.82～0.96、进深0.46米。

墓室平面呈长方形，西部较宽，东部较窄，顶部西高东低，直壁，底部西高东低。长2.24、宽1.12～1.48、高0.82～1.22米。

M26-1　残存双层门框的两侧，现为M26墓道南北壁的一部分，M26墓道于此向西外扩，南侧墓壁底部内凹，明显为一个凿窝，推测应为M26-1墓室后壁。该墓推测为M26开凿前的一座毁塌墓。未见随葬品。

M26-2　平面呈长条形。靠近M26墓道口为一斜向窄长方形石台，底部平直，外延至M26-1门框；石台向山岩内延展为一横穴洞室，洞内仅见一件头骨。M26-2通长2.82米，石台长1.74、宽0.4～0.5米，洞室长1.08、宽0.3～0.5、高0.52米。石台高于M26墓道底部0.79～0.85米。推测M26-2为M26的附属小墓。

2. 墓道填土

堆积共3层。第1层：坡状堆积，由墓道向墓门方向逐渐增厚。黄褐色土，土质疏松，内含植物根茎和零星陶瓷片。第2层：坡状堆积，由墓道向墓门方向逐渐变薄。长2.9、宽1.58、深0.5～0.9米。黄褐色填土，含粉状褐斑与少许红褐色砂石，土质较疏松。第3层：不规则状堆积，墓道内均有分布，由墓道至墓门方向逐渐增厚。红褐色填土，内含粉状褐斑与大量红褐色砂石，土质疏松。

3. 凿痕

凿痕有尖凿、圆凿两种。
尖凿见于墓道、墓室。直径5～32、宽1～3、深0.3～2厘米。
圆凿见于墓门。直径2～4、深0.5～2厘米。

4. 随葬品

墓葬受盗扰严重，仅于墓室扰土中采集唐宋时期瓷碟1件（M26：1）。另在M26-2洞室墓头骨旁出土3枚鎏金饰件（M26-2：1）。

墓中还发现有瓷罐、瓷碗残片。

M12

1. 墓葬形制

位于山体北侧山腰，东邻M13，西邻M11。未开凿完成的崖墓。墓葬全长4.8米。方向335°。由墓道、墓门、甬道及未完成开凿的墓室组成（图四二；图版二〇，2）。

墓道平面略呈梯形，南部较宽，北部较窄。长2.8、宽0.82～1.22米，边壁最高处1.75米。底部南高北低，呈斜坡状，高差0.32米。

墓门立面呈梯形，整体向墓室内倾斜幅度大。宽0.72～0.79、高0.85米。双层门框，外层门框向墓室内倾斜30°，东侧宽0.12～0.14、高0.93米，西侧宽0.12～0.14、高0.93米。内层门框向墓室内倾斜20°，东侧宽0.09、高0.93米，西侧宽0.1、高0.93米。外门框距内门框0.25米。门楣无装饰，宽0.72、高0.1米。

甬道平面呈梯形，南部较宽，北部较窄，顶部北高南低，直壁，底部北高南低。宽约0.75～1、高0.94、进深0.85米。

墓室未开凿完成，长0.9、宽0.6～0.8、高0.8米。紧贴东西两壁与后壁有一凹字形高台，东侧高台长1.28、宽0.25～0.45、高0.22米；西侧高台长1.36、宽0.24～0.34、高0.14～0.18米。两侧高台之间呈长条状凹陷，南端窄，北端略宽，长0.9、宽0.19～0.3、深0.12～0.24米。

2. 凿痕

凿痕有尖凿、圆凿、碓窝三种。

尖凿见于墓道。直径5～20、宽0.5～1、深0.5厘米。

圆凿见于墓门。直径3、深1～2厘米。

碓窝见于墓道。直径5、深2厘米。

根据墓室现存的修建痕迹，推测M12修建时采用冲击式顿钻法，先开凿墓室中间，再向四周开凿。

3. 随葬品

墓葬未开凿完成，未见下葬，无随葬品。

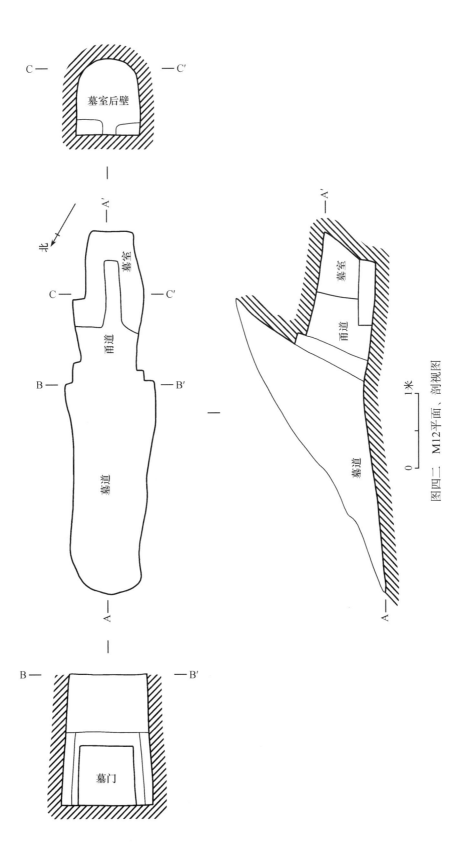

图四二 M12平面、剖视图

M22

1. 墓葬形制

位于山体北侧山腰，北邻M21，南邻M1、M9、M10。未开凿完成的崖墓。墓葬长7.28米。方向125°。仅有墓道（图四三）。

墓道平面大致呈梯形，西部较宽，东部较窄，南北两侧壁面粗糙。长7.28、宽0.9～1.74米，边壁最高处2.05米。墓道中后部处有一个近梯形深坑，长3.93、宽0.8～1.74、深0～0.65米。

2. 凿痕

凿痕仅有尖凿一种。见于墓道。直径2～30、宽1～10、深1～6厘米。

3. 随葬品

墓葬未开凿完成，未见下葬，无随葬品。

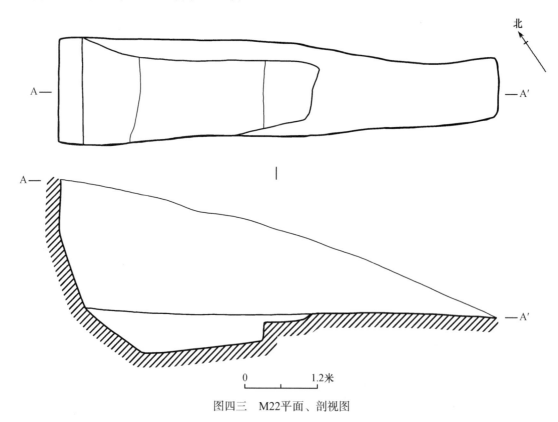

图四三　M22平面、剖视图

第二节 出土器物

屈家山Ⅱ号墓地此次发掘的崖墓多遭不同程度的盗扰、破坏，器物残破现象较为严重。出土器物类型丰富，有陶器、瓷器、铜器、铁器、银器、石器、琉璃器等。现按器类及其分型分式介绍如下。

一、陶 器

有领罐 5件。根据口部特征、肩部弧度的变化，可分为二式。

Ⅰ式：4件。敛口，折肩。

M27：18，夹砂褐陶。敛口，圆唇，斜直领，折肩，弧腹，平底略内凹。口径10、腹径18.4、底径12、高15.6厘米（图四四，1；图版三〇，1）。

M18：8，夹砂灰陶。敛口，圆唇，斜直领，折肩，弧腹，平底略内凹。口径9.8、腹径17.2、底径8.4、高17.2厘米（图四四，2；图版三〇，2）。

M35：10，泥质灰陶。敛口，圆唇，斜直领，折肩幅度较缓，长弧腹，平底。肩下有一道折棱。口径13.2、腹径25.2、底径12.4、高28.2厘米（图四四，3；图版三〇，3）。

M27：12，泥质灰陶。敛口，圆唇，斜直领，折肩，弧腹，平底略内凹。肩下有一道折棱，折棱上饰一周水波纹。口径14、腹径26、底径14、高24.6厘米（图四四，4；图版三〇，4）。

Ⅱ式：1件。侈口，弧肩。

M43：2，夹砂灰陶。侈口，圆唇，斜直领，弧肩，弧腹，平底略内凹。肩上饰一周凹弦纹。口径13.6、腹径21.6、底径12.8、高18.9厘米（图四四，5；图版三〇，5）。

喇叭口罐 7件。根据腹部的不同，可分为二型。

A型 4件。弧腹。根据器物颈部和腹部的变化，可分为二式。

Ⅰ式：2件。弧肩，最大径偏上，腹下部斜直，颈部较短。

M18：1，泥质灰陶。侈口，尖圆唇外折，束颈，弧肩，长弧腹，平底略内凹。肩上部饰一周凹弦纹，下饰一周戳印纹。口径9.6、腹径22、底径10.8、高26厘米（图四五，1；图版三〇，6）。

M14：42，泥质灰陶。侈口，方唇外折，束颈，弧肩，长弧腹，平底略内凹。肩上部饰一周凹弦纹，下饰一周戳印纹，其下饰绳纹。口径10.4、腹径21、底径9.6、高24.2厘米（图四五，2；图版三一，1）。

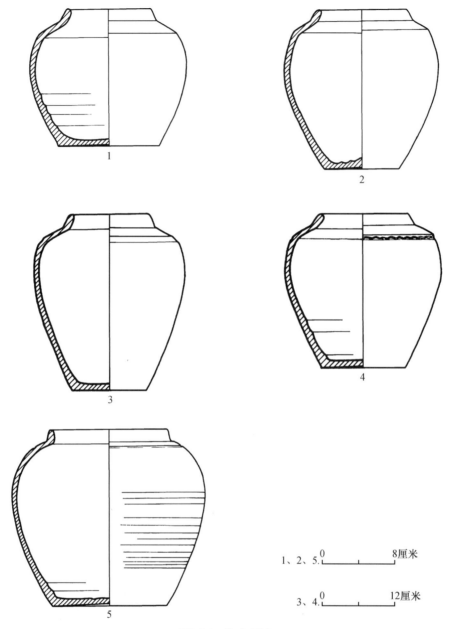

图四四　陶有领罐

1～4. Ⅰ式（M27：18、M18：8、M35：10、M27：12）　5. Ⅱ式（M43：2）

Ⅱ式：2件。颈部较Ⅰ式长，溜肩，腹部最大径居中。

M21：1，泥质灰陶。侈口，方唇外折，束颈，溜肩，长弧腹，平底略内凹。肩部饰一周戳印纹。口径9.2、腹径22.4、底径13.6、高34.4厘米（图四五，3；图版三一，2）。

M21：2，泥质灰陶。侈口，方唇外折，束颈，溜肩，长弧腹，平底略内凹。肩部饰一周凹弦纹，下饰一周戳印纹。口径10、腹径17.6、底径10.4、高29.6厘米（图四五，4；图版三一，3）。

B型　3件。鼓腹。根据器物整体形制的变化，可分为二式。

Ⅰ式：2件。整体器形较瘦高。

1、2. 　　　0　　　　　　　8厘米   3、4. 　　　0　　　　　　12厘米

图四五 陶喇叭口罐
1、2.A型Ⅰ式（M18：1、M14：42）   3、4.A型Ⅱ式（M21：1、M21：2）

　　M35：9，泥质灰陶。敞口，方唇，矮直领，溜肩，鼓腹，下腹斜直，平底略内凹。肩部饰一周凹弦纹和两道凸棱，凸棱上有戳印痕迹，腹部饰一周凹弦纹，其下饰一周戳印纹。口径12.4、腹径24、底径11.6、高25.2厘米（图四六，1；图版三一，4）。

　　M35：8，泥质灰陶。敞口，方唇，矮直领，溜肩，鼓腹，下腹斜直，平底略内凹。肩上部饰一周凹弦纹，下有一道凸棱，腹部饰一周凹弦纹，下饰一周戳印纹。口径11.4、腹径20.6、底径10.6、高21.5厘米（图四六，2；图版三一，5）。

　　Ⅱ式：1件。器形矮扁。

　　M4：6，泥质灰陶。侈口，尖圆唇外折，短颈，溜肩，鼓腹，下腹斜直，平底略内凹。肩部有两道凸棱，凸棱下有两周戳印纹。口径9.6、腹径27.6、底径14、高24厘米（图四六，3；图版三一，6）。

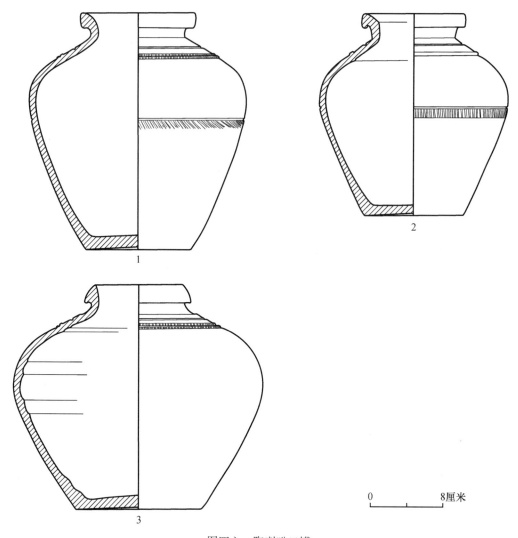

图四六　陶喇叭口罐

1、2.B型Ⅰ式（M35：9、M35：8）　3.B型Ⅱ式（M4：6）

小口束颈罐　11件。根据肩部弧度、腹部的不同，可分为三型。

A型　7件。弧肩。根据器物整体器形和腹部形态的变化，可分为二式。

Ⅰ式：2件。弧腹，器形较瘦高。

M16：5，夹砂灰陶。侈口，圆唇外卷，束颈，弧肩，弧腹，饼足，底略内凹。肩部饰一周凹弦纹。口径9.6、腹径15.6、底径7.2、高13.6厘米（图四七，6；图版三二，1）。

M27：16，泥质灰陶。敞口，圆唇略外卷，束颈，弧肩，弧腹，平底略内凹。肩部饰一周凹弦纹。口径12、腹径23.2、底径12.2、高21.9厘米（图四七，7；图版三二，2）。

Ⅱ式：5件。鼓腹，器形较为矮扁。

M8：2，泥质灰陶。侈口，圆唇，束颈，弧肩，鼓腹，平底略内凹。肩部有一道折棱，腹上部饰一周凹弦纹，下饰一周戳印纹。口径14.2、腹径22.8、底径11.6、高16.2厘米（图四七，1；图版三二，3）。

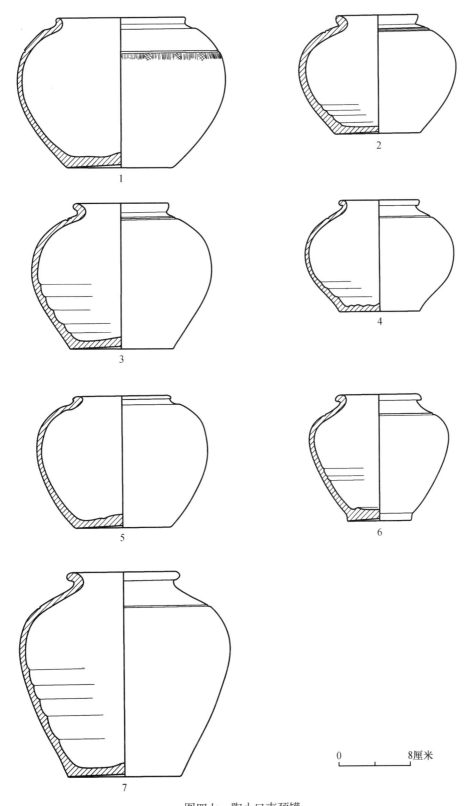

图四七　陶小口束颈罐

1~5.A型Ⅱ式（M8：2、M14：43、M13：15、M8：4、M29：2）　6、7.A型Ⅰ式（M16：5、M27：16）

M14∶43，泥质灰陶。敞口，圆唇，束颈，弧肩，鼓腹，平底略内凹。肩部饰两周凹弦纹。口径9.2、腹径17.6、底径9.6、高12.6厘米（图四七，2；图版三二，4）。

M8∶4，泥质灰陶。侈口，圆唇外卷，束颈，弧肩，鼓腹，平底。肩部饰一周凹弦纹。口径9、腹径16.6、底径9、高12厘米（图四七，4；图版三二，5）。

M13∶15，泥质灰陶。敞口，圆唇外卷，束颈，弧肩，鼓腹，平底略内凹。肩部饰两周凹弦纹。口径10.6、腹径19.8、底径11.6、高15.7厘米（图四七，3；图版三二，6）。

M29∶2，泥质灰陶。侈口，圆唇，弧肩，鼓腹，平底略内凹。肩部有一道折棱。口径10.8、腹径18.8、底径10.6、高14.2厘米（图四七，5；图版三三，1）。

B型　2件。溜肩，弧腹，器身瘦高。

M13∶8，夹砂黄陶。敞口，圆唇略外卷，束颈，溜肩，弧腹，平底略内凹。肩部饰一周凹弦纹。口径9.4、腹径15、底径7.4、高14.5厘米（图四八，1；图版三三，2）。

M11∶3，泥质灰陶。敞口，圆唇外卷，束颈，溜肩，弧腹，平底略内凹。口径8、腹径13.2、底径7.2、高12.6厘米（图四八，2；图版三三，3）。

C型　2件。折肩，鼓腹，器身矮扁。

M4∶4，夹砂灰陶。敞口，圆唇外卷，束颈，折肩，鼓腹，平底略内凹。肩部饰一周凹弦纹。口径10.2、腹径19、底径8.6、高15.4厘米（图四八，3；图版三三，4）。

M14∶15，夹砂灰陶。侈口，圆唇，折肩，鼓腹，平底。肩下饰一周戳印纹，腹部饰一周凹弦纹。口径12.4、腹径19.6、底径10.2、高13.9厘米（图四八，4；图版三三，5）。

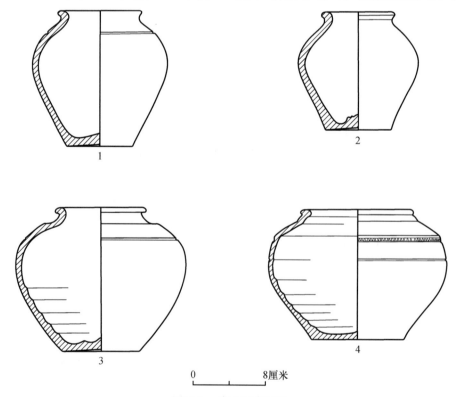

0　　　　　8厘米

图四八　陶小口束颈罐

1、2.B型（M13∶8、M11∶3）　3、4.C型（M4∶4、M14∶15）

双耳罐　1件。

M13：7，泥质灰陶。侈口，圆唇，束颈，折肩，弧腹，平底略内凹。肩上部有一道折棱，肩部饰纵向双耳。口径14.4、腹径21.8、底径14.2、高15.4厘米（图四九，1；图版三三，6）。

侈口罐　2件。弧肩。根据腹部形态的变化，可分为二式。

Ⅰ式：1件。鼓腹。

M27：14，泥质灰陶。口沿不平整，制作较粗糙，侈口，圆唇外卷，束颈，弧肩，鼓腹斜收，平底略内凹。肩部饰多周浅凹弦纹。口径10、腹径18.6、底径9.4、高17.4厘米（图四九，2；图版三四，1）。

Ⅱ式：1件。弧腹。

M29：9，泥质灰陶。侈口，圆唇外卷，束颈，弧肩，长弧腹，平底略内凹。肩部饰两周凹弦纹。口径14、腹径23.2、底径15.6、高23.8厘米（图四九，4；图版三四，2）。

另有1件陶罐肩部以上残，无法分型。M18：7，泥质灰陶。溜肩，弧腹，平底略内凹。肩上饰两周戳印纹，腹部饰一周戳印纹。腹径21.8、底径11、残高20厘米（图四九，3）。

饼足钵　21件。根据口部、腹部形态，以及器物大小的不同，可分为四型。

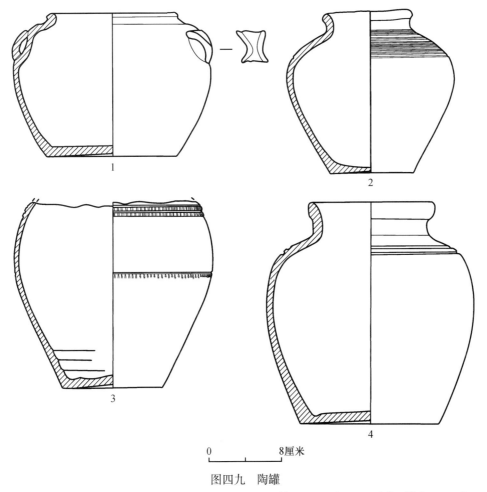

图四九　陶罐

1. 双耳罐（M13：7）　2. Ⅰ式侈口罐（M27：14）　3. 残罐（M18：7）　4. Ⅱ式侈口罐（M29：9）

A型　4件。器形较小，敛口，弧腹内收。

M27：6，夹砂黄褐陶。敛口，圆唇，弧腹较浅，腹下部内收，饼足略内凹。唇下饰一周凹弦纹。口径13.6、底径6.2、高5.7厘米（图五〇，1；图版三四，3）。

M27：5，夹砂黄褐陶。敛口，圆唇，弧腹较浅，腹下部内收，饼足略内凹。唇下饰一周凹弦纹。口径13、底径6.6、高5.5厘米（图五〇，2；图版三四，4）。

M27：8，夹砂黄褐陶。敛口，圆唇，弧腹较浅，腹下部内收，饼足略内凹。唇下饰一周凹弦纹。口径14、底径6.8、高5.9厘米（图五〇，3；图版三四，5）。

M27：10，夹砂灰陶。敛口，圆唇，弧腹较浅，腹下部内收，饼足略内凹。唇下饰一周凹弦纹。口径13.6、底径6.2、高6厘米（图五〇，4；图版三四，6）。

B型　3件。器形较小，侈口，弧腹。

M14：8，夹砂黄陶。侈口，圆唇，弧腹，饼足略内凹。唇下饰一周凹弦纹。口径13.2、底径5、高5.6厘米（图五〇，5；图版三五，1）。

M14：22，夹砂黄陶。侈口，圆唇，弧腹，饼足。唇下饰一周凹弦纹。口径13、底径4.4、高5.2厘米（图五〇，6；图版三五，2）。

M14：50，夹砂黄陶。侈口，圆唇，弧腹，饼足略内凹。唇下饰一周凹弦纹。口径12.2、底径5.4、高4.4厘米（图五〇，7；图版三五，3）。

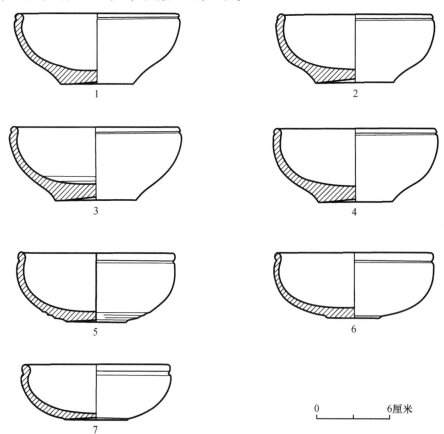

0　　　　　6厘米

图五〇　陶饼足钵

1～4. A型（M27：6、M27：5、M27：8、M27：10）　5～7. B型（M14：8、M14：22、M14：50）

C型　5件。器形较大，唇口，折腹。

M14：37，夹砂黄陶。唇口，折腹，上腹圆弧，下腹内折，饼足。口径20.4、底径7.6、高8.4厘米（图五一，1；图版三五，4）。

M27：2，夹砂灰黄陶。唇口，折腹，上腹斜直，下腹内折，饼足略内凹。口径20.8、底径7、高8.6厘米（图五一，2；图版三五，5）。

M24：5，夹砂灰黄陶。唇口，折腹，上腹斜直，下腹内折，饼足。口径19.6、底径7.6、高8厘米（图五一，3；图版三五，6）。

M14：23，夹砂黄褐陶。唇口，折腹，上腹较斜直，下腹内折，饼足。口径20、底径7.8、高7.1厘米（图五一，4；图版三六，2）。

M14：41，夹砂灰黄陶。唇口，上腹圆弧，下腹内折，饼足略内凹。口径19.2、底径7.2、高7.3厘米（图五一，5；图版三六，1）。

D型　9件。器形较大，敛口，折腹。根据腹部特征的不同，可分为二亚型。

Da型　4件。腹部较深。根据唇下纹饰的变化，可分为二式。

Ⅰ式：1件。唇下有一道折棱。

M18：4，夹砂灰黄陶。敛口，圆唇，折腹，上腹圆弧，下腹内折，饼足略内凹。唇下有一道折棱。口径19、底径8.4、高8.4厘米（图五二，1；图版三六，3）。

Ⅱ式：3件。唇下饰一周凹弦纹。

M24：8，泥质灰陶。敛口，圆唇，折腹，上腹较斜直，下腹内折，饼足。唇下饰一周凹弦纹。口径19、底径9.6、高8.2厘米（图五二，2；图版三六，4）。

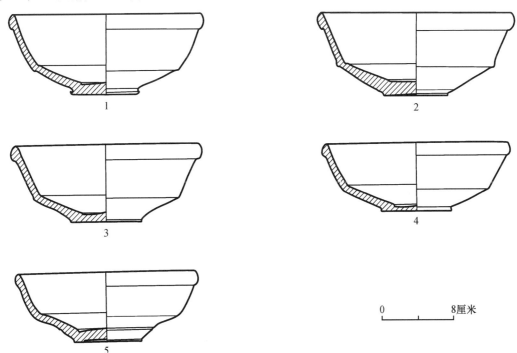

图五一　C型陶饼足钵
1. M14：37 2. M27：2 3. M24：5 4. M14：23 5. M14：41

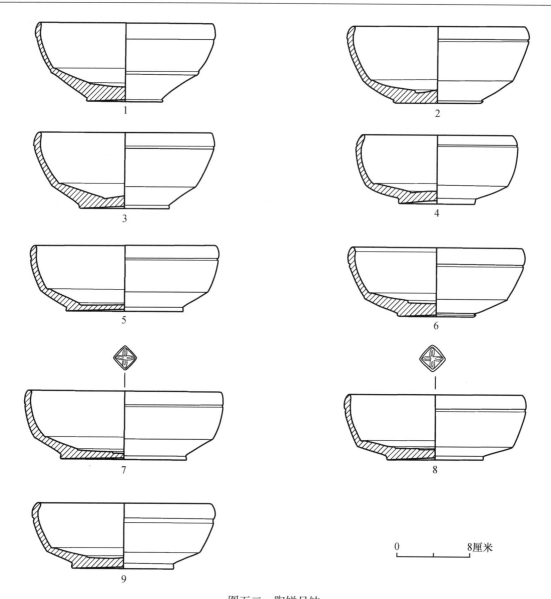

图五二　陶饼足钵

1. Da型Ⅰ式（M18∶4）　　2~4. Da型Ⅱ式（M24∶8、M24∶3、M24∶7）　　5~8. Db型Ⅱ式（M21∶9、M35∶4、M21∶6、
M21∶7）　　9. Db型Ⅰ式（M27∶15）

　　M24∶3，泥质灰陶。敛口，圆唇，折腹，上腹较斜直，下腹内折，饼足略内凹。唇下饰一周凹弦纹。口径19、底径10、高8.1厘米（图五二，3；图版三六，5）。

　　M24∶7，夹砂黄陶。敛口，圆唇，折腹，上腹圆弧，下腹内折，饼足略内凹。唇下饰一周凹弦纹。口径16.4、底径8.3、高7.4厘米（图五二，4；图版三六，6）。

　　Db型　5件。腹部较浅。根据唇下凹弦纹的变化，可分为二式。

　　Ⅰ式：1件。唇下凹弦纹较宽。

　　M27∶15，夹砂褐陶。敛口，圆唇，折腹，上腹斜直，下腹内折，饼足略内凹。唇下饰一周凹弦纹，凹弦纹较宽。口径19.2、底径11.4、高7厘米（图五二，9；图版三七，1）。

　　Ⅱ式：4件。唇下凹弦纹较窄。

M21：9，夹砂灰陶。口微敛，圆唇，折腹，上腹圆弧，下腹内折，饼足略内凹。唇下饰一周凹弦纹。口径20、底径13、高7厘米（图五二，5；图版三七，2）。

M35：4，夹砂褐陶。口微敛，圆唇，折腹，上腹圆弧，下腹内折，饼足略内凹。唇下饰一周凹弦纹。口径18.8、底径8.6、高7.4厘米（图五二，6；图版三七，3）。

M21：6，夹砂灰陶。口微敛，圆唇，折腹，上腹圆弧，下腹内折，饼足略内凹。唇下饰一周凹弦纹，内底模印花瓣纹。口径21.2、底径14、高7.3厘米（图五二，7；图版三七，4）。

M21：7，夹砂灰陶。口微敛，圆唇，折腹，上腹圆弧，下腹内折，饼足略内凹。唇下饰一周凹弦纹，内底模印花瓣纹。口径19.2、底径10.6、高7厘米（图五二，8；图版三七，5）。

平底钵　9件。根据口部及腹部形态的不同，可分为四型。

A型　4件。侈口，弧腹。

M14：6，夹砂灰黄陶。侈口，圆唇，弧腹，平底略内凹。唇下饰一周凹弦纹。口径12.4、底径5、高5.2厘米（图五三，1；图版三七，6）。

M14：19，夹砂灰黄陶。侈口，圆唇，弧腹，平底略内凹。唇下饰一周凹弦纹。口径13、底径5.2、高5.3厘米（图五三，2；图版三八，1）。

M14：25，夹砂灰黄陶。侈口，圆唇，弧腹，平底略内凹。口径13、底径5、高5.1厘米（图五三，3；图版三八，2）。

M14：48，夹砂灰陶。侈口，圆唇，弧腹，平底。唇下饰一周凹弦纹。口径11.2、底径4、高4.1厘米（图五三，4；图版三八，3）。

B型　2件。唇口，折腹。

M14：45，夹砂黄陶。器形较大，唇口，上腹较斜直，下腹内折，平底内凹。口径19.6、底径7、高7.2厘米（图五三，5；图版三八，4）。

M14：46，夹砂黄陶。器形较小，唇口，上腹较斜直，下腹内折，平底内凹。口径13、底径5.6、高4.7厘米（图五三，6；图版三八，5）。

C型　1件。敛口，折腹。

M8：1，泥质灰陶。敛口，圆唇，折腹，上腹圆弧，下腹内折，平底略内凹。口径18.8、底径10、高7.3厘米（图五三，9；图版三八，6）。

D型　2件。口微敛，弧腹较深。

M43：1，夹砂灰黄陶。口微敛，圆唇，弧腹，平底略内凹。唇下饰一周宽凹弦纹，宽凹弦纹下饰一周窄凹弦纹。口径16.4、底径8、高7.4厘米（图五三，7；图版三九，1）。

M10：1，泥质灰陶。口微敛，圆唇，弧腹，平底。唇下有一道折棱。口径16、底径8、高6.9厘米（图五三，8；图版三九，2）。

碗　15件。根据口部的不同，可分为二型。

A型　5件。敛口，圆唇微侈。根据器形大小的不同，可分为二亚型。

Aa型　2件。器形较大。

M14：32，夹砂灰黄陶。敛口，圆唇微侈，弧腹，圈足外撇。唇下饰一周凹弦纹。口径

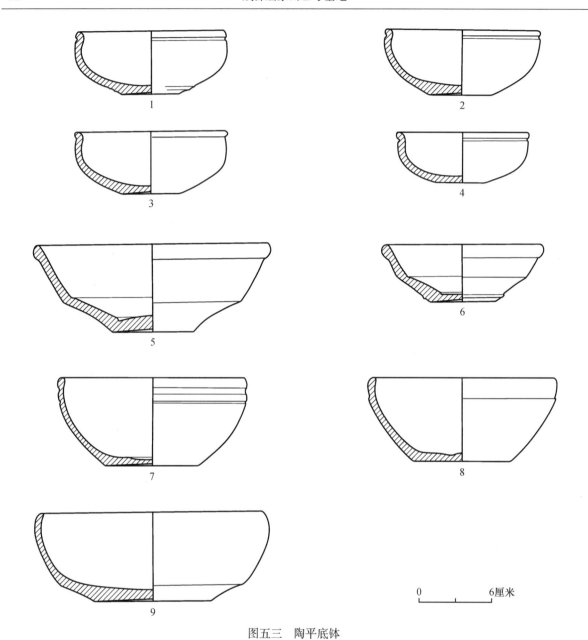

图五三　陶平底钵

1～4.A型（M14：6、M14：19、M14：25、M14：48）　　5、6.B型（M14：45、M14：46）　　7、8.D型（M43：1、M10：1）

9.C型（M8：1）

20、足径10.4、高8.8厘米（图五四，3；图版三九，3）。

　　M16：7，夹砂黄褐陶。敛口，圆唇微侈，弧腹，圈足外撇。唇下饰一周凹弦纹。口径 18.6、足径9.6、高8厘米（图五四，4；图版三九，4）。

　　Ab型　3件。器形较小。根据腹部的变化，可分为二式。

　　Ⅰ式：2件。弧腹。

　　M16：9，夹砂灰陶。敛口，圆唇微侈，弧腹，圈足外撇。唇下饰一周凹弦纹。口径12.8、足径5.4、高5.9厘米（图五四，5；图版三九，5）。

　　M14：10，夹砂黄陶。敛口，圆唇微侈，弧腹，圈足外撇。唇下饰一周凹弦纹。口径

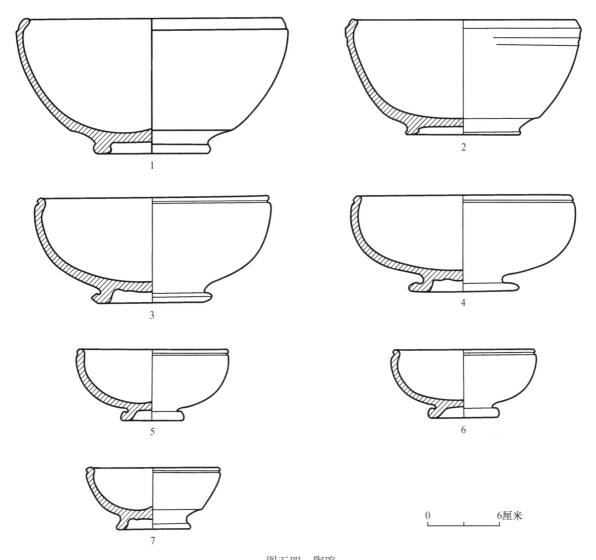

图五四　陶碗

1、2.Ba型（M8：5、M29：5）　　3、4.Aa型（M14：32、M16：7）　　5、6.Ab型Ⅰ式（M16：9、M14：10）

7.Ab型Ⅱ式（M10：4）

12.2、足径5.8、高5.7厘米（图五四，6；图版三九，6）。

　　Ⅱ式：1件。折腹。

　　M10：4，泥质灰陶。敛口，圆唇微侈，折腹，圈足。唇下饰一周凹弦纹。口径11.2、足径

6.4、高5.1厘米（图五四，7；图版四〇，1）。

　　B型　10件。敛口，圆唇。根据器形大小，可分为二亚型。

　　Ba型　2件。器形较大。

　　M8：5，泥质灰陶。敛口，圆唇，折腹，上腹圆弧，下腹内折，圈足。唇下有一道折棱。

口径21.6、足径10、高11.2厘米（图五四，1；图版四〇，2）。

　　M29：5，泥质灰陶。制作粗糙，器口变形。敛口，圆唇，折腹，上腹圆弧，下腹内折，

圈足。唇下有一道折棱，折棱下饰一周宽凹弦纹。口径18.8、足径10、高9.6厘米（图五四，

2；图版四〇，3）。

Bb型　8件。器形较小。

M2：3，泥质灰黄陶。口微敛，圆唇，折腹，上腹圆弧，下腹内折，圈足外撇。唇下有一道折棱。口径12.6、足径6、高5.8厘米（图五五，1；图版四〇，4）。

M4：1，泥质灰陶。口微敛，圆唇，折腹，上腹圆弧，下腹内折，圈足。唇下有一道折棱，折棱下饰一周凹弦纹。口径13.6、足径6、高6.5厘米（图五五，2；图版四〇，5）。

M4：3，泥质灰陶。口微敛，圆唇，折腹，上腹圆弧，下腹内折，圈足外撇。唇下有一道折棱，折棱下饰一周凹弦纹。口径13.2、足径6、高6.5厘米（图五五，3；图版四〇，6）。

M4：5，泥质灰陶。口微敛，圆唇，折腹，上腹圆弧，下腹内折，圈足外撇。唇下有一道折棱。口径12.8、足径6、高6.2厘米（图五五，4；图版四一，1）。

M8：3，泥质灰陶。敛口，圆唇，折腹，上腹圆弧，下腹内折，圈足外撇。唇下有一道折棱，折棱下饰两周凹弦纹。口径12.6、足径6.6、高5.6厘米（图五五，5；图版四一，2）。

M11：2，泥质灰黄陶。敛口，圆唇，折腹，上腹圆弧，下腹内折，圈足。唇下饰一周凹弦纹，凹弦纹下有一道折棱。口径12、足径6.4、高5.9厘米（图五五，6；图版四一，3）。

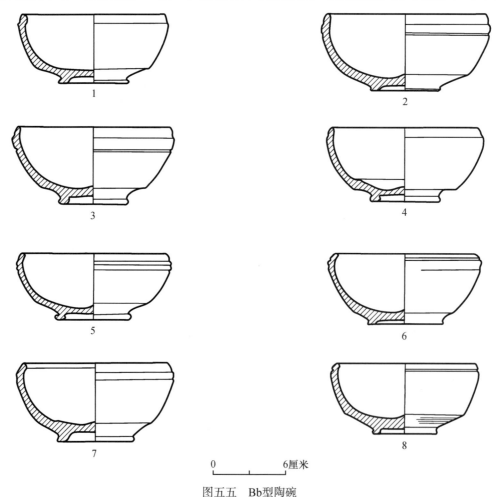

0　　　　　6厘米

图五五　Bb型陶碗

1. M2：3　2. M4：1　3. M4：3　4. M4：5　5. M8：3　6. M11：2　7. M25：2　8. M29：6

M25：2，泥质褐陶。敛口，圆唇，折腹，上腹圆弧，下腹内折，圈足，足部外撇。唇下有一道折棱。口径12.6、足径6.4、高6.6厘米（图五五，7；图版四一，4）。

M29：6，泥质灰陶。敛口，圆唇，折腹，上腹圆弧，下腹内折，圈足。唇下饰一周凹弦纹。口径11.6、足径5.6、高5.9厘米（图五五，8；图版四一，5）。

圜底釜　8件。根据口沿特征的不同，可分为二型。

A型　2件。盘口，斜折沿。根据有无耳，可分为二亚型。

Aa型　1件。有耳。

M18：5，夹砂褐陶。盘口，尖圆唇，斜折沿，束颈，鼓腹，圜底。肩部有一对纵向环形耳，耳上饰刻划纹，腹部饰三周凹弦纹，器底饰篮纹。口径16.8、腹径17.6、高11厘米（图五六，1；图版四一，6）。

Ab型　1件。无耳。

M27：11，夹砂红陶。器形较大，盘口，方唇，斜折沿，束颈，弧腹，圜底。腹部饰三周凹弦纹，器底饰篮纹。口径27.6、腹径29.2、高21.2厘米（图五六，2；图版四二，1）。

B型　6件。敞口，卷沿。根据腹部弧度及纹饰的变化，可分为二式。

Ⅰ式：3件。弧腹。腹部饰戳印纹。

M18：9，夹砂褐陶。敞口，圆唇，卷沿，束颈，弧腹，圜底。颈下部饰一周凹弦纹，腹部饰戳印纹，器底饰篮纹，器表有烟熏痕迹。口径20.4、腹径22.4、高13厘米（图五六，3；图版四二，3）。

M18：10，夹砂灰黄陶。敞口，圆唇，卷沿，束颈，弧腹，圜底。腹上部饰一周凹弦纹，下饰戳印纹，器底饰篮纹。口径20.4、腹径23.2、高12.1厘米（图五六，4；图版四二，4）。

M14：49，夹砂灰陶。敞口，圆唇，卷沿，束颈，弧腹，圜底。腹部饰戳印纹，器底饰绳纹。口径18.4、腹径19.8、高10.2厘米（图五六，5；图版四二，2）。

Ⅱ式：3件。弧腹弧度较Ⅰ式缓。腹部饰凹弦纹。

M21：12，夹砂红陶。敞口，圆唇，卷沿，束颈，弧腹，圜底。腹上部饰一周凹弦纹，器底饰篮纹。口径20.4、腹径20.4、高10.3厘米（图五六，6；图版四二，5）。

M24：2，泥质灰黄陶。敞口，圆唇外卷，卷沿，束颈，弧腹，圜底。颈下部饰一周凹弦纹，腹上部饰两周凹弦纹，器底饰篮纹。口径26.8、腹径28、高14.6厘米（图五六，7；图版四二，6）。

M14：18，夹细砂灰陶。器形较小。敞口，圆唇外卷，卷沿，束颈，弧腹，圜底。腹部饰三周凹弦纹。口径9、腹径9.8、高5.3厘米（图五六，8；图版四三，1）。

平底釜　9件。有耳，底部近平。根据口沿特征及器形大小的不同，可分为二型。

A型　4件。盘口，器形较大。根据腹部形态的变化，可分为二式。

Ⅰ式：2件。腹部较深。

M27：13，泥质灰陶。口部呈喇叭形，方唇，弧腹较深，平底略内凹。口部有一对环耳，

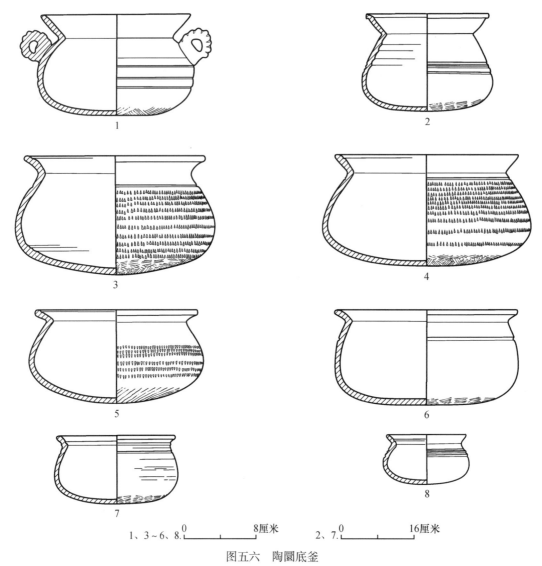

1、3~6、8.　0 ⊢———┴———┤ 8厘米　　2、7. 0 ⊢———┴———┤ 16厘米

图五六　陶圈底釜

1. Aa型（M18：5）　2. Ab型（M27：11）　3~5. B型Ⅰ式（M18：9、M18：10、M14：49）　6~8. B型Ⅱ式（M21：12、
M24：2、M14：18）

残。腹部饰四周戳印纹。口径24.2、底径11.8、残高13.4厘米（图五七，1；图版四三，2）。

M27：9，泥质灰陶。口部呈喇叭形，圆唇，弧腹较深，平底略内凹。口部有一对耳。耳部饰戳印短线纹，腹部饰两周戳印纹。口径19.4、底径8.8、高12.8厘米（图五七，4；图版四三，3）。

Ⅱ式：2件。腹部较浅。

M35：11，泥质灰陶。口部呈喇叭形，方唇，弧腹较浅，平底略内凹。耳残。腹部饰三周戳印纹。口径26、底径12.2、高9.1厘米（图五七，2；图版四三，4）。

M35：12，泥质灰陶。口部呈喇叭形，方唇，弧腹较浅，平底。口部有一对耳。耳饰戳印短线纹，腹部饰五周戳印纹。口径26、底径12.6、高13.6厘米（图五七，3；图版四三，5）。

B型　5件。器形较小，束颈。根据口部特征的不同，可分为二亚型。

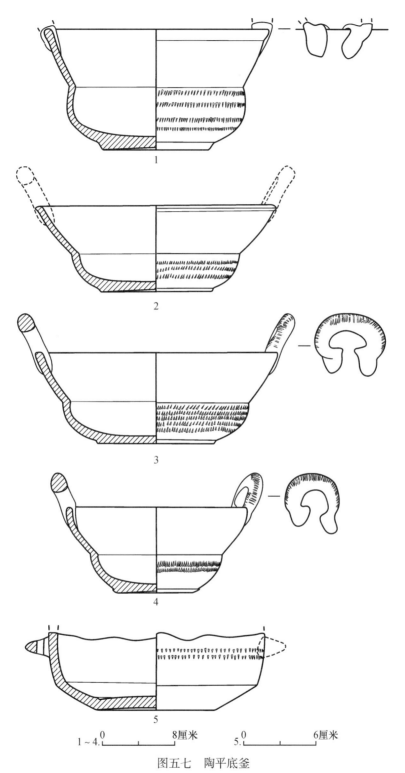

图五七 陶平底釜

1、4.A型Ⅰ式（M27：13、M27：9） 2、3.A型Ⅱ式（M35：11、M35：12） 5.残釜（M27：24）

Ba型　3件。盘口，卷沿。

M13∶12，泥质灰陶。尖圆唇，弧肩，弧腹，平底略内凹。内底有拉坯留下的涡状痕迹。口径12、腹径13.2、底径7.6、高9厘米（图五八，1；图版四四，1）。

M23∶2，泥质灰陶。圆唇，溜肩，弧腹，平底略内凹。口径12.8、腹径14.5、底径9.8、高11.4厘米（图五八，2；图版四三，6）。

M15∶1，夹砂灰陶。圆唇，溜肩，弧腹，平底略内凹。内底有拉坯留下的涡状痕迹。口径12.2、腹径14.8、底径10.2、高10.4厘米（图五八，3；图版四四，2）。

Bb型　2件。敞口。

M29∶12，泥质灰陶。圆唇，斜折卷沿，弧肩，弧腹，平底略内凹。肩部饰一周凹弦纹。口径14.2、腹径15、底径10.6、高8.9厘米（图五八，4；图版四四，4）。

M13∶5，泥质灰陶。卷沿，圆唇，折肩，弧腹，平底略内凹。内底有拉坯留下的涡状痕迹。口径13、腹径14.6、底径7.4、高9厘米（图五八，5；图版四四，3）。

另有1件陶釜肩部以上残，无法分型。M27∶24，泥质灰陶。折腹，腹下部斜直，器身两侧各有一个横系，孔径较小，平底略内凹。器身中部饰两周戳印纹（图五七，5）。

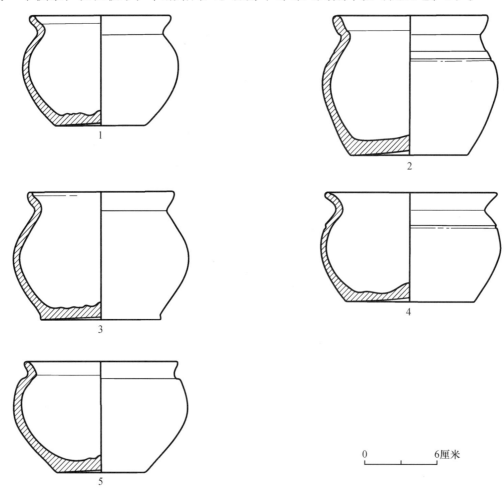

0　　　　6厘米

图五八　陶平底釜
1~3. Ba型（M13∶12、M23∶2、M15∶1）　4、5. Bb型（M29∶12、M13∶5）

瓮 3件。侈口，圆唇外卷，折肩，弧腹，平底略内凹。

M27：17，夹细砂灰陶。侈口，圆唇外卷，折肩，弧腹，平底略内凹，近底部有一个圆形小孔。肩部饰一周凹弦纹，腹下部饰菱形方格纹。口径42、腹径66、底径26.8、高48.4厘米（图五九，1）。

M21：16，夹砂灰陶。侈口，圆唇外卷，折肩，弧腹，平底略内凹，近底部有一个圆形小孔。肩部饰一周凹弦纹。口径29.8、腹径36.5、底径8.3、高24.2厘米（图五九，2；图版四四，5）。

M14：44，夹细砂灰陶。侈口，圆唇外卷，折肩，弧腹，平底略内凹。肩部饰一周凹弦纹。口径26、腹径31.6、底径14.4、高22.4厘米（图五九，3）。

盏 13件。根据口部形态的不同，可分为二型。

A型 10件。敞口。根据底部形态的不同，可分为二亚型。

Aa型 8件。平底。

M2：1，夹砂灰黄陶。敞口，圆唇，弧腹，平底。唇下有一道折棱。口径11.8、底径6.8、高5.6厘米（图六○，1；图版四五，1）。

M13：1，泥质灰陶。制作粗糙，器口变形，敞口，圆唇，弧腹，平底略内凹。唇下有一道折棱。口径9.2、底径6、高3.9厘米（图六○，2；图版四五，2）。

M13：3，泥质灰陶。敞口，圆唇，弧腹，平底略内凹。唇下饰一周凹弦纹。口径8.8、底径5.6、高3.4厘米（图六○，3；图版四五，3）。

M13：13，泥质灰陶。敞口，尖圆唇，弧腹，平底略内凹。内底有拉坯留下的痕迹，唇下饰一周凹弦纹。口径8.8、底径6、高3.6厘米（图六○，4；图版四五，4）。

M13：11，泥质灰陶。敞口，圆唇略外卷，弧腹，平底。唇下有一道折棱。口径8.2、底径5.8、高3.3厘米（图六○，5；图版四五，5）。

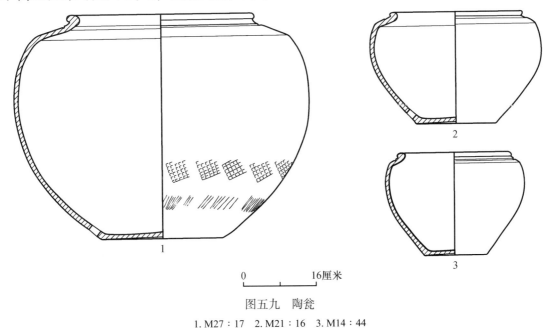

0   16厘米

图五九 陶瓮

1. M27：17 2. M21：16 3. M14：44

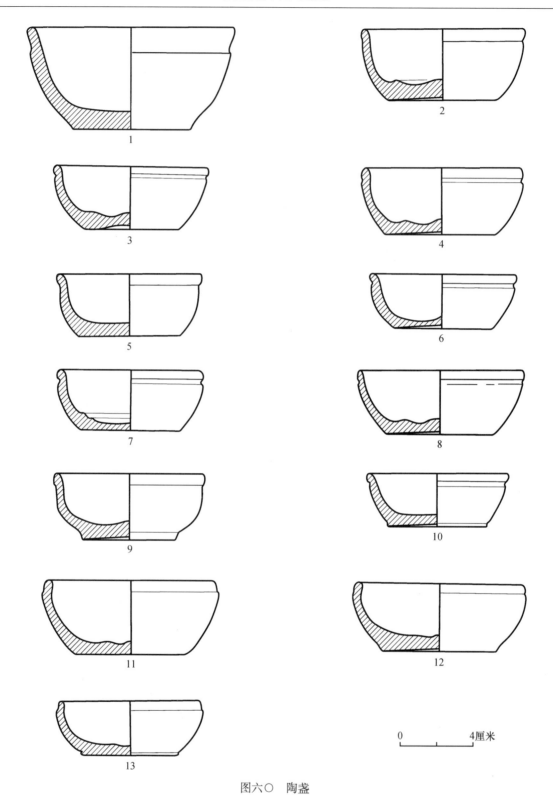

图六〇　陶盏

1~8. Aa型（M2∶1、M13∶1、M13∶3、M13∶13、M13∶11、M29∶3、M13∶14、M13∶4）　9、10. Ab型（M13∶10、
M29∶13）　11~13. B型（M23∶6、M23∶3、M23∶5）

M29：3，泥质灰陶。敞口，圆唇，弧腹，平底略内凹。唇下饰一周凹弦纹。口径8.2、底径5.6、高2.9厘米（图六〇，6；图版四五，6）。

M13：14，泥质灰陶。敞口，圆唇，弧腹，平底。唇下饰一周凹弦纹。口径8.4、底径5.6、高3.3厘米（图六〇，7；图版四六，1）。

M13：4，泥质灰陶。制作粗糙，器口变形，敞口，尖圆唇，弧腹，平底略内凹。内底有拉坯留下的涡状痕迹，唇下饰一周凹弦纹。口径9.2、底径6、高3.5厘米（图六〇，8；图版四六，2）。

Ab型 2件。饼足。

M13：10，泥质灰陶。敞口，尖圆唇，弧腹，饼足略内凹。内底有拉坯留下的涡状痕迹，唇下有一道折棱。口径8.6、底径5.4、高3.6厘米（图六〇，9；图版四六，3）。

M29：13，泥质灰陶。制作粗糙，器口变形，敞口，圆唇，弧腹，饼足略内凹。唇下饰一周凹弦纹。口径8、底径5.6、高2.9厘米（图六〇，10；图版四六，4）。

B型 3件。敛口。

M23：6，泥质灰陶。制作粗糙，器口变形，敛口，圆唇，弧腹，平底。唇下有一道折棱。口径9.6、底径6.4、高4厘米（图六〇，11；图版四六，5）。

M23：3，泥质灰陶。制作粗糙，器底变形，敛口，圆唇，弧腹，平底略内凹。内底有拉坯留下的涡状痕迹，唇下有一道折棱。口径9.4、底径6.6、高3.7厘米（图六〇，12；图版四六，6）。

M23：5，泥质灰黄陶。敛口，圆唇，弧腹，饼足。唇下有一道折棱。口径8、底径5.6、高2.9厘米（图六〇，13；图版四七，1）。

盆 7件。根据器物腹部深浅的不同，可分为二型。

A型 4件。深腹。

M11：4，泥质灰陶。侈口，圆唇外卷，深弧腹，平底略内凹。口径17、底径9、高8.2厘米（图六一，1；图版四七，2）。

M15：3，泥质灰陶。侈口，圆唇外卷，深弧腹，饼足略内凹。口径16.8、底径8.4、高8.1厘米（图六一，2；图版四七，3）。

M23：1，泥质灰陶。侈口，圆唇略外卷，深弧腹，平底略内凹。口径14.4、底径7.6、高8.4厘米（图六一，3；图版四七，4）。

M29：10，夹砂灰陶。敞口，圆唇外卷，深弧腹，平底略内凹。器身饰四周凹弦纹。口径16、底径8、高8厘米（图六一，4；图版四七，5）。

B型 3件。浅腹。

M13：6，泥质灰陶。侈口，圆唇略外卷，浅弧腹，平底略内凹。口径15.8、底径7.4、高6.9厘米（图六二，1；图版四七，6）。

M13：9，泥质灰陶。侈口，圆唇略外卷，浅弧腹，平底略内凹。内底有拉坯留下的涡状

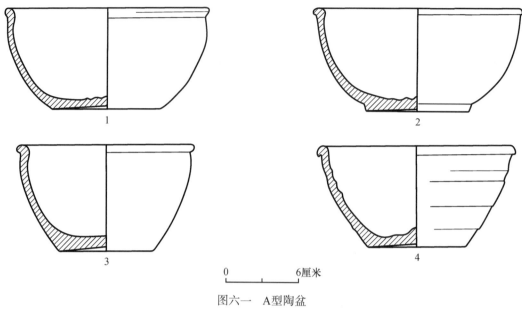

图六一　A型陶盆

1. M11：4　2. M15：3　3. M23：1　4. M29：10

痕迹。口径15.4、底径7、高6.6厘米（图六二，2；图版四八，1）。

M29：4，夹细砂灰陶。侈口，圆唇略外卷，浅弧腹，平底略内凹。口径20.2、底径11.4、高7.4厘米（图六二，3；图版四八，2）。

釜盆组合　2套。

M10：2，釜在下，盆在上，釜口套住盆底。通高约16.9厘米。釜，泥质黄陶。敞口，圆唇，束颈，溜肩，鼓腹，平底略内凹。口径13.4、底径10、高11.6厘米。盆，泥质黄陶。敞口，方唇略外卷，腹部斜直，平底。口径15.6、底径8.8、高7.6厘米（图六三，1；图版四八，3）。

M4：2，釜在下，盆在上，釜口套住盆底。通高约16.5厘米。釜，泥质灰陶。敞口，圆唇，束颈，弧肩，弧腹，平底略内凹。底部有拉坯留下的涡状痕迹，肩部饰两周凹弦纹。口径13.4、底径8.8、高11厘米。盆，泥质灰陶。侈口，圆唇外卷，弧腹，平底。口径15.4、底径8.2、高7.9厘米（图六三，2；图版四八，4）。

困　3件。侈口，圆唇外卷，束颈，斜直腹，平底略内凹。

M23：4，泥质灰陶。器形较大，侈口，圆唇外卷，束颈，斜直腹，平底略内凹。内壁有拉坯留下的圈状痕迹，腹上部饰三周短戳印纹，腹中部饰凹弦纹、长戳印纹各一周。口径10.5、底径16.5、高37厘米（图六四，1；图版四九，1）。

M29：1，夹砂褐陶。侈口，圆唇外卷，束颈，斜直腹，平底略内凹。内底有拉坯留下的涡状痕迹，腹上部、中部各饰一周戳印纹。口径7.5、底径13.5、高31.8厘米（图六四，2；图版四九，2）。

M13：2，泥质灰陶。器形较小，侈口，圆唇外卷，束颈，斜直腹，平底略内凹。内壁有拉坯留下的圈状痕迹，腹中部有两道凸棱，凸棱上有戳印痕迹。口径9、底径14、高28.5厘米

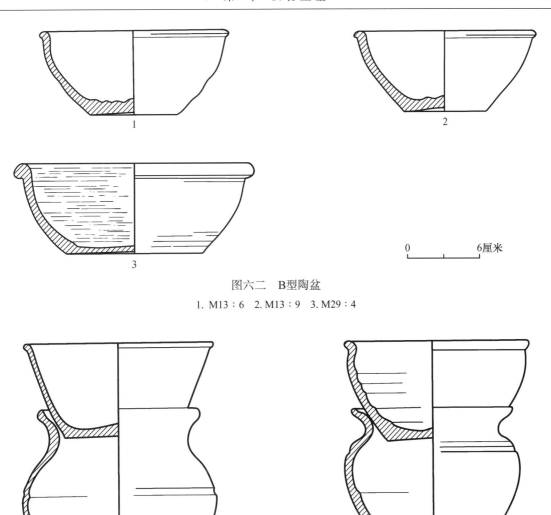

图六二　B型陶盆
1. M13：6　2. M13：9　3. M29：4

图六三　陶釜盆组合
1. M10：2　2. M4：2

（图六四，3；图版四九，3）。

甑　3件。敞口，方唇外折，长弧腹，平底，底部有箅孔。

M16：4，夹砂褐陶。敞口，方唇外折，长弧腹，平底，底部有6个箅孔，箅孔分布不均匀。器身饰刻划纹。口径28.8、底径11.2、高18.3厘米（图六五，1；图版四九，5）。

M14：33，夹砂褐陶。器形较小，敞口，方唇外折，长弧腹，平底，底部有9个箅孔，箅孔分布不均匀。口径16、底径7、高10.5厘米（图六五，2；图版四九，4）。

M14：47，夹砂灰褐陶。器形较大，敞口，圆唇外折，长弧腹，平底略内凹，底部有16个箅孔，箅孔分布较均匀。器身饰刻划纹。口径33、底径14.6、高20厘米（图六五，3；图版四九，6）。

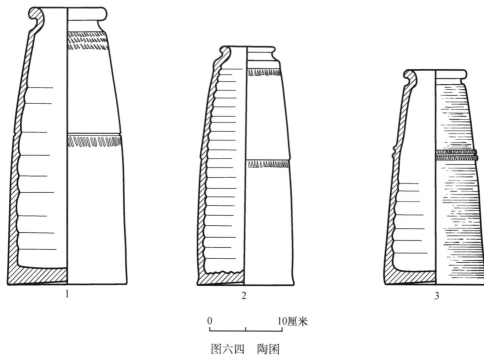

0　　　　　　10厘米

图六四　陶囷

1. M23：4　2. M29：1　3. M13：2

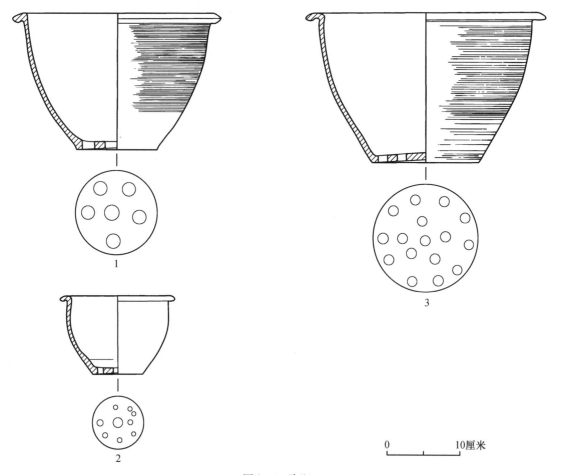

0　　　　　10厘米

图六五　陶甑

1. M16：4　2. M14：33　3. M14：47

锺（壶） 1件。

M14：21，泥质灰褐陶。盘口，方唇，颈部较长，弧肩，鼓腹，圈足外撇。腹部两侧有对称的兽面铺首，铺首上下各饰两周凹弦纹。口径13.2、腹径22.4、足径14.4、高29.8厘米（图六六，4；图版五〇，5、6）。

器盖 1件。

M14：39，夹砂黄陶。盖身呈锥形，中部有鸟头状盖纽，呈喇叭状口，盖缘微微凸起。内壁饰三周凹弦纹。口径12.8、高5厘米（图六六，3；图版五一，6）。

灯 1件。

M16：8，泥质灰陶。口部残缺，中部有浅盘，盘中心贯穿圆柱形柄，灯座已残。残高20.5厘米（图六六，5；图版五〇，4）。

豆盘 1件。

M14：28，夹细砂灰陶。侈口，尖圆唇，弧腹，底部残。口径10.2、残高4.2厘米（图六六，2；图版五一，1）。

耳杯 1件。

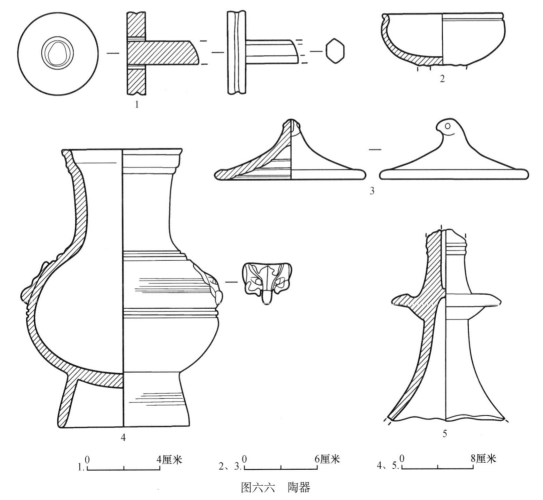

图六六 陶器

1.辘轳（M16：3） 2.豆盘（M14：28） 3.器盖（M14：39） 4.锺（壶）（M14：21） 5.灯（M16：8）

M14∶40，泥质灰陶。杯身平面呈椭圆形，敛口，浅弧腹，饼足。口长15.6、口宽9.8、底宽4.8、高4.5厘米（图六七，1；图版五一，3、4）。

盘　1件。

M14∶38，泥质灰黑陶。敞口，方唇外折，腹上部斜直，腹下部内折，平底。口径26、底径11.4、高5.6厘米（图六七，2；图版五一，2）。

锺（壶）盖　1件。

M14∶53，泥质红陶。残，子口，圆唇，顶微弧，上饰乳钉形纽。口径13.2、高5.4厘米（图六八，5）。

镳斗把　2件。

M14∶51，夹砂灰陶。残，椭圆形柄向上弯曲，柄尾稍内卷。残长9.1厘米（图六八，1）。

M14∶52，夹砂灰陶。残，椭圆形柄，把尾残。残长5.8厘米（图六八，2）。

纺轮　3件。珠形，中部有转轴，轮两面各饰三周凹弦纹。

M16∶1，泥质灰陶。直径2.6、高2厘米（图六九，1；图版五〇，1）。

M27∶4，泥质灰陶。直径3、高2.2厘米（图六九，2；图版五〇，2）。

M14∶13，泥质灰陶。直径2.9、高2厘米（图六九，3；图版五〇，3）。

残俑　6件。

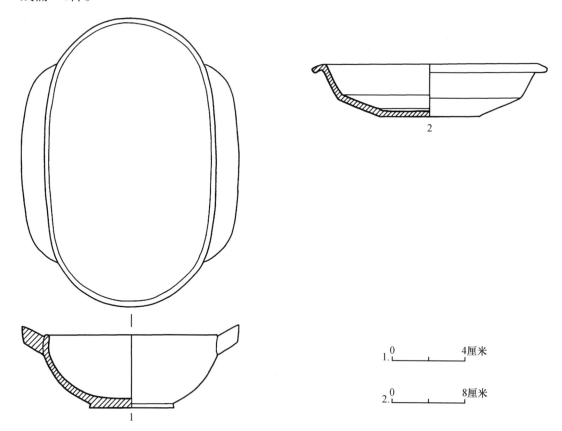

图六七　陶器

1. 耳杯（M14∶40）　2. 盘（M14∶38）

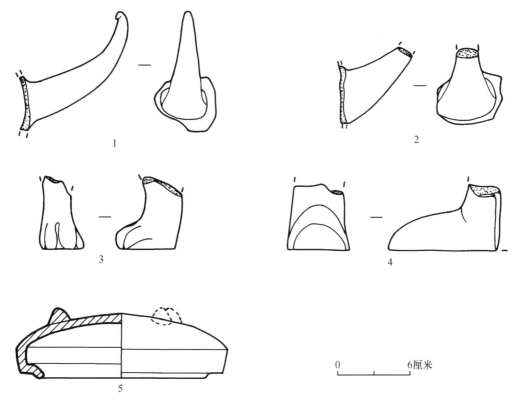

图六八　陶器

1、2.鐎斗把（M14：51、M14：52）　3.动物小腿（M14：54）　4.俑足（M24：10）　5.锺（壶）盖（M14：53）

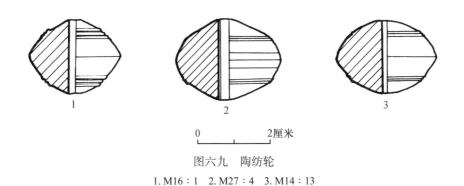

图六九　陶纺轮

1.M16：1　2.M27：4　3.M14：13

　　M27：7，夹砂红陶。俑首，中空，扇形双高髻，额头宽广，双耳较小，鼻子高挺。宽11、残高21厘米（图七〇，1；图版五二，1、2）。

　　M35：1，夹砂红陶。俑首，中空，合模而制，接缝处有刮削痕。头戴圆形平帽，双耳较小，面部圆润，浓眉大眼，鼻子高挺，嘴微张，呈微笑状。残高26.8厘米（图七〇，2；图版五二，3、4）。

　　M24：10，夹砂红陶。俑左足，中空。残宽4.9、残高5厘米（图六八，4）。

　　M27：21，夹砂灰陶。俑左足，可见脚趾。残高3.5厘米（图七一，1）。

　　M27：22，夹砂红陶。俑手，器形较小，手持物，五指清晰可见。残高5.2厘米（图七一，2）。

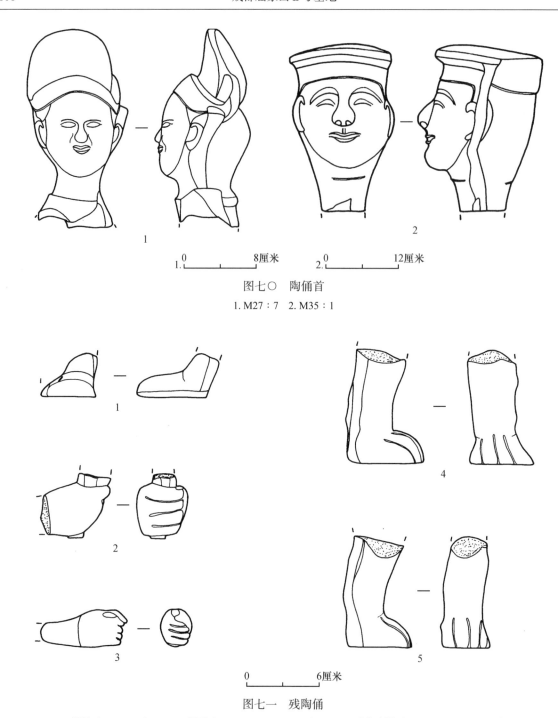

图七〇　陶俑首
1. M27：7　2. M35：1

图七一　残陶俑
1. 俑足（M27：21）　2、3. 俑手（M27：22、M27：23）　4、5. 动物小腿（M27：20、M27：19）

　　M27：23，泥质灰陶。俑手，器形较小，手紧握，五指清晰可见。残高3厘米（图七一，3）。

　　抚琴俑　2件。

　　M35：2，夹砂红陶。中空，合模而制，接缝处有刮削痕。头和底座残，仅存俑身。身着交领右衽衣，束腰，屈膝跪坐，上身微向前倾，双臂微屈挽袖，右手大拇指和左手残。残宽28.8、残高36.4厘米（图七二，1；图版五三，1、2）。

　　M35：3，夹砂红陶。中空，合模而制，接缝处有刮削痕。仅存俑身。身着交领右衽衣，束腰，屈膝跪坐，琴置于双腿之上，琴具缺失，尚能看出琴架痕迹，上身微向前倾，双臂微屈挽袖，左手呈弹拨状，右手缺失。残宽29、残高36厘米（图七二，2；图版五三，3、4）。

　　执箕俑　1件。

　　M16：6，泥质红陶。中空，背部和头部略残，面目模糊，立姿，右手执箕，左手弯曲，手似持物。宽5.2、残高11.1厘米（图七三，3；图版五四，1）。

　　鸡　5件。

　　M18：6，子母鸡。泥质红陶。中空，母鸡的头部和尾部稍残，蹲于地上，背上有一只小鸡。残长16.8、宽10.1、残高13厘米（图七四，1；图版五四，2）。

　　M14：20，夹砂红陶。中空，低冠，尖喙，颈部较长，翅膀羽毛清晰可见，尾部和右腿

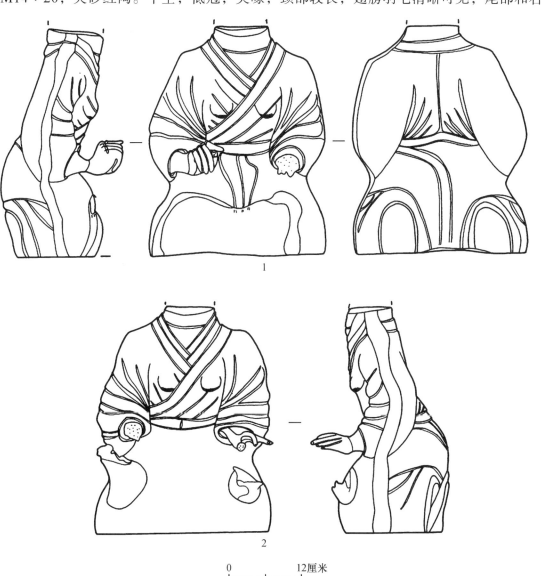

0　　　　　12厘米

图七二　陶抚琴俑

1. M35：2　2. M35：3

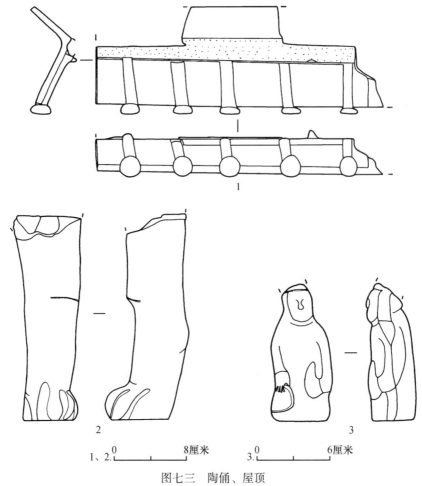

图七三 陶俑、屋顶

1.屋顶（M21∶5） 2.动物小腿（M24∶6） 3.执箕俑（M16∶6）

残，双腿做站立状。残长14、宽8.3、高19.6厘米（图七四，2；图版五四，3、4）。

M21∶17，泥质灰陶。鸡首，形制与M14∶20相似，中空，低冠，喙残。残高5.9厘米。

M21∶18，夹砂红陶。鸡首，形制与M14∶20相似，中空，合模而制，仅剩一半，尖喙，椭圆形眼。残高5厘米。

M21∶19，夹砂灰陶。鸡首，形制与M14∶20相似，中空，合模而制，仅剩一半，尖喙。残高6.1厘米。

蛙 1件。

M18∶3，夹砂红陶。中空，抬头，四肢着地，呈蹲坐状，两眼凸出。长5.5、宽4、高3.4厘米（图七四，3；图版五四，5）。

动物小腿 4件。

M24∶6，夹砂灰陶。动物右腿，中空，直立，较粗壮，四个脚趾清晰可见，脚趾间距较大，大小较为接近。残高21.6厘米（图七三，2；图版五四，6）。

M14∶54，泥质红褐陶。动物右腿，较小，直立，腿部略弯曲，可见四个脚趾。残宽3.6、残高5.6厘米（图六八，3）。

图七四 陶动物俑

1、2. 鸡（M18：6、M14：20） 3. 蛙（M18：3）

M27：20，泥质灰陶。动物右腿，整体形制较小，直立，腿部略弯曲，四个脚趾清晰可见，大小较为接近。残宽5.6、残高9.2厘米（图七一，4）。

M27：19，泥质灰陶。动物右腿，整体形制较小，直立，腿部略弯曲，可见四个脚趾。残宽4.1、残高8.9厘米（图七一，5）。

镟铲 1件。

M16：3，夹砂褐陶。残，系水井模型上的部件。轮身呈环状，轮立面有凹槽，中有柱形转轴。直径4.4、残宽3.9厘米（图六六，1；图版五一，5）。

屋顶　1件。

M21：5，夹砂灰黄陶。仅存屋檐，檐外有瓦当。残长31.2、宽11.4、残高5厘米（图七三，1；图版五五，1）。

仓　2件。

M29：8，泥质灰陶。平面呈方形，直口，圆唇，直腹，平底。仓顶与仓身为分开烧制，仓顶为四阿式，仓顶正脊两端有两角，四条垂脊上端各有一角，仓顶面印有圈状仿瓦纹饰。通高20.4、仓顶长19.4、仓顶宽15.6、仓顶高6、沿厚0.6~1厘米（图七五，1；图版五五，3、4）。

M29：7，泥质黑陶。平面呈方形，制作粗糙，器口变形，无仓顶，直口，圆唇，直腹，底内凹。仓身凿有长方形小仓眼，仓眼下斜刻楼梯，未及仓底。方形仓眼高5.5、方形仓眼宽1.3、仓高18.4、沿厚0.7厘米（图七五，2；图版五五，2）。

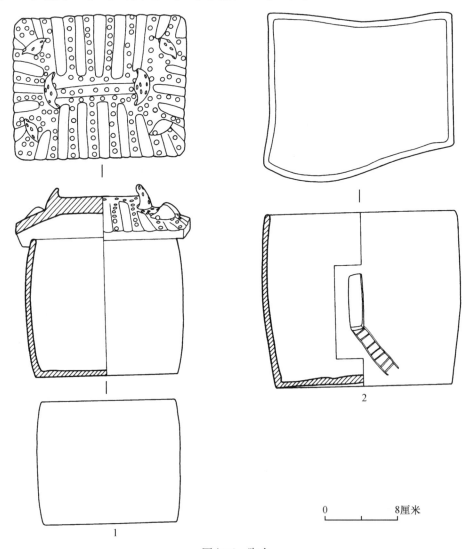

0　　　　8厘米

图七五　陶仓

1. M29：8　2. M29：7

二、瓷　　器

碟　2件。敞口，尖圆唇，弧腹，圈足。

M24：4，红胎。仅存二分之一，敞口，尖圆唇，弧腹，圈足。施护胎釉，外壁残存少量白色化妆土痕迹，内壁以白色化妆土饰两朵花状纹饰。口径11.6、足径4.5、高3.4厘米（图七六，1；图版五九，3）。

M26：1，红胎。仅存四分之一，敞口，尖圆唇，弧腹，圈足。近口处施白色化妆土，外壁施一层浅青黄釉，化妆土厚薄不均匀，无流釉现象，内壁施化妆土。口径16、足径5.6、高5.3厘米（图七六，2）。

双耳罐　1件。

M21：15，灰白胎。敞口，尖圆唇，斜折沿，弧肩，肩部有纵向残双耳，鼓腹斜收，平底。外壁施青釉，脱落严重。沿上饰一周凸弦纹，肩上饰两周凹弦纹。双耳饰叶脉纹。口径17、腹径25、底径12.2、高20.3厘米（图七七，1；图版五九，4）。

四系罐　1件。

M29：11，浅灰胎。形体矮胖，直口，方唇，短直领，弧肩，肩部有四个两两对称横耳，弧腹，平底略内凹。腹部以上施青釉，釉色均匀。肩部饰一周凹弦纹，内底有拉坯留下的涡状痕迹。口径11.4、腹径17.8、底径11.8、高19.7厘米（图七七，2；图版五九，5）。

盏　1件。

M24：11，灰白胎。侈口，圆唇，鼓腹，饼足。器表施青釉，脱釉现象严重。唇下饰一周凹弦纹。口径12.2、底径7.9、高3.8厘米（图七七，3；图版五九，6）。

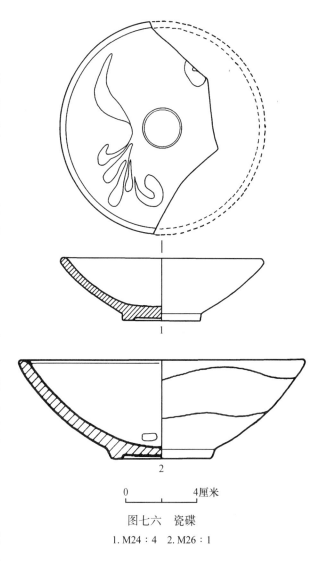

图七六　瓷碟
1. M24：4　2. M26：1

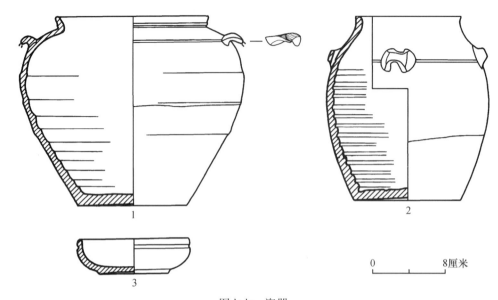

图七七　瓷器
1. 双耳罐（M21：15）　　2. 四系罐（M29：11）　　3. 盏（M24：11）

三、铜　　器

镜　1件。

M18：2，锈蚀程度较轻，镜面有较多铜锈，背面有少量铜锈。整体呈圆形，圆形纽座，半球形纽有穿。座外一周九个圆形小乳钉，向外有两周凸弦纹，其间有铭文一周，顺时针读"青盖作竟自有纪，辟去不羊，宜古市，长保一亲"。再外为七圆形乳钉与青龙、白虎、朱雀、玄武、神鹿等神兽及吉羊、鱼等祥瑞动物相间分布，再外有两周凸弦纹，其间有铭文一周，顺时针读作"上大山，见神人，食玉英，饮澧泉，驾交龙，乘浮云，宜官秩，保子孙。此竟主寿万年兮"。再外为一周短直线纹。缘内侧为一周锯齿纹，向外有一周凸弦纹、一周双线波折纹及一周锯齿纹。面径14.1、背径13.6、纽径2.1、纽高1.1、缘宽1.9、缘厚0.8、肉厚0.25厘米，重623.5克（图七八；图版五六，1、2）。

釜　2件。敞口，圜底。

M24：1，残损严重，敞口，口沿外折，弧腹，圜底。口径27.6、残高12.2厘米（图七九，1）。

M11：1，敞口，口缘上折，束颈，溜肩，鼓腹，圜底。腹部有一对纵向环形双耳，器表有烟熏痕迹。口径23.2、腹径26.6、高21厘米（图七九，2；图版五六，3）。

摇钱树叶　1件（3片）。形状相似。

M14：3-1，残，叶面呈钱状，圆形方孔，叶与叶之间有枝相连。宽4.8、残高6.9厘米（图八〇，2；图版五七，1）。

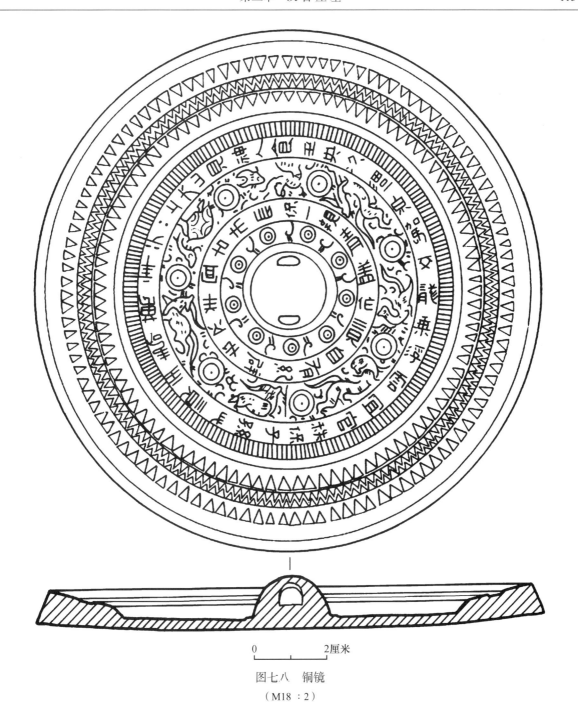

图七八 铜镜
（M18：2）

戒指 1枚。

M19：1，环状，环面平直，表面有少量铜锈。直径2.2、高0.4厘米（图八〇，3；图版五七，2）。

泡钉 1件。

M21：13，碗状，平面呈圆形，中部有一锥形小钉。最大径2.3、残高1.2厘米（图八〇，4；图版五七，3）。

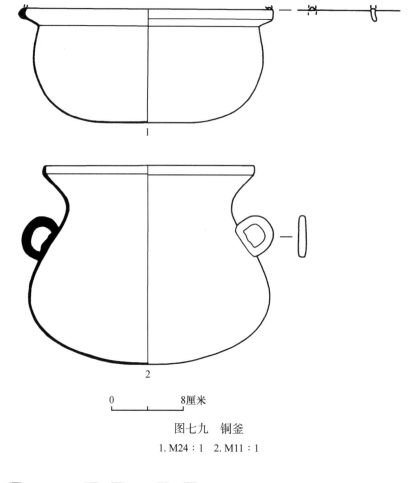

图七九　铜釜

1. M24：1　2. M11：1

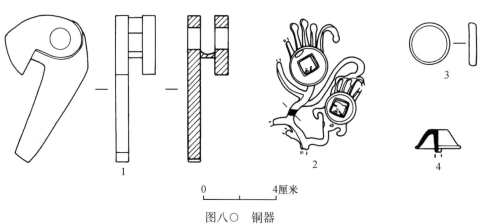

图八〇　铜器

1. 弩机（M28：4）　2. 摇钱树叶（M14：3-1）　3. 戒指（M19：1）　4. 泡钉（M21：13）

饰件　3件。残损严重。仅介绍其中1件。

M26-2：1-1，残，鎏金。器表为绿色。破损严重（图版五七，4）。

弩机　1件。

M28：4，残，郭、钩心和悬刀已无，仅存望山和牙。长7.7、厚0.7～2.8、孔径1.1厘米（图八〇，1；图版五七，5、6）。

四、钱 币

这批墓葬出土钱币共计161枚，年代自西汉中期偏晚至东汉末年。其中五铢148枚、货泉10枚、直百五铢1枚、小钱2枚。

五铢 基本完整的有148枚[①]，另有残片若干。根据形制的不同，可分为二型。

A型 118枚。正面有外郭无内郭，背面内、外郭皆具。根据"五"字上下横出头情况、中间两笔交股弯曲情况、"铢字的"金"字头形状、"金"字四点情况、"朱"字上下结构的变化，可分为四式。

Ⅰ式：3枚。较厚重，笔画较深。"五"字中间交股弯曲，上下两横出头。"金"字头呈三角形，"金"字四点较长，"朱"字上部方折，下部圆折。时代为西汉中期偏晚。M14出土2枚，M16出土1枚（图八一，1~3）。

Ⅱ式：15枚。较轻薄，笔画较浅。"五"字中间交股弯曲，上下两横出头不明显。"金"字头呈三角形，"朱"字上折处有方折向圆折过渡的趋势，下部圆折。时代为东汉早期。M14出土5枚，M16出土7枚，M27出土3枚（图八一，4~12；图八二，1~4）。

Ⅲ式：46枚。较轻薄，笔画较浅。"五"字中间交股弯曲，上下两横不出头。"金"字头三角形较大，"朱"字上部明显圆折，下部圆折。时代为东汉中期。M14出土5枚，M16出土19枚，M18出土4枚，M21出土11枚，M27出土6枚（图八二，5~12；图八三；图八四，1、2）。

Ⅳ式：54枚。较轻薄，笔画较浅。"五"字中间交股弯曲，上下两横不出头。"金"字头三角形较大，"朱"字上部明显圆折，下部圆折外侈。时代为东汉晚期。M18出土2枚，M27出土12枚，M21出土40枚（图八四，3~12；图八五；图八六，1~4）。

B型 30枚。剪轮五铢，由完整五铢凿掉外郭所得，钱面多呈锅底状。时代为东汉末。M16出土5枚，M27出土23枚，M21出土2枚（图八六，5~12；图八七，1~8）。

货泉 10枚，其中2枚残。形制规范，字迹清晰。根据钱币大小、厚度的变化，可分二式。

Ⅰ式：7枚。面有内郭无外郭，背面内、外郭皆具。钱径2.1~2.3、穿宽0.7~0.8、厚0.1~0.2厘米。M14出土5枚，M21出土1枚，M27出土1枚（图八七，9~12；图八八，1~3）。

Ⅱ式：3枚，其中2枚残，均为M14出土。内、外郭皆具。钱径2.2~2.3、穿宽0.7、厚0.1厘米（图八八，4~6）。

直百五铢 1枚。M23出土。锈蚀严重。光背，内、外郭皆具。钱径2.7、穿宽1、厚0.3厘米（图八八，7）。

小钱 2枚。M25出土。钱文不清，钱体大小类建平一百，面有外郭无内郭，背面内、外郭皆具，带记号。钱径1.1~1.3、穿宽0.4~0.6、厚0.05厘米（图八八，8、9）。

---

① 数据依钱形基本完整而型式可辨的钱币统计，下同。

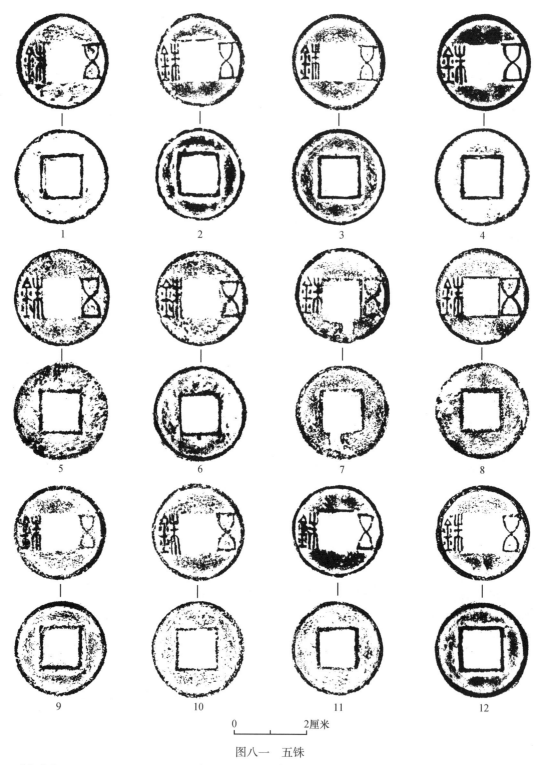

图八一　五铢

1~3.A型Ⅰ式（M16：2-1、M14：7-1、M14：16）　4~12.A型Ⅱ式（M16：2-2、M16：2-3、M16：2-4、M16：2-5、M16：2-6、
M27：1-1、M27：1-2、M14：27-1、M14：27-2）

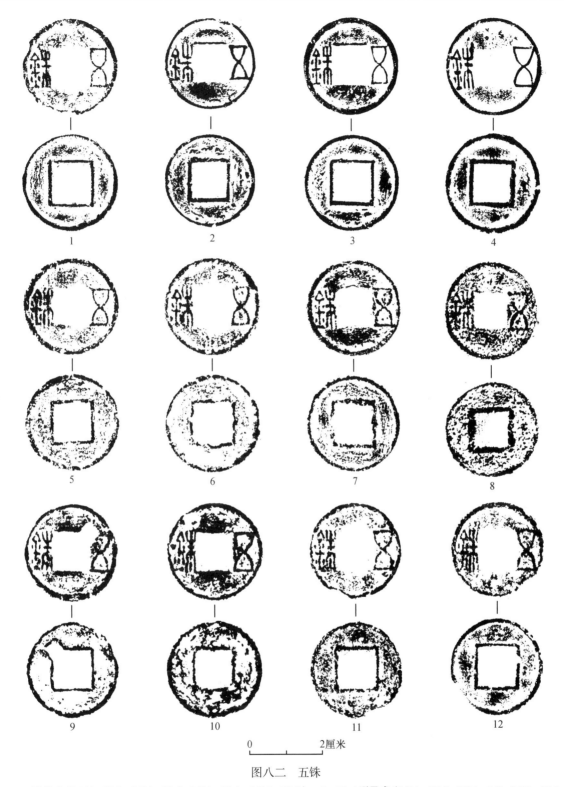

0 　　　 2厘米

图八二　五铢

1~4.A型Ⅱ式（M14：27-3、M14：27-4、M14：29-1、M14：29-2）　5~12.A型Ⅲ式（M14：27-5、M14：7-2、M16：10-1、M16：10-2、M16：10-3、M16：10-4、M18：11-1、M18：11-2）

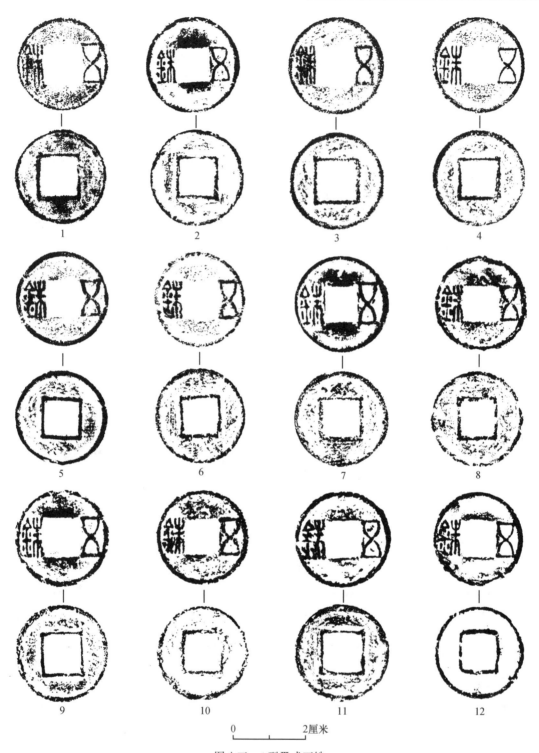

图八三　A型Ⅲ式五铢

1. M18：11-3　2. M18：11-4　3. M27：1-3　4. M27：1-4　5. M27：1-5　6. M27：1-6　7. M21：10-1　8. M21：10-3
9. M21：10-4　10. M21：10-6　11. M21：10-7　12. M21：11-1

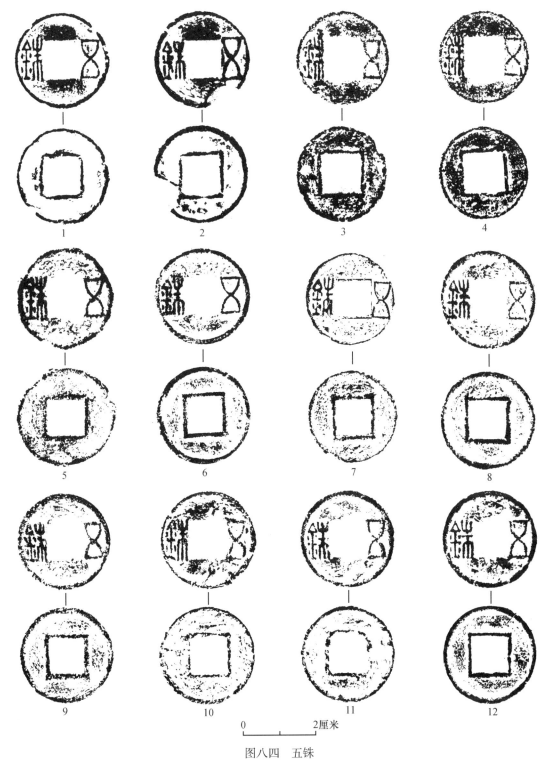

图八四 五铢

1、2. A型Ⅲ式（M21：14-1、M21：14-2） 3～12. A型Ⅳ式（M18：11-5、M18：12、M27：1-7、M27：1-8、M27：1-9、
M27：1-10、M27：1-11、M27：1-12、M27：1-13、M27：1-14）

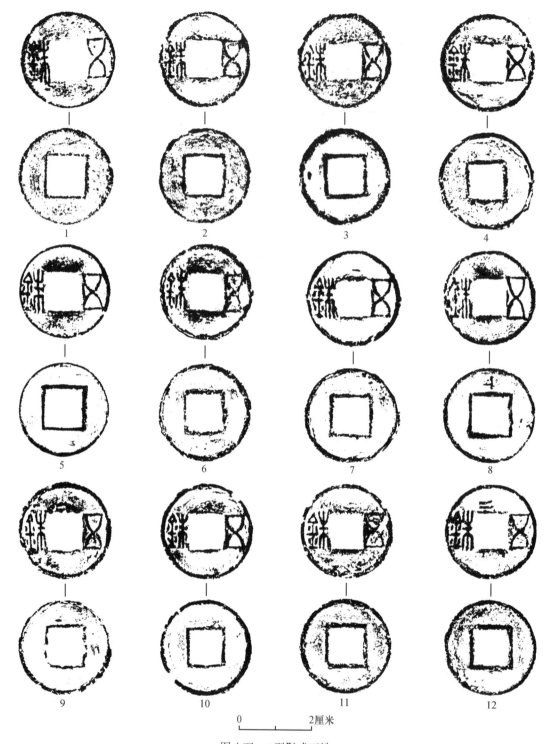

图八五　A型Ⅳ式五铢

1. M27：1-15　2. M21：4　3. M21：8-1　4. M21：10-5　5. M21：10-8　6. M21：10-9　7. M21：10-10　8. M21：10-11

9. M21：10-12　10. M21：10-13　11. M21：10-14　12. M21：10-19

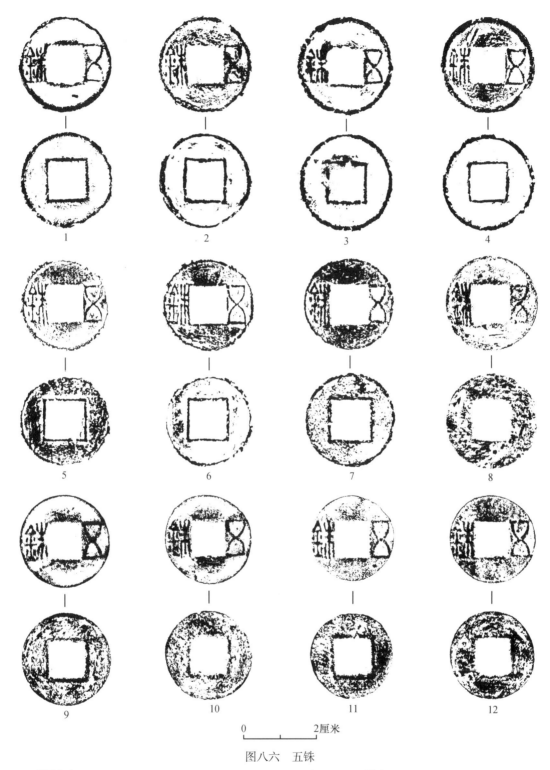

0   2厘米

图八六 五铢

1~4.A型Ⅳ式（M21：10-20、M21：10-23、M21：10-24、M21：11-2） 5~12.B型（M16：10-5、M16：10-6、M16：10-7、
M27：1-16、M27：1-17、M27：1-18、M27：1-19、M27：1-20）

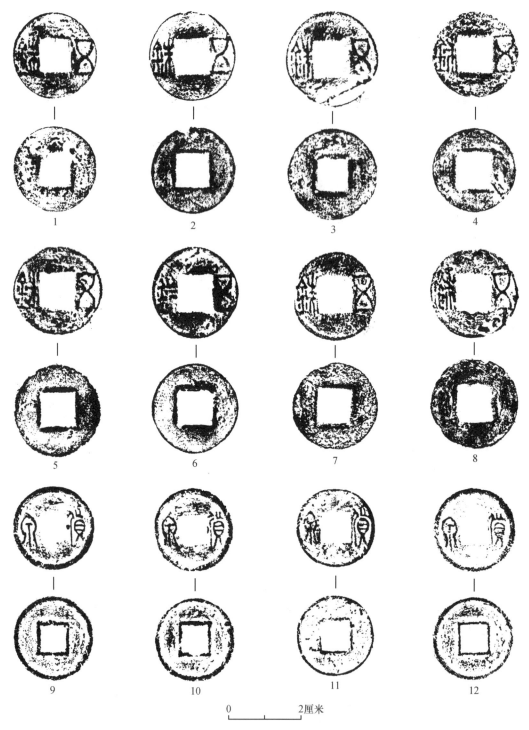

图八七　B型五铢、货泉

1~8. B型五铢（M27：1-21、M27：1-22、M27：1-23、M27：1-24、M27：1-25、M27：1-26、M21：8-2、M21：10-25）

9~12. Ⅰ式货泉（M27：1-27、M14：17-2、M14：17-3、M14：4）

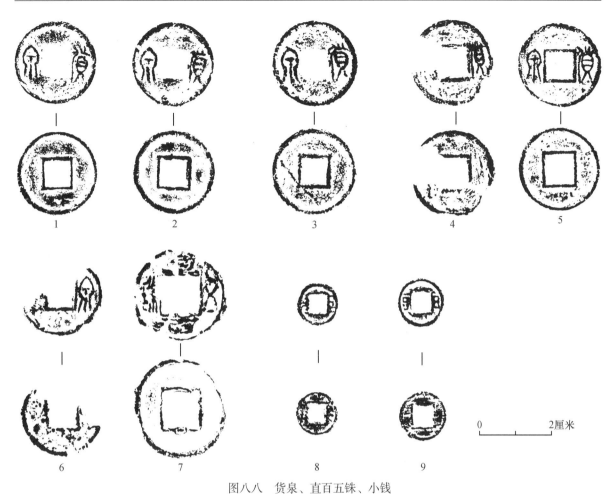

图八八　货泉、直百五铢、小钱

1～3. I 式货泉（M14：11、M14：14、M21：3-1）　　4～6. II 式货泉（M14：12、M14：17-1、M14：29-3）

7. 直百五铢（M23：7）　　8、9. 小钱（M25：1-1、M25：1-2）

五、铁　　器

锸　1件。

M27：3，残，中空，平面呈"U"字形，刃缘较薄，呈弧形。长10.1、宽12.2厘米（图八九，2；图版五八，1）。

环首刀　2件。

M14：5，器身较短，椭圆形环首，直背，单面刃，断面呈三角形，刀尖缺损，锈蚀较严重。残长15.8、宽1.35～3、厚0.1～0.5厘米，环首孔径0.9～1.6厘米（图八九，1；图版五八，3）。

M2：2，椭圆形环首，直背，单面刃，断面呈三角形，锈蚀较严重。长85.6、宽0.1～5.4、厚0.1～1.2厘米，环首孔径2～3.2厘米（图九〇，2；图版五八，2）。

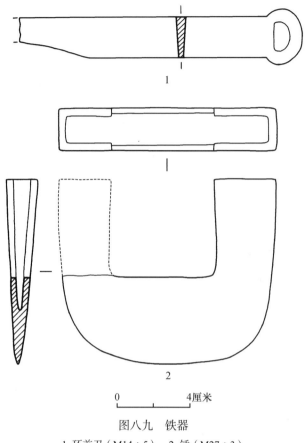

图八九　铁器

1.环首刀（M14∶5）　2.锸（M27∶3）

刀　1件。

M35∶6，残，直背，单面刃，断面呈三角形，锈蚀严重。残长17、残宽1.6~2.6、厚0.1~0.4厘米（图九〇，5；图版五八，5）。

镰　1件。

M10∶3，残，直背，单面刃，断面呈三角形，锈蚀较严重。长17.5、宽2、厚0.3~1.8厘米（图九〇，3；图版五八，4）。

六、银　器

发钗　1件。

M15∶2，由一根银丝构成，在二分之一处弯曲，弯折呈"U"字形，为双股，两端较细，素面钗首。上股长25.7、下股长26、上宽0.2、下宽0.2厘米（图九〇，1；图版五九，1）。

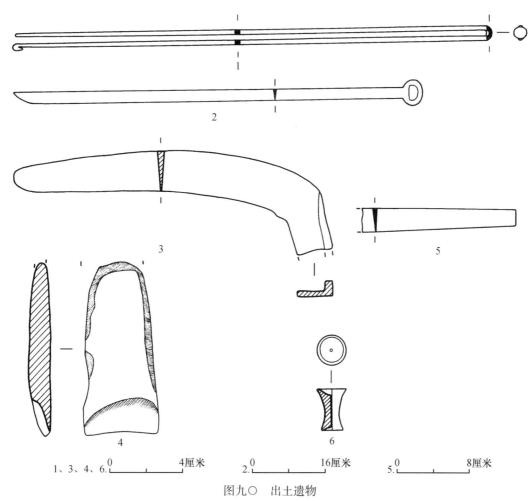

图九〇　出土遗物

1. 银发钗（M15：2）　2. 环首铁刀（M2：2）　3. 铁镰（M10：3）　4. 石凿（M14：1）　5. 铁刀（M35：6）
6. 琉璃耳珰（M14：30）

七、石　　器

凿　1件。

M14：1，质地坚硬，磨制精细。平面呈扁平长方形，刃缘锋利，呈弧形，断面呈梯形，凿面部分残缺。残长9.2、宽4.1、厚1.2厘米（图九〇，4；图版五八，6）。

八、琉　璃　器

耳珰　1件。

M14：30，深蓝色。两端呈喇叭状，口部中心各有一个圆形小孔。最小径0.8、最大径1.6、中心孔径0.1、上部内凹0.3、下部内凹0.2、长2.2厘米（图九〇，6；图版五九，2）。

九、其　　他

瓦当　14件。

M14：2，夹砂黄褐陶。残，边轮高于当心，轮体较宽，外圈饰锯齿纹。当面分内、外两区，内区中心为凸起的大圆纽，两道凸弦纹将纽面分为四个扇形区域，纽外饰一周凸弦纹与外区相隔，外区用双直线作间隔带，当面分为四个扇形区域，每区域各饰一朵卷云纹。直径约14.4、轮宽1.4厘米（图九一，1；图版六〇，1）。

M14：9，夹砂黄褐陶。仅存二分之一，边轮略高于当心，轮体较窄，外圈饰锯齿纹。当面分内、外两区，内区中心为凸起的大圆纽，两道凸弦纹将纽面分为四个扇形区域，纽外饰一周凸弦纹与外区相隔，外区用双直线作间隔带，当面分为四个扇形区域，每区域各饰一朵卷云纹。直径约16.8、轮宽1.2厘米（图九一，2；图版六〇，2）。

M14：24，夹砂灰陶。仅存二分之一，边轮高于当心，轮体较宽。当面分内、外两区，内区残，外饰凸弦纹与外区相隔，外区用双直线作间隔带，当面分为四个扇形区域，每区域各饰两朵相连接的涡纹。直径约16、轮宽1.2厘米（图九一，3；图版六〇，3）。

M14：26，泥质黄褐陶。仅存二分之一，边轮略高于当心，轮体较窄，外圈饰锯齿纹。当面分内、外两区，内区中心为凸起的大圆纽，纽外饰一周凸弦纹与外区相隔，外区用双直线作间隔带，当面分为四个扇形区域，每区域各饰一朵卷云纹。直径17.2、轮宽约2厘米（图九一，4；图版六〇，4）。

M14：34，夹砂灰陶。边轮残，外圈饰锯齿纹。当面分内、外两区，内区中心为凸起的大圆纽，纽外饰锯齿纹与外区相隔，外区用三条直线作间隔带，当面分为四个扇形区域，每区域各饰一朵卷云纹。残直径约14.8厘米（图九一，5；图版六〇，5）。

M14：36，夹砂灰陶。残，边轮高于当心，轮体较宽，外圈饰两周凸弦纹，两周凸弦纹间以锯齿纹相填充。当面分内、外两区，内区残，外饰两周凸弦纹与外区相隔，两周凸弦纹间以锯齿纹相填充，外区用三条直线作间隔带，当面分为四个扇形区域，每区域各饰一朵卷云纹。直径约16.9、轮宽1.4厘米（图九一，6；图版六一，1）。

M14：35，夹砂灰陶。残，边轮高于当心，轮体较宽，外圈饰两周凸弦纹，两周凸弦纹间以锯齿纹相填充。当面分内、外两区，内区残，外饰两周凸弦纹与外区相隔，两周凸弦纹间以锯齿纹相填充，外区用三条直线作间隔带，当面分为四个扇形区域，每区域各饰一朵卷云纹。残直径约19.2、轮宽1.2厘米（图九一，7；图版六〇，6）。

M23：8，泥质灰陶。残，边轮略高于当心，轮体窄，外圈饰锯齿纹。当面分内、外两区，内区中心为凸起的大圆纽，纽上有"富"字，纽外饰一周凸弦纹与外区相隔，外区用双直线作间隔带，当面分为四个扇形区域，每区域各饰一朵卷云纹，双直线间有"千万"二字，自上而下连为"千万富"三字。直径约16、轮宽1.2厘米（图九二，1；图版六一，3）。

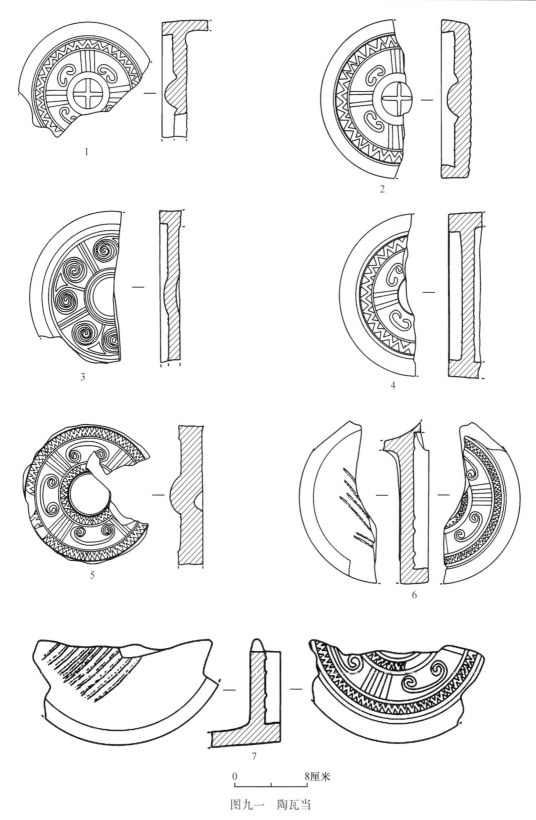

图九一　陶瓦当

1. M14：2　2. M14：9　3. M14：24　4. M14：26　5. M14：34　6. M14：36　7. M14：35

M13∶16，泥质灰陶。残，边轮略高于当心，轮体较窄。当面分内、外两区，内区中心为凸起的大圆纽，纽外饰两周凸弦纹与外区相隔，外区用双直线作间隔带，当面分为四个扇形区域，每区域各饰两朵相连的涡纹。直径17.2、轮宽约1.2厘米（图九二，2；图版六一，2）。

M23∶9，泥质灰陶。残，边轮略高于当心，轮体窄，外圈饰锯齿纹。当面分内、外两区，内区中心为凸起的大圆纽，纽上有"富"字，纽外饰一周凸弦纹与外区相隔，外区用双直线与三条直线交叉作间隔带，当面分为四个扇形区域，每区域各饰一朵卷云纹，双直线间有"贵"字，自上而下连为"富贵"二字。直径15.2、轮宽约1.2厘米（图九二，3；图版六一，4）。

M23∶10，泥质灰陶。残，边轮略高于当心，轮体窄，外圈饰锯齿纹。当面分内、外两区，内区中心为凸起的大圆纽，纽上有"富"字，纽外饰一周凸弦纹与外区相隔，外区用双直线作间隔带，当面分为四个区域，每区域各饰一朵卷云纹，双直线间有"贵"字，自上而下连为"富贵"二字。直径约16、轮宽约1厘米（图九二，4；图版六二，1）。

M28∶1，泥质灰陶。残，边轮略高于当心，轮体窄，外圈饰锯齿纹。当面分内、外两区，内区中心为凸起的大圆纽，纽上有"富"字，纽外饰一周凸弦纹与外区相隔，外区用双直线与三条直线交叉作间隔带，当面分为四个扇形区域，每区域各饰一朵卷云纹，双直线间有"千万"二字，自上而下连为"千万富"三字。直径16、轮宽约1.2厘米（图九二，5；图版六二，2）。

M28∶2，夹砂灰陶。残，边轮略高于当心，轮体窄，外圈饰锯齿纹。当面分内、外两区，内区中心为凸起的大圆纽，纽上饰"富"字，纽外饰一周凸弦纹与外区相隔，外区用双直线与三直线交叉作间隔带，当面分为四个扇形区域，每区域各饰一朵卷云纹，双直线间有"贵"字，自上而下连为"富贵"二字。直径13、轮宽0.8厘米（图九二，6；图版六二，3）。

M28∶3，夹砂灰陶。残，边轮略高于当心，轮体窄，外圈饰锯齿纹。当面分内、外两区，内区中心为凸起的大圆纽，纽上饰"富"字，纽外饰一周凸弦纹与外区相隔，外区用双直线与三条直线交叉作间隔带，当面分为四个扇形区域，每区域各饰一朵卷云纹，双直线间有"贵"字，自上而下连为"富贵"二字。直径约16、轮宽约1厘米（图九二，7；图版六二，4）。

排水管　根据有无舌及内有无凹槽，可分为四型。

A型　夹砂灰陶。有舌，内无凹槽，管身瘦长。外周饰绳纹。单节长42、口径12～14厘米。包括M16、M27出土的排水管（图九三，2）。

B型　夹砂灰陶。无舌，内无凹槽，管身较为瘦长，器壁较薄。外周饰绳纹。排水管单节长33～52、短者口径11～13、长者口径12～16厘米。包括M35、M18出土的排水管（图九三，4、5）。

C型　夹砂灰陶。无舌，内有凹槽，管身瘦长。外周饰绳纹。单节长42.4、口径13～16厘米。包括M14出土的排水管（图九三，1）。

D型　夹砂灰陶。无舌，内无凹槽，管身较为矮胖。外周饰绳纹。单节长约35.2、口径12～16厘米。包括M21、M24出土的排水管（图九三，3）。

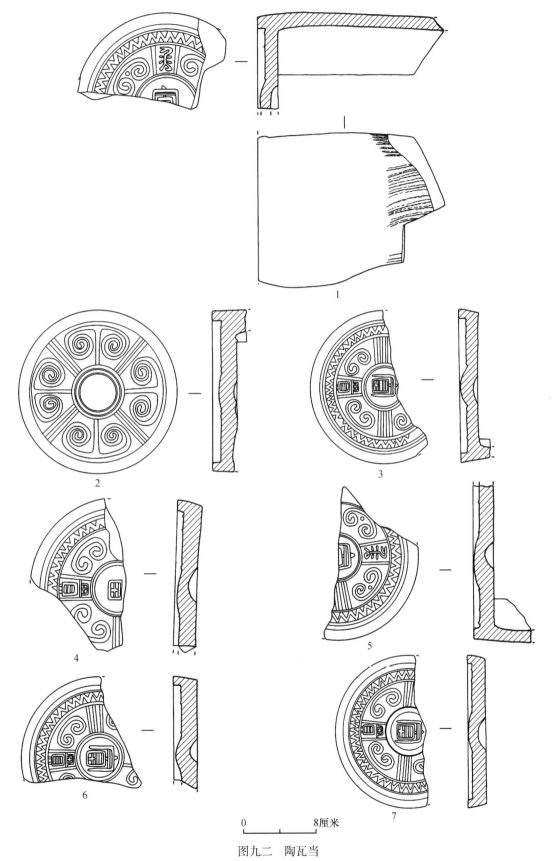

图九二　陶瓦当

1. M23：8　2. M13：16　3. M23：9　4. M23：10　5. M28：1　6. M28：2　7. M28：3

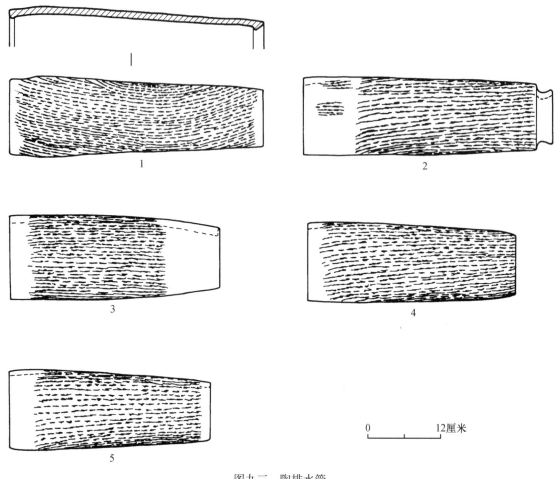

图九三　陶排水管
1. C型（M14出土）　2. A型（M27出土）　3. D型（M24出土）　4、5. B型（M18出土）

第三节　分期与年代

　　屈家山Ⅱ号墓地崖墓后期多遭严重盗扰和毁坏，未发现有明确纪年信息的遗迹和遗物，但在成都及邻近地区既往的考古工作中，发掘了大量西汉以降的各类墓葬，为我们提供了墓葬形制、器物组合等方面丰富、充分的对比资料，这是屈家山Ⅱ号墓地崖墓分期断代的重要依据。

　　前面两节，我们已对屈家山Ⅱ号墓地崖墓的墓葬形制与出土器物做了类型分析，依据崖墓形制、附属设施、葬具的差异以及伴出随葬品型式及其组合的变化，可以对墓葬进行分组，将各组墓葬形制与随葬器物与那些年代明确的墓葬及其典型器物和随葬品组合进行对比，从而推断屈家山Ⅱ号崖墓的年代。

一、墓葬分组与期别

依据墓葬形制以及出土随葬品的型式，可将这批墓葬分为五组。

第一组，墓葬形制主要包括Aa、Ab、Ba、Bb型，皆为规模较大或中型的单室、双室崖墓。该组墓葬包括M14、M16、M18、M27。墓室中多见雕凿壁龛或仿木构建筑等附属设施；排水沟伸入墓室内，由绳纹排水管套接而成；单层门框，墓门高大且直。葬具包括石棺、陶棺。随葬品以陶器为主，兼有少量铜器、铁器以及琉璃器。其中流行的典型陶器包括Ⅰ式有领罐，A型Ⅰ式喇叭口罐，A型Ⅰ式、A型Ⅱ式、C型小口束颈罐，Ⅰ式侈口罐，A型、B型、C型、Da型Ⅰ式、Db型Ⅰ式饼足钵，A型、B型平底钵，Aa型、Ab型Ⅰ式陶碗，Aa型、Ab型、B型Ⅰ式、B型Ⅱ式圜底釜，A型Ⅰ式平底釜。伴出的陶器类别还包括陶瓮、囷、纺轮、甑、锺（壶）、灯、豆、耳杯、盘等，以及陶人物俑和动物俑、陶模型、陶瓦当等。釜甑组合比较突出。铜器包括铜镜、摇钱树叶，铜钱主要流行A型Ⅰ式、Ⅱ式、Ⅲ式、Ⅳ式五铢，B型五铢，Ⅰ式、Ⅱ式货泉。铁器可见锸与环首刀。另外还见有琉璃耳珰。

第二组，墓葬形制主要包括Ca、Cb型，皆为中型单主室崖墓，规模较第一组小。该组墓葬包括M21、M24、M35。崖墓主室平面呈长方形，带一至两个侧室；排水沟多始于甬道，由B型、D型陶排水管套接而成；半幅门框，墓门略向墓室内倾斜。葬具皆为陶棺。随葬品以陶器为主，开始出现瓷器，兼有少量的铜器、铁器。其中流行的典型陶器仍包括Ⅰ式有领罐，不见A型Ⅰ式喇叭口罐，新出现A型Ⅱ式、B型Ⅰ式喇叭口罐；不见小口束颈罐；出现并流行Da型Ⅱ式、Db型Ⅱ式饼足钵，不见平底钵；不见陶碗；不见Aa型、Ab型、B型Ⅰ式圜底釜，流行B型Ⅱ式圜底釜；A型Ⅰ式平底釜消失，新出现A型Ⅱ式平底釜。另外，陶器中不见甑，出现盆，仍有瓮，陶俑体形明显增大，仍可见陶动物俑以及模型器。瓷器均为青瓷，见有双耳罐、盏、碟。铜器包括铜釜、泡钉，铜钱主要流行A型Ⅲ式、Ⅳ式五铢，B型五铢，Ⅰ式货泉。铁器有铁刀。

第三组，墓葬形制主要包括Da、Db、E型。墓葬皆以小型崖墓为主，规模较小。该组墓葬包括M2、M4、M10、M11、M15、M25、M43、M8东西墓室以及M29北墓室。墓室内附属设施有棺台；排水设施营造简单，已无排水管；双层门框，墓门向墓室内倾斜更甚，幅度更大。不见葬具。随葬品以陶器为主，另有少量铜器、铁器。典型陶器开始出现Ⅱ式有领罐、B型Ⅱ式喇叭口罐；仍流行A型Ⅱ式、C型小口束颈罐，新出现B型小口束颈罐；不见饼足钵，不见A、B型平底钵，开始出现C、D型平底钵；不见Aa型、Ab型Ⅰ式陶碗，开始出现Ab型Ⅱ式、Ba型、Bb型陶碗；不见A型平底釜，出现并流行B型平底釜；不见圜底釜；开始出现Aa型盏；出现A、B型盆。陶器中还可见釜盆组合、囷、仓等。铜器见有铜釜；M25出有小钱2枚。铁器有镰、环首刀。银器有发钗。

第四组，墓葬形制主要包括Db、E型。该组崖墓有M13、M23及M29南墓室。墓葬皆以小型崖墓为主，单室或并列双室。墓室平面呈梯形；墓内附属设施包括棺台、壁龛；排水沟始于甬道中部，无排水管，沟内随意填放绳纹陶片以及残砖，应不具实用功能。不见葬具。随葬品仍以陶器为主，尤以陶盏最多，另见少量青瓷器以及铜钱。其中典型陶器仍流行A型Ⅱ式、B型小口束颈罐，开始出现双耳罐与Ⅱ式侈口罐；出现Ba型平底釜；不见陶钵、碗；流行A、B型盏；仍流行A型、B型盆；还可见陶囷、仓。陶瓦当中有吉语"千万富""富贵"字样。瓷器为青瓷四系罐。铜钱见直百五铢。

第五组，墓葬形制主要包括Da、Db、Fa、Fb型。墓葬皆以小型单室崖墓为主，并存在多次开凿以及废弃的现象。该组墓葬包括M3、M12、M19、M22、M26、M28。随葬品仍以陶器为主，另见少量铜器、铁器。其中陶器包括喇叭口罐、Aa型盏，陶瓦当见有"富贵"字样。铜器包括戒指、饰件、弩机等。

屈家山Ⅱ号墓地部分崖墓之间存在避让与打破关系。避让关系是墓葬修建过程中人为的规划布局和技术操作，反映了墓葬营建的先后次序，完全可以将其视作一种叠压关系。本次发掘的墓葬存在着2组避让关系和5组打破关系，其中崖墓M15避让并打破M14，M23避让并打破M24；岩坑墓M9打破崖墓M10。据此，可初步判别这几座崖墓的相对早晚关系，即在墓葬营建上M14早于M15，M24早于M23，M10早于M9。其中的5座崖墓在上述分组之中，M14在第一组，M24在第二组，M10、M15在第三组，M23在第四组。这些避让与打破关系为屈家山Ⅱ号墓地崖墓的分期提供了部分层位学依据，卡定了它们所在组别之间由早及晚的先后顺序。

上述的崖墓分组基本上反映了屈家山Ⅱ号墓地崖墓发展演变的四个期别。第一期对应第一组，典型陶器有小口束颈罐、喇叭口罐、饼足钵、瓿、圜底釜等；第二期对应第二组，典型陶器有喇叭口罐、饼足钵、圜底釜和陶俑等；第三期对应第三组，典型陶器有小口束颈罐、碗、平底釜、盆等；第四期对应第四组，典型陶器有小口束颈罐、平底釜、盆、盏等。第五组崖墓，因受破坏严重或未完成开凿，且出土器物相对较少，通过与其他崖墓进行比对，初步认为该组墓葬的墓葬形制以及伴出器物大多与第三期和第四期墓葬相似，可将该组墓葬归入第三期至第四期。

二、墓葬断代

在发掘过程中，我们观察到屈家山Ⅱ号墓地第一、二期崖墓的主墓室和侧室结构复杂，且墓室内往往有多个葬具，加之墓道填土存在明显的分层现象，说明这些崖墓有着多次入葬的行为，因此这类墓葬的年代跨度可能较大。通过将各组墓葬中出土的典型器物分别与其他墓地纪年墓或时代特征鲜明的墓葬中所出形制相近者进行对比，判断上述四期崖墓的年代大体分别为东汉早期至晚期、蜀汉、西晋、东晋等四个历史时期（表一）。

表一　崖墓分期表

分期	年代			墓号	类型	数量
一	东汉	早期延续至晚期		M14	Ba型	1座
		中晚期		M16	Aa型	1座
				M18	Ab型	1座
				M27	Bb型	1座
二	蜀汉			M24、M35	Ca型	2座
				M21	Cb型	1座
三	两晋	西晋 M3		M8东西墓室、M29北墓室	E型	2座
				M2、M4、M10、M11、M25、M43	Da型	7座
		M19、M28		M15	Db型	3座
四		东晋	M26		Fa型	1座
			M12、M22		Fb型	2座
				M13、M23	Db型	2座
				M29南墓室	E型	1座

第一期，东汉早期至晚期。共4座崖墓，分别是M14、M16、M18、M27。墓葬形制主要流行Aa、Ab、Ba、Bb型。

M14中出土的B型Ⅰ式陶圜底釜（M14：49）与包家梁子出土的同类器（M3：15、M3：14）形制相似，包家梁子M3的年代为东汉早期[1]。陶甑（M14：33、M14：47）与勤俭村汉代砖室墓出土的同类器（M2：1）形制相似，勤俭村M2为东汉早期[2]。另外，M14出土的C型饼足钵（M14：23、M14：37）与三台郪江崖墓出土的折腹钵（M1：3）形制相似，B型平底钵（M14：45、M14：46）与三台郪江崖墓出土的陶钵（M1：53、M1：55）形制相似，三台郪江M1有"元初四年"（117年）朱书纪年题记，年代为东汉中[3]。除此之外，M14出土铜钱年代由早至晚分别为Ⅰ式、Ⅱ式货泉，A型Ⅰ式、Ⅱ式、Ⅲ式五铢，其中A型Ⅲ式五铢流行的年代约为东汉中期，说明M14随葬铜钱的时代可至东汉中期。故推测M14开凿后使用年代的上限可至东汉早期，经过多次入葬，延续使用至东汉中期。

M16出土的A型Ⅰ式小口束颈罐（M16：5）与绵阳双碑白虎嘴M43出土的Ba型Ⅰ式陶罐（M43：5）的形制相似，白虎嘴M43墓室内有"永元七年（95年）八月"纪年铭文，年代为东汉中期[4]。又从M16的墓葬形制来看，与罗二虎所划分的四川地区Ⅰ型Ⅲ式崖墓相

---

① 成都文物考古研究院：《成都包家梁子墓地考古发掘报告》，科学出版社，2018年，第450页。

② 成都文物考古研究所：《成都市高新区勤俭村发现汉代砖室墓》，《四川文物》2004年第4期。

③ 四川省文物考古研究院、绵阳市博物馆、三台县文物管理所：《三台郪江崖墓》，文物出版社，2007年，第256页。

④ 成都文物考古研究院、绵阳博物馆：《绵阳崖墓》，文物出版社，2015年，第198页。

近，流行于东汉中晚期①。再从出土铜钱来看，M16出土A型Ⅰ式、Ⅱ式、Ⅲ式及B型五铢，B型五铢流行年代大约在东汉晚期。另外，M16出土的陶灯还与羊市街遗址出土的同类器（TE02S05⑥：7）形制相似，可辨别有双层灯台且有座，流行于东汉晚期至蜀汉时期②。故推测该墓东汉中期开始使用，期间多次下葬，延续使用至东汉晚期。

M18出土的A型Ⅰ式喇叭口罐（M18：1）与绵阳沙包梁出土的A型Ⅱ式小口束颈罐（沙M6：10）形制相近，沙包梁M6有"永憙元年（145年）"题记，为东汉中期③。Ⅰ式有领罐（M18：8）与青白江磷肥厂M4出土的同类器（M4：18）形制相近，磷肥厂M4年代为东汉中晚期④。M18出土A型Ⅲ式、Ⅳ式五铢，A型Ⅳ式五铢流行年代为东汉晚期。故推定M18的时代为东汉晚期。

M27出土的Ab型圜底釜（M27：11）与绵阳双碑白虎嘴M43出土的同类器（M43：2）形制相似，M43有"永元七年（95年）八月"纪年题记，年代为东汉中期⑤。陶俑首（M27：7）与都江堰市潘家祠堂汉墓M11出土人俑（M11：15）的形态极为相似，后者年代为东汉中晚期⑥。Ⅰ式有领罐（M27：12）与青白江磷肥厂M4出土同类器（M4：18）的形制相近，磷肥厂M4年代为东汉中晚期⑦。从墓葬形制来看，与既往学者划分的Ⅱ型Ⅲ式崖墓相近，其仿木二层楼阁建筑石雕也主要流行于东汉晚期⑧。再从出土铜钱来看，M27出土的钱币有Ⅰ式货泉1枚，A型Ⅲ式、Ⅳ式及B型五铢，其中B型五铢流行年代约为东汉晚期，可知M27年代上限为东汉晚期。综合而言，推测该墓开凿后使用年代上限可至东汉中期，经多次下葬，一直使用至东汉晚期。

第二期，蜀汉时期。共3座崖墓，分别是M21、M24、M35。墓葬形制主要包括Ca、Cb型。

M21的形制与青白江区花园村M23相仿⑨，出土的Db型Ⅱ式陶饼足钵（M21：6、M21：7），内底模印的花瓣纹多流行于东汉晚期至蜀汉时期，如彭州青龙嘴崖墓出土的Aa

① 罗二虎：《四川崖墓的初步研究》，《考古学报》1988年第2期。

② 成都文物考古研究院：《成都羊市街东口汉末三国遗址发掘简报》，《成都考古发现》（2018），科学出版社，2020年，第276～291页。

③ 成都文物考古研究院、绵阳博物馆：《绵阳崖墓》，文物出版社，2015年，第284页。

④ 成都文物考古研究所、青白江区文物保护管理所：《成都市青白江区大同磷肥厂工地汉墓发掘报告》，《成都考古发现》（2008），科学出版社，2010年，第292～367页。

⑤ 成都文物考古研究院、绵阳博物馆：《绵阳崖墓》，文物出版社，2015年，第198页。

⑥ 成都市文物考古研究所、都江堰市文物局：《都江堰市潘家祠堂汉墓发掘简报》，《成都考古发现》（2012），科学出版社，2014年，第310～387页。

⑦ 成都文物考古研究所、青白江区文物保护管理所：《成都市青白江区大同磷肥厂工地汉墓发掘报告》，《成都考古发现》（2008），北京，科学出版社，2010年，第292～367页。

⑧ 罗二虎：《四川崖墓的初步研究》，《考古学报》1988年第2期。

⑨ 成都文物考古研究所、青白江区文物保护管理所：《成都市青白江区花园村东汉崖墓群发掘简报》，《成都考古发现》（2013），科学出版社，2015年，第468～509页。

型、Ab型陶钵底部均有模印花瓣纹，前者年代定为东汉晚期，后者年代定为蜀汉时期①。另外，M21所出青瓷双耳罐（M21：15）器表施原始青釉，与流行于两晋南北朝时期的青瓷相比，烧造较为粗糙②。故推断M21年代为蜀汉时期。

M24所出Da型Ⅱ式陶饼足钵（M24：8、M24：3、M24：7）与羊市街遗址出土陶钵（TE01S07⑥：25）形制相似，后者年代为蜀汉时期③。

M35出土B型Ⅰ式喇叭口罐（M35：8、M35：9）与互助村M3出土的同类器（M3：21、M3：22）相似，互助村M3有"永建三年造，永和三年葬"题记④，年代为东汉中期。出土的Ⅰ式陶有领罐（M35：10）与青白江区花园村M11出土的B型罐极为相似，花园村崖墓群的年代为东汉晚期至蜀汉⑤。再结合半幅门框流行于蜀汉时期崖墓等因素，M35的年代应当在蜀汉时期。

第三期，西晋时期。共9座崖墓，分别是M2、M4、M10、M11、M15、M25、M43、M8东西墓室以及M29北墓室。墓葬形制主要包括Da、Db、E型。

该期崖墓所流行的墓葬形制皆与罗二虎所划分的Ⅰ型Ⅰ式相似，规模明显缩小，主要流行于西晋至南北朝前期。其中M15出土的B型陶平底釜（M15：1）与彰明佛儿崖墓M4出土陶釜盆组合中的釜器形相似，彰明佛儿崖墓M4的时代为六朝⑥。M10的釜盆组合（M10：2）器形与广元鞍子梁西晋崖墓中的釜甑（盆）组合相似⑦。M29出土的Aa型陶盏（M29：3）与成都市金牛区中海国际社区晋墓M3出土的陶碗（M3：1）形制相似，成都市金牛区中海国际社区晋墓M3出土"元康八年八月廿日"纪年文字，时代为西晋惠帝时期⑧。

第四期，东晋时期。共3座崖墓，分别是M13、M23及M29南墓室。墓葬形制主要包括Db、E型。

M23壁龛1和墓道前端分别打破M24北侧室和排水沟，故M23开凿时间当晚于M24，即不早

① 成都文物考古研究院、彭州市文物保护管理所：《彭州市青龙嘴崖墓发掘简报》，《成都考古发现》（2015），科学出版社，2017年，第550～582页。

② 罗二虎：《四川汉代砖石室墓的初步研究》，《考古学报》2001年第4期；罗二虎：《四川崖墓的初步研究》，《考古学报》1988年第2期。

③ 成都文物考古研究院：《成都羊市街东口汉末三国遗址发掘简报》，《成都考古发现》（2018），科学出版社，2020年，第276～291页。

④ 成都市文物考古研究所、新都区文物管理所：《成都市新都区互助村、凉水村崖墓发掘简报》，《成都考古发现》（2002），科学出版社，2004年，第316～358页。

⑤ 成都文物考古研究所、青白江区文物保护管理所：《成都市青白江区花园村东汉崖墓群发掘简报》，《成都考古发现》（2013），科学出版社，2015年，第468～509页。

⑥ 石光明、沈仲常、张彦煌：《四川彰明佛儿崖墓葬清理简报》，《考古通讯》1955年第6期。

⑦ 广元市文物管理所：《四川广元鞍子梁西晋崖墓的清理》，《文物》1991年第8期，图九、图十。

⑧ 成都文物考古研究所：《中海国际社区晋墓发掘简报》，《成都考古发现》（2004），科学出版社，2006年，第111～117页。

于蜀汉时期。该期崖墓形制与昭化宝轮崖墓形制接近，平面均呈梯形，发掘者将昭化宝轮崖墓时代判断为南朝时期[1]。索德浩认为此类型墓葬流行于两晋南朝时期[2]。有学者认为宝轮崖墓至少应包括西晋、东晋和南朝三个阶段[3]。该期出土陶盏数量明显增加，无陶钵，且陶盏唇下普遍饰有一周凹弦纹，形制较小，并与东晋时期长江流域较为流行的青瓷四系罐共出。

第五组墓葬共6座，分别是M3、M12、M19、M22、M26、M28。前文已根据墓葬形制以及伴出器物将这6座崖墓归入了第三期以及第四期，因此暂可将这几座墓葬的年代定于两晋时期。

综上所述，可知东汉时期到两晋，屈家山Ⅱ号墓地崖墓的时代特征差异明显，发展轨迹清晰，具有以下规律。

（1）墓葬形制的演变

东汉时期，崖墓规模较大，主室长度为6～7米；侧室可多至5个；墓门大且直；单层门框。蜀汉时期，崖墓规模逐渐缩小，主室的长度由前期的6～7米缩短为后期的5～6米；侧室逐渐减少为1～2个；墓门开始出现向墓室内倾斜的趋势；门框由单层门框演变为具有半幅门框。两晋时期，崖墓开始衰落，规模变小，墓室长度缩短至前期的1/3左右；无侧室，有并列双室；西晋时期墓门倾斜幅度变大，多为10°～20°，东晋时期墓门倾斜幅度更大，可至20°以上；门框演变为双层门框。

（2）附属设施的演变

东汉时期，崖墓内附属设施复杂，有仿木构建筑雕刻。蜀汉时期，崖墓内附属设施逐渐简化，后期不见仿木构建筑样式。两晋时期，崖墓内附属设施有棺台、壁龛，东晋时期壁龛除了在墓室内开凿还在墓道中开凿；排水沟由前期的排水管套接逐渐演变为西晋时多铺设残砖碎瓦，再到东晋时仅有排水沟形制，位置由紧挨墓道的某一侧而逐渐居中。

（3）随葬品的演变

东汉时期，崖墓随葬品中多见陶罐、陶钵、陶釜等。陶罐器形矮胖；陶钵多为侈口、厚唇、饼足；陶釜为圜底；陶俑、陶模型形制较小。蜀汉时期，随葬品形制也有了一些变化：陶罐由矮胖逐渐趋于瘦高；陶俑形制变大。两晋时期，随葬品形制较前期已明显不同：陶釜由圜底逐渐变为平底；陶甑已逐渐简化成盆的形制，釜盆组合普遍；西晋时期的陶钵由前期的侈口、厚唇、饼足逐渐向敛口、薄唇、平底演变，再至东晋时已不见陶钵，普遍出土陶盏，形制较小，且唇下有一周凹弦纹；瓷器的比重开始增加。

器形上的发展演变如下：陶器中有领罐和喇叭口罐在崖墓中一直延续至西晋，至东晋时已不见；小口束颈罐在崖墓中连续出现，器身逐渐由矮胖变为瘦高；蜀汉时期多见喇叭口罐，不

① 沈仲常：《四川昭化宝轮镇南北朝时期的崖墓》，《考古学报》1959年第2期。
② 成都文物考古研究院、彭州市文物保护管理所：《彭州市青龙嘴崖墓发掘简报》，《成都考古发现》（2015），科学出版社，2017年，第550～582页。
③ 易立：《广元宝轮院崖墓的时代及有关问题》，《四川文物》2012年第6期。

见小口束颈罐。饼足钵只出现在东汉中晚期与蜀汉时期的崖墓中，两晋时已不见；平底钵多见于西晋时期，与前期所出平底钵相比，由侈口或敞口变为敛口，弧腹较深。西晋时期，多用陶碗，陶碗腹部已由弧腹变为折腹；东晋时期，多用陶盏，而不见陶钵与陶碗。圜底釜见于东汉中晚期与蜀汉时期，这一时间段的平底釜均有耳，至两晋时已不见圜底釜；两晋时期的平底釜与前期相比已有较大差异，口沿变浅，腹部变深。陶甑仅见于东汉中晚期，至两晋时已逐渐演化成盆；前期的釜甑组合至西晋时已逐渐变为釜盆组合。陶瓮则主要见于东汉中晚期至蜀汉时期墓葬中。完整的陶囷见于西晋时期，但在东汉中晚期墓中就已出土了陶囷残件，说明陶囷在墓中的使用是连续的。陶耳杯、豆、灯、盘等当时日常生活中的器具仅见于东汉中晚期墓中，两晋时期的随葬品较简单，器形单一。陶俑见于东汉中晚期与蜀汉时期墓中，且蜀汉时期陶俑形制明显变大；陶动物也见于东汉中晚期与蜀汉时期墓中；陶盘与陶房残件见于东汉中晚期与蜀汉时期墓中，两晋时期墓随葬陶仓，以此可知，陶模型在墓中的使用也是连续的。

（4）葬具的演变

东汉中晚期，崖墓的葬具有石棺、陶棺，其中画像石棺是这一时期具有年代标志性的葬具。蜀汉时期，葬具仅见陶棺。再至两晋时期，陶质以及石质的葬具已逐渐消失。

第四节　结　　语

屈家山Ⅱ号墓地的汉晋崖墓以中小型墓为主，从墓葬形制与随葬品组合来看，应属于中、下层平民墓葬。依据本章的研究，这批崖墓材料大致可分为四个时期，即东汉早期延续至晚期、蜀汉，以及西晋、东晋时期。其中，东汉中期至晚期是崖墓发展的高峰。

屈家山Ⅱ号墓地东汉崖墓的发现具有三个方面的学术意义。

（1）M14是这批挖掘的崖墓中规模最大的，虽经过多次盗扰，但随葬品种类仍然很丰富。后侧室内出土画像石棺上的迎谒侍者立于天门的主题形象和游鱼、亭阁，虽然是成都地区画像石墓的常见图像，但为探讨汉代社会的丧葬习俗和升仙思想提供了新的材料。

（2）M14与M27中均出现仿木构建筑的斗拱雕刻，M27内发现的后室侧室南部石台和窗棂连为一体，展现了东汉中期晚段崖墓仿木构建筑的多样性；尤其是仿木构二层楼阁的梭柱，上下皆有卷杀。查检考古材料可知，此前所见最早出现梭柱形象的建筑为始建于北齐二年的河北定兴义慈惠石柱[1]，为圆形梭柱，其柱上部卷杀方式与M27梭柱相似。因此，M27的仿木构二层楼阁的发现或可将建筑构件中梭柱出现的时间提前300多年。这是未来在建筑考古中值得特别留意的一个现象。

---

① 刘敦桢：《中国古代建筑史》，中国建筑工业出版社，1984年，第106页。

（3）M27后室北壁题写的墨书题字不同于以往的刻印文字，在成都崖墓材料中较为罕见。

总之，东汉崖墓形制与墓内附属设施均反映出当时蜀地厚葬习俗的发展及社会经济的繁荣。

相较于东汉，三国两晋时期的崖墓规模较小，墓葬内的附属设施也逐渐减少，呈现出衰落的趋势；随葬品也有了一定的差异。这种墓葬制度上的差异除了受当时中原薄葬风气的影响之外，也显示出长期战乱使百姓已无力建造汉代那样规模宏大的墓葬。另外两座未修筑完成的崖墓虽无法判别具体年代，但处于三国两晋的大致年代范畴则是清晰的，它们为了解当时崖墓有计划的营建特别是最初开凿的工作流程提供了可验证的墓例资料。

第三章　唐宋墓葬

屈家山Ⅱ号墓地共发掘唐宋墓葬8座，分布于屈家山Ⅱ号山体南坡或北坡近山脚位置。墓葬大多遭到较大程度的破坏，部分墓葬仅存墓底，墓顶多数已不存，封土情况已不详。

第一节　墓葬形制

根据建筑材料的不同，唐宋墓葬可分为砖室墓和石室墓两类。其中，砖室墓6座，包括M17、M30、M33、M38~M40，除M17和M40分布于山体北坡近山脚位置外，其余均分布于山体南坡；石室墓2座，包括M41、M42，均分布于山体北坡近山脚位置。

一、砖　室　墓

根据墓室数量的不同，砖室墓可分为A、B二型。

（一）A型

4座。单室砖室墓。包含M17、M30、M38、M40。根据墓室平面形状的不同，可分成二亚型。

Aa型　2座。墓室平面呈梯形。包含M30、M38。

Ab型　2座。墓室平面呈长方形。包含M17、M40。

M30

1. 墓葬形制

位于山体南坡，西邻M38。墓向227°。墓葬破坏严重，墓顶不存，未见墓道，墓壁亦遭受较大程度的破坏。墓圹平面呈梯形，长3.22、宽1.36~1.67、残深0.27米。墓室平面呈梯形，长2.42、宽0.51~0.71、残高0.51米。墓壁采用二顺一丁砌法砌筑，顺砖平砌，丁砖侧砌。北壁中部有一个壁龛，宽0.14、高0.18、进深0.03米，距墓室底0.03米。墓底砖采用顺砖错缝平铺。墓砖为长方形素面青灰砖，长0.34、宽0.18、厚0.03米（图九四；图版二三，1）。

2. 葬具及葬式

未见人骨，葬式、葬具不详。

3. 随葬品

出土随葬品共3件，均为瓷器，保存较好。紧靠墓室南壁中部平放瓷四系罐1件（M30：2），器身微斜，其下有1件瓷盏（M30：3），墓室南部靠近东壁出有瓷四系罐1件（M30：1）。

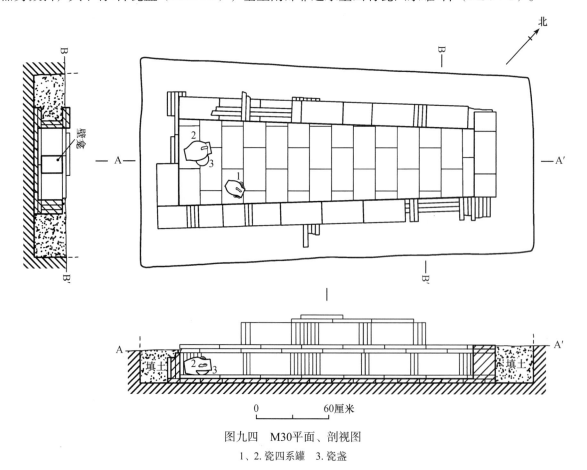

图九四　M30平面、剖视图

1、2.瓷四系罐　3.瓷盏

M38

1. 墓葬形制

位于山体南坡，东邻M30。墓向245°。墓葬遭受较大程度的破坏。墓顶残，无墓道，墓壁因地质活动导致一定程度的挤压变形。墓圹平面呈长方形，长2.8、宽1.3、残深0.63米。墓室平面呈梯形，长2.36、宽0.6～0.85、残高0.81米。墓室四壁均采用一顺一丁法砌筑三层后，其上再用顺砖平砌。从残存的墓顶可以看出墓顶为叠涩顶。墓底砖为横向顺砖错缝平铺。墓砖为长方形素面青灰砖，长0.36、宽0.17、厚0.03米（图九五）。

2. 葬具及葬式

未见人骨，葬式、葬具不详。

3. 随葬品

出土随葬品2件，均为瓷器，保存状况较好。墓室西壁出土1件瓷四系罐（M38：1），腹部以下压于西壁墓砖之下，四系罐东南侧平放瓷盏1件（M38：2）。

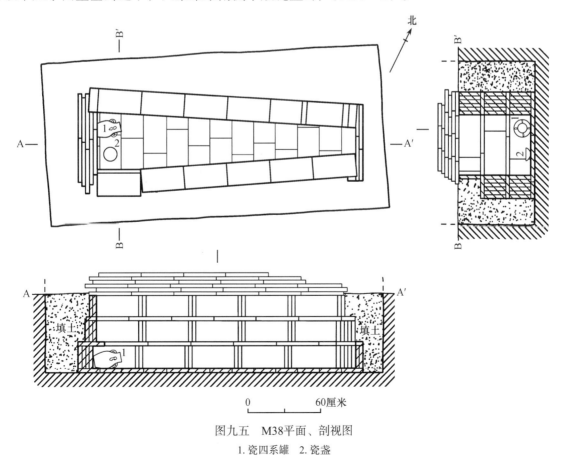

图九五　M38平面、剖视图

1. 瓷四系罐　2. 瓷盏

M17

1. 墓葬形制

位于山体北坡，西邻M41。墓向350°。墓葬破坏严重，墓顶已不存，墓壁亦遭受不同程度的破坏。墓葬总残长2.7米，由墓道、墓圹和墓室组成。墓圹平面呈长方形，长1.9、宽1.2、残深0.16～0.39米。墓道位于墓室北侧，前端被破坏，平面呈长方形，直壁，底部呈斜坡状。墓道残长约0.8、残宽0.68～0.72、近封门处残深约0.16米。墓室平面呈长方形，长1.35、宽0.38、残高0.13～0.34米。墓壁均采用顺砖平砌法砌筑，墓顶不存。墓底砖为横向对缝平铺。墓砖有两种规格，一种为长方形素面青灰砖，长0.3、宽0.15、厚0.035米；一种为方形素面青灰砖，边长0.15、厚0.035米（图九六）。

2. 葬具及葬式

未见人骨，葬式、葬具不详。

3. 随葬品

仅在墓室北端出土陶匍匐俑1件（M17：1），头朝向墓道。

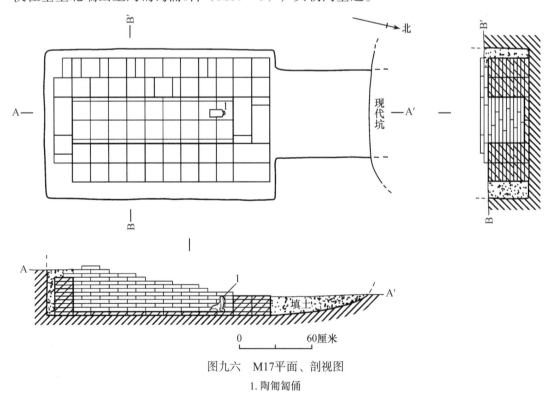

图九六　M17平面、剖视图

1.陶匍匐俑

M40

1. 墓葬形制

位于山体北坡，东邻M42。墓向5°。墓葬破坏严重，墓顶不存，无墓道，墓壁被完全破坏，仅存墓底。墓圹平面呈长方形，长1.25、宽0.84、残深0.61米。墓室平面呈长方形，残长1.12、宽0.67米。墓底残存一层青砖，为双排横向对缝平铺，东排比西排多2块，共12块青砖。墓砖为长方形素面青灰砖，长0.33、宽0.16、厚0.03米（图九七；图版二三，2）。

2. 葬具及葬式

未见人骨，葬式、葬具不详。

3. 随葬品

无随葬品出土。

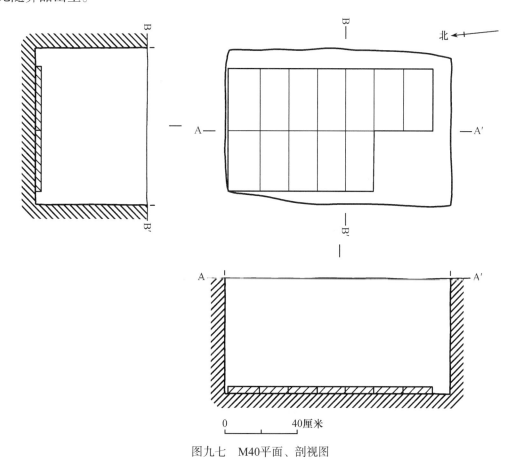

图九七　M40平面、剖视图

（二）B型

2座。双室砖室墓。包括M33、M39。根据墓室有无后龛，可分为二亚型。

Ba型　1座。墓室有后龛（M33）。

Bb型　1座。墓室无后龛（M39）。

M33

1. 墓葬形制

位于山体南坡，南邻M39。墓向195°。墓葬破坏严重，墓道、墓顶不存，墓圹、墓室亦破坏严重。墓圹南部完全破坏，残余墓圹平面近长方形，墓圹残长1.82～2.3、宽约4.7、残深0.55～0.88米。墓室分东、西二室，东墓室残长0.56～0.67、宽0.9、残高0.75米，西墓室残长0.8～0.98、残宽1.04、残高0.68米。两墓室后壁各有一个壁龛。东墓室后龛宽0.82、残高0.58、进深0.84米。西墓室后龛宽0.84、残高0.56、进深0.72米。东墓室墓壁采用二顺一丁法砌筑，西墓室墓壁自底层先采用一顺一丁砌筑一层后，其上平铺六层顺砖，再于其上用一顺一丁砌法砌筑一层，顺砖平砌，丁砖侧砌（间有部分丁砖平砌），最上层砖铺设随意，多为残砖。墓砖为长方形素面青灰砖，长0.34、宽0.18、厚0.04米（图九八；图版二四）。

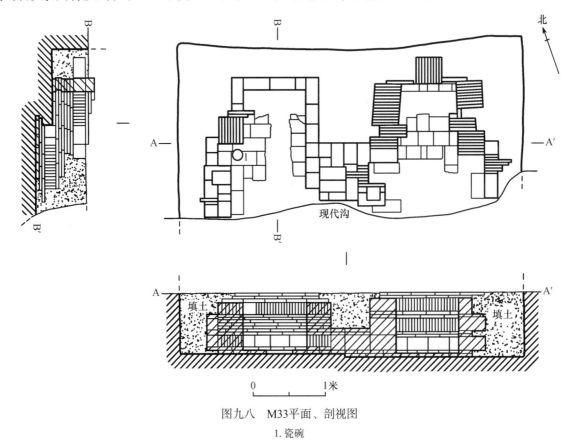

图九八　M33平面、剖视图

1. 瓷碗

2. 葬具及葬式

未见人骨，葬式、葬具不详。

3. 随葬品

出土器物极少，仅于西墓室西北角出土1件瓷碗（M33：1）。

M39

1. 墓葬形制

位于山体南坡，北邻M33。墓向100°。墓葬破坏严重，墓顶、墓道不存，墓壁仅剩数层砖。墓圹南部被完全破坏，残存墓圹平面呈长方形，残长1.4～1.62、宽4.86、残深0.2米。墓室分东、西二室，东、西墓室平面均呈长方形。东墓室长1.42、宽0.52、残高0.16米，西墓室长1.3、宽0.52、残高0.2米。东、西墓室墓壁砌筑方式一致，采用顺砖错缝平砌。墓底受破坏严重，大部分墓底砖已不存，从残存的铺地砖推测墓底砖的砌筑方式为顺砖斜向平铺。墓砖为长方形素面青灰砖，长0.36、宽0.18、厚0.04米（图九九；图版二四）。

2. 葬具及葬式

未见人骨，葬式、葬具不详。

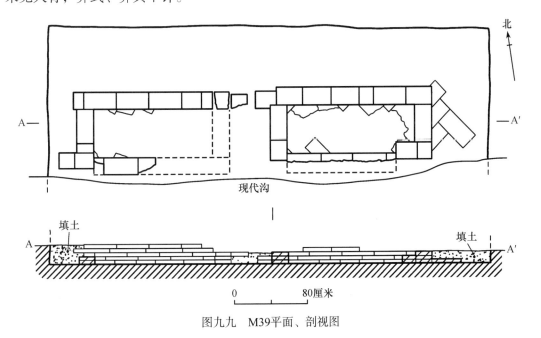

图九九　M39平面、剖视图

3. 随葬品

无随葬品出土。

二、石　室　墓

根据墓室数量的不同，石室墓可分为A、B二型。

（一）A型

1座。单室石室墓。

M42

1. 墓葬形制

位于山体北坡，北邻M41。墓向350°。墓圹平面呈长方形，长1.32、宽0.8、残深0.52米。墓室平面呈长方形，长1.06、宽0.46、高0.46米。墓壁由规整石板砌筑而成，北壁石板长0.7、厚0.09米，东壁石板长1.08、厚0.04~0.1米，西壁石板长1.08、厚0.1米。墓底铺石板，长1.14、宽0.66、厚0.05米。因受破坏，南壁石板未能保存（图一〇〇；图版二五，1）。

2. 葬具及葬式

墓室内有人骨及骨灰，人骨发黑疑似经火烧。未见明显葬具，有棺钉，应以木质葬具盛放人骨及骨灰入葬。

3. 随葬品

出土随葬品共12件，以陶俑为主，其次为瓷器。陶武士俑2件（M42：1、M42：2），相对分立于墓室北端两侧，其间斜放1件瓷双耳罐（M42：5），口朝西；紧挨陶武士俑南侧东西各分立1件陶文吏俑（M42：4、M42：3）；墓室南端紧靠东西两壁另各有1件陶文吏俑（M42：11、M42：12），东侧文吏俑面朝北，西侧文吏俑面朝东，2件文吏俑之间平放1件瓷盏（M42：10）；墓室中部自南向北顺次侧放陶鸡1件（M42：9），头朝东；陶狗

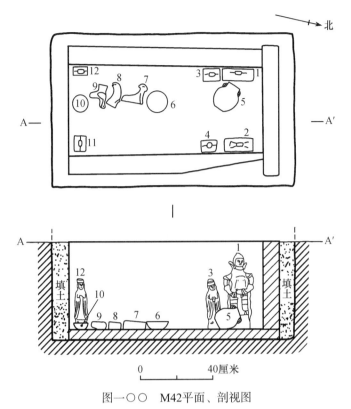

图一〇〇 M42平面、剖视图

1、2.陶武士俑 3、4、11、12.陶文吏俑 5.瓷双耳罐 6.陶三足炉 7.陶匍匐俑 8.陶狗 9.陶鸡 10.瓷盏

（M42：8）、陶匍匐俑（M42：7）各1件，头向均朝西，紧贴陶匍匐俑北侧平放陶三足炉1件（M42：6）。

（二）B型

1座。双室石室墓。

M41

1.墓葬形制

位于山体北坡，南邻M42。墓向355°。墓葬盗扰严重，墓顶已不存。墓圹平面呈长方形，长1.52、宽2.39、残深0.28 ~ 0.55米。墓室分东、西二室，东、西墓室之间不相通，共用隔墙，两室形制大体相同，为同穴异室合葬墓。东、西墓室平面均呈长方形，东墓室长1.02、宽0.8、残高0.5米，西墓室长1、宽0.8、残高0.2 ~ 0.45米。东墓室墓底由三块规格不一的石板平置而成，西墓室墓底平置一块厚0.1米的长方形石板，长1.2、宽1.05米。墓壁由加工规整的石板砌

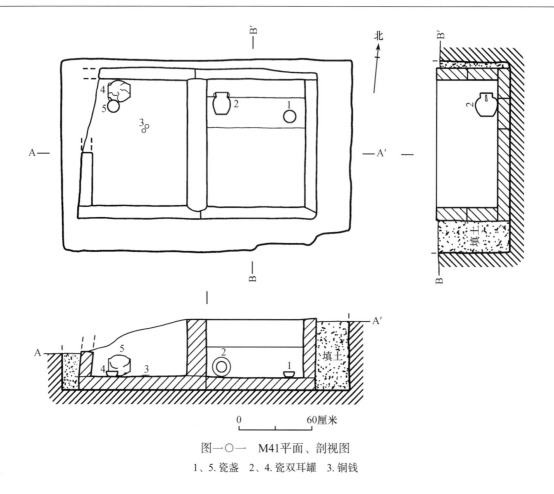

图一○一 M41平面、剖视图

1、5.瓷盏 2、4.瓷双耳罐 3.铜钱

筑而成，东西两室间壁共用一块石板，其他各壁均为单块石板。7块石板均竖置，接缝紧致（图一○一；图版二五，2）。

2. 葬具及葬式

东室出土棺钉残片14枚，西室出土棺钉残片34枚，推测棺钉为木质葬具遗留。两个墓室均有人骨和骨灰，人骨发黑，疑似经火烧。

3. 随葬品

出土随葬品共5件，以瓷器为主。东室西北角出土1件瓷双耳罐（M41：2），口部朝向北壁；靠近东壁出土瓷盏1件（M41：1）。西室西北角平放1件瓷双耳罐（M41：4），口部朝西，双耳罐南侧另有1件瓷盏（M41：6）。另有铜钱2枚，残碎不可辨识。

第二节　出土器物

　　唐宋时期的墓葬出土器物较少，以瓷器为主，陶器较少，陶人物俑和陶动物俑数量较多，保存状况较好。

一、陶　　器

　　三足炉　1件。

　　M42：6，泥质灰陶。口近直，方唇略外撇，折沿，筒形腹，直壁，平底，底部立三足。口径14、底径12.6、通高4.6厘米（图一〇二；图版六四，6）。

　　人物俑　8件。包括武士俑、文吏俑和匍匐俑。

　　武士俑　2件。

　　M42：2，夹砂红陶。合模制作，中空。头戴兜鍪，两侧有护耳。双目圆睁，斜视左前方。身穿圆领长襦，两肩、手臂、前胸均有护甲。双手立于腹前，右手在上，左手在下，手指刻画清晰。下身着铠甲，双脚微露，站立于方形座上。宽16.2、高41.2厘米（图一〇三，1；图版六三，2）。

　　M42：1，夹砂红陶。合模制作，中空。头戴兜鍪，两侧有护耳。双目圆睁，斜视左前方。身穿圆领长襦，两肩、手臂、前胸均有护甲。双手立于腹前，左手在上，右手在下。下身着铠甲，双脚微露，站立于方形座上。宽16.8、高40.8厘米（图一〇三，2；图版六三，1）。

　　文吏俑　4件。

　　M42：4，夹砂红陶。合模制作，中空。头戴幞头，双耳肥大。双目有神，目视正前方，鼻梁高挺，躯体笔直。双手抱握于胸前，左手在上，右手在下。身着圆领广袖长袍，衣襟坠地，双脚微露，站立于方形座上。宽7.2、高26.3厘米（图一〇四，1；图版六三，4）。

　　M42：3，夹砂红陶。合模制作，中空。头戴幞头，双耳肥大，头部微向前倾。双目有神，目视左前方，鼻梁高挺。双手抱握于胸前，左手在上，右手在下。身着圆领广袖长袍，衣襟坠地，双脚微露，站立于方形座上。宽7.2、高26.1厘米（图一〇四，2；图版六三，3）。

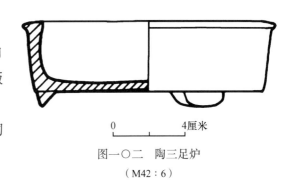

0　　　　4厘米

图一〇二　陶三足炉
（M42：6）

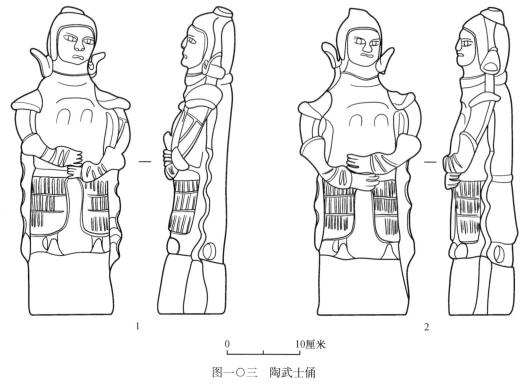

0　　　　　　10厘米

图一〇三　陶武士俑
1. M42：2　2. M42：1

M42：12，夹砂红陶。合模制作，中空。头戴幞头，双耳肥大。双目有神，鼻梁高挺，躯体笔直。双手抱握于胸前，左手在上，右手在下。身着圆领广袖长袍，衣襟坠地，双脚微露，站立于方形座上。宽6.8、高26.6厘米（图一〇四，3；图版六三，6）。

M42：11，夹砂红陶，合模制作，中空。头戴幞头，双耳肥大，头部微向前倾。双目睁大，鼻梁高挺。双手抱握于胸前，左手在上，右手在下。身着圆领广袖长袍，衣襟坠地，双脚微露，站立于方形座上。宽6.8、高25.8厘米（图一〇四，4；图版六三，5）。

匍匐俑　2件。

M17：1，泥质红陶。中空。头顶盘髻，双目平视前方，鼻梁突出，眼、鼻、嘴部刻画清晰，双唇较厚，左耳下方有缺口。身着广袖交领落地长袍，双手隐于袖中。匍匐状，双手伏地，双膝跪地。长12.7、宽6.4、高11.4厘米（图一〇五，1；图版六四，1）。

M42：7，夹砂红陶。中空。头顶盘髻，双目平视前方，鼻梁高挺。身着长袍，左手隐于袖中，右手微露。匍匐状，肘及手掌着地，双膝屈跪于方座之上。长12.6、宽6.8、高10.4厘米（图一〇五，2；图版六四，2）。

动物俑　2件。

狗　1件。

M42：8，夹砂红陶。中空。前肢撑立，后肢弯曲，蹲坐于筒形座上。头部微向前倾，双耳残缺，双目突出，正视前方，可见鼻孔，口部微张。尾巴翘起。宽9.6、高14.7厘米（图一〇五，3；图版六四，5）。

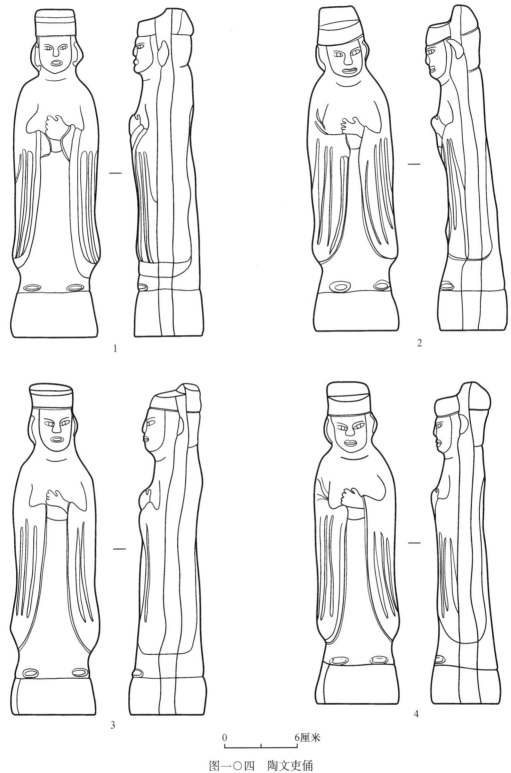

图一〇四 陶文吏俑

1. M42：4 2. M42：3 3. M42：12 4. M42：11

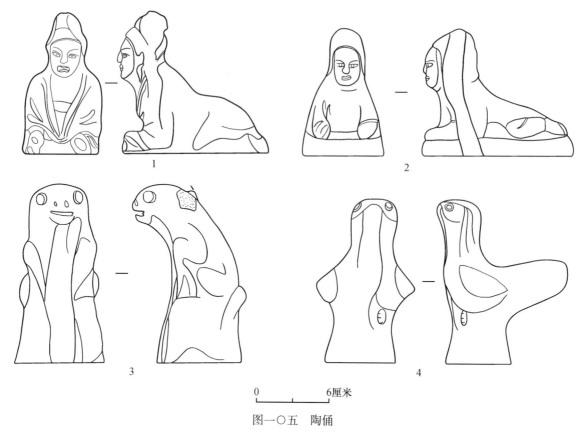

0　　　　　6厘米

图一〇五　陶俑

1、2.匍匐俑（M17：1、M42：7）　3. 狗（M42：8）　4. 鸡（M42：9）

鸡　1件。

M42：9，夹砂红陶。中空。立姿，昂首，身体前倾。双目突出，目视前方。双翅合拢贴于身体两侧，尾部上翘，双爪微露。长11.1、宽8.2、高13.2厘米（图一〇五，4；图版六四，3、4）。

二、瓷　器

四系罐　3件。溜肩，弧腹，耳部均为竖系。根据口部及唇部特征的不同，可分为二型。

A型　1件。直口，方唇。

M30：1，紫红胎。器身较矮，直领，溜肩，弧腹，平底。肩部有四个竖系耳，对称分布。耳部以上施白色化妆土，颈部以下施酱黄釉，脱釉较严重，仅腹上端残留少许。口径9、最大腹径11、底径7.6、高14.8厘米（图一〇六，3；图版六五，1）。

B型　2件。侈口，圆唇。

M38：1，红胎。口部及领部轻微变形扭曲，长直领，溜肩，弧腹，平底。肩部有四个竖系耳，对称分布。肩部及以上施青黄釉，有流釉现象，耳部以下施青灰色化妆土。口径7.5、最大腹径13.4、底径8.8、高22.1厘米（图一〇六，1；图版六五，3）。

M30：2，红胎。口部及领部轻微变形扭曲，长直领，溜肩，弧腹，平底。肩部有四个竖系耳，对称分布。肩部以上施白色化妆土，四耳上部亦施白色化妆土，未见施釉痕迹。口径8、最大腹径13、底径9、高20.8厘米（图一〇六，2；图版六五，2）。

双耳罐　3件。

M42：5，红胎。侈口，口部微变形，尖唇，直领，溜肩，弧腹，饼足内凹。肩部有两个横系耳，对称分布。底部施化妆土，外壁其余部分施酱黄釉，有流釉现象。口径7.6、最大腹

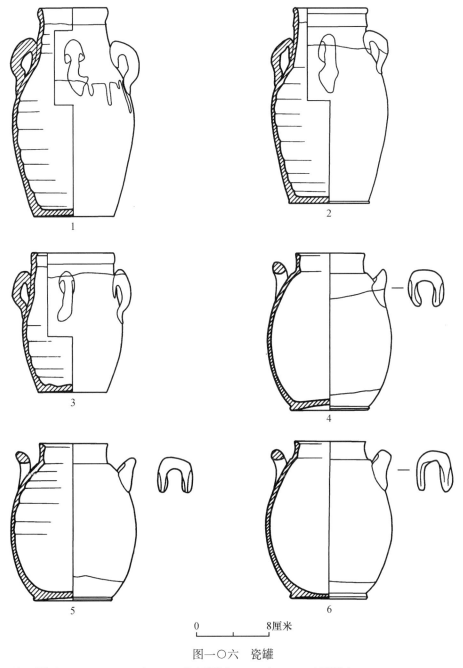

0　　　　　8厘米

图一〇六　瓷罐

1、2.B型四系罐（M38：1、M30：2）　3.A型四系罐（M30：1）　4～6.双耳罐（M42：5、M41：4、M41：2）

径13.9、底径8.6、高16.7厘米（图一〇六，4；图版六五，5）。

M41：4，红胎。侈口，口部微变形，尖唇，直领，溜肩，弧腹，饼足略内凹。肩部有两个横系耳，对称分布。底部施化妆土，外壁其余部分施酱黄釉，有流釉现象。口径7.6、最大腹径13.8、底径8.6、高16.6厘米（图一〇六，5；图版六五，6）。

M41：2，红胎。侈口，口部微变形，尖唇，直领，溜肩，弧腹，饼足。肩部有两个横系耳，对称分布。底部施化妆土，外壁其余部分施酱黄釉，有流釉现象。口径8、最大腹径14、底径8.6、高16.7厘米（图一〇六，6；图版六五，4）。

碗　1件。

M33：1，红胎。敞口，圆唇，弧腹略鼓，饼足略内凹。内壁施白色化妆土至近口处。口径17.5、底径7.3、高5.3厘米（图一〇七，1）。

盏　5件。敞口，尖圆唇。根据沿部的不同，可分为二型。

A型　2件。无折沿。

M30：3，红胎。敞口，尖圆唇，弧腹，饼足略微内凹。内壁施白色化妆土至口部，内壁施浅青黄釉，有流釉现象。口径10.6、底径4.1、高3厘米（图一〇七，3；图版六六，1）。

M38：2，红胎。敞口，尖圆唇，弧腹，饼足略内凹。内壁施白色化妆土至口部，内壁施浅青黄釉，有流釉现象。口径11.2、底径5、高3.4厘米（图一〇七，5；图版六六，2）。

B型　3件。折沿。根据腹部的不同，可分为二亚型。

Ba型　2件。斜直腹。

M42：10，红胎。饼足略内凹。口部及内壁施白色化妆土，外壁腹部以上及内壁施一层酱黄釉，有流釉现象。口径10.3、底径4、高2.8厘米（图一〇七，4；图版六六，3）。

M41：1，红胎。平底。口部及内壁施白色化妆土，外壁腹部以上及内壁施一层酱黄釉，

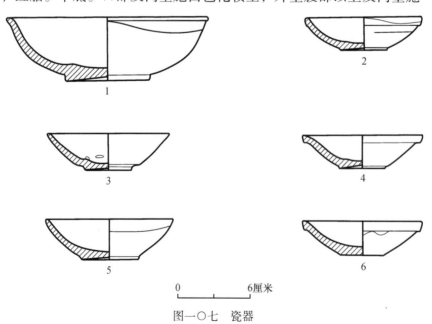

图一〇七　瓷器

1. 碗（M33：1）　2. Bb型盏（M41：5）　3、5. A型盏（M30：3、M38：2）　4、6. Ba型盏（M42：10、M41：1）

有流釉现象。口径10.2、底径3.8、高2.8厘米（图一〇七，6；图版六六，4）。

Bb型　1件。弧腹。

M41：5，红胎。平底略内凹。口部及内壁施白色化妆土，外壁腹壁以上及内壁施一层酱黄釉，有流釉现象。口径10.2、底径4、高2.7厘米（图一〇七，2；图版六六，5）。

第三节　分期与年代

唐五代至宋代的墓葬有6座砖室墓与2座石室墓，墓葬之间并无叠压、打破关系。砖室墓因破坏严重，基本没有形制保存完整的墓葬。根据现存的墓葬形制及出土器物形制特征，可将这批砖室墓分为两期（表二）。

表二　唐宋墓葬分期表

墓类	期段	时代	墓号	类型	数量
砖室墓	一	五代至北宋早期	M30、M38	Aa型	2座
			M33	Ba型	1座
	二	南宋时期	M17、M40	Ab型	2座
			M39	Bb型	1座
石室墓		南宋时期	M42	A型	1座
			M41	B型	1座

第一期：3座。墓室平面呈梯形。包括Aa型的M30、M38，以及Ba型的M33。M33保留部分墓室，墓壁不在一条直线上，有五代到北宋早期的形制特征。墓内出土瓷碗（M33：1）形制与成都龙泉驿前蜀王宗侃夫妇墓出土的Bb型瓷碗相近，后者为五代时期墓[1]。M30的墓壁在一条直线上，其墓葬形制与《四川地区宋代墓葬研究》中的砖室墓甲类B型Ⅰ式相近，是北宋早期常见形制[2]。出土的瓷盏（M30：3）与温江区"学府尚郡"地点出土的A型盏（M5：15）形制相近，"学府尚郡"M5时代推断为五代至北宋时期[3]；A型瓷四系罐（M30：1）与成都

① 成都文物考古研究所、龙泉驿区文物保护管理所：《成都市龙泉驿五代前蜀王宗侃夫妇墓》，《考古》2011年第6期。

② 陈云洪：《四川地区宋代墓葬研究》，《南方民族考古》（第七辑），科学出版社，2011年，第279页。

③ 成都文物考古研究所、温江区文物保护管理所：《成都温江区"学府尚郡"工地五代及宋代墓葬发掘简报》，《成都考古发现》（2006），科学出版社，2008年，第305～334页。

"博瑞花园"地点出土的B型Ⅰ式罐（M28：3）相近，后者年代为北宋早期①；B型瓷四系罐（M30：2）与"博瑞花园"地点出土的B型Ⅰ式罐（M28：3）相似，但后者最大腹径靠上，故时代可能更早一些。M38墓室平面形状及大小等与M30相似，墓内出土瓷盏（M38：2）和瓷四系罐（M38：1）分别与M30所出瓷盏（M30：3）、瓷四系罐（M30：2）相似，但M38所出四系罐最大腹径稍下移，时代应较M30晚。综合上述分析，我们推测第一期墓葬年代在五代至北宋早期。

第二期：3座。墓室平面呈长方形。包括Ab型的M17、M40，Bb型的M39。M17出土陶匍匐俑（M17：1）形制与成都市二仙桥宋墓出土的Ⅱ式陶匍匐俑（M1：25）相近，后者墓葬年代为南宋时期②，吴敬以二仙桥所出陶匍匐俑（M1：25）为代表，认为这一时期匍匐俑抬头趋势明显③。M39、M40墓葬破坏严重，无出土器物，但两座墓平面均呈长方形，墓葬规模小，分别与成都市西郊发现的D型墓（M3）和Ca型Ⅲ式墓（M1）相当，但无壁龛。两座墓用砖轻薄，M40的用砖规格与成都市西郊M1的极为接近，成都西郊Ca型Ⅲ式和D型墓葬年代为南宋时期④。故推测第二期墓葬年代大约为南宋时期。

A型石室墓（M42）墓葬形制与陈云洪划分的甲Ⅱ类Bd型石室墓相近，后者多见于南宋中晚期⑤。墓内所出瓷双耳罐（M42：5）与高新南区中和街道红松村Ac型罐形制相近⑥，出土的陶文吏俑（M42：3、M42：4、M42：11、M42：12）与锦江区沙河堡M1出土的Ba型俑形制接近⑦，后者的下葬年代明确为"绍兴五年（1135年）"。由此可见M42应属南宋时期墓。B型墓（M41）虽为双室墓，但在形制上亦极为简陋，仅使用红砂岩石板嵌筑而成，出土的瓷双耳罐（M41：2、M41：4）也与M42中出土的瓷双耳罐形制一致，因此我们推测其年代和M42相去不远，应同属于南宋时期。

① 成都市文物考古工作队：《成都博瑞"都市花园"汉、宋墓葬发掘报告》，《成都考古发现》（2001），科学出版社，2003年，第120~162页。

② 成都文物考古研究所、成都市文物考古工作队：《成都市二仙桥南宋墓发掘简报》，《考古》2004年第5期。

③ 吴敬：《成都地区宋代砖室墓的分期研究》，《四川文物》2009年第4期。

④ 成都市文物考古研究所：《成都市西郊土坑墓、砖室墓发掘简报》，《成都考古发现》（2001），科学出版社，2003年，第80~109页。

⑤ 陈云洪：《四川地区宋代墓葬研究》，《南方民族考古》（第七辑），科学出版社，2011年，第279页。

⑥ 成都文物考古研究院、双流县文物管理所：《成都市高新南区中和街道红松村宋墓群发掘简报》，《成都考古发现》（2017），科学出版社，2019年，第307~333页。

⑦ 成都文物考古研究院：《成都市锦江区沙河堡宋墓发掘简报》，《成都考古发现》（2017），科学出版社，2019年，第379~414页。

第四节　结　　语

唐宋时期，砖室墓发展成为成都平原地区最主要的墓葬形式，屈家山Ⅱ号墓地发现的砖室墓略可总结之处有三：

一、第一期墓葬排列具有一定规律，M30、M33、M38三座年代较早的砖室墓均分布在山体南坡近山脚地带，且墓葬间相邻，推测这一带有可能是当时的墓地。

二、第二期的M17、M39、M40，形制规模小，极少甚至无随葬品出土，除盗扰因素外，它本身可能就是南宋时期简葬观念下的产物。

三、陈云洪曾指出：四川地区宋墓随葬品中，四耳罐、双耳罐、碗、盏等是最常见的组合[①]。本批砖室墓也基本是瓷四系罐与碗、盏等形成的器物组合。这对梳理唐末五代至北宋早期这一过渡时代砖室墓随葬器物的演变发展具有参考价值。

两座石室墓（M41、M42）均为南宋时期。墓室内均发现人骨残骸及骨灰，人骨发黑，明显是火化所致，可证确是火葬墓。此外，M42所出陶俑整体矮小，造型简单，线条粗糙，符合南宋晚期四川地区随葬陶俑的制作特征。

[①]　陈云洪：《四川地区宋代墓葬研究》，《南方民族考古》（第七辑），科学出版社，2011年，第298页。

第四章　明清墓葬及其他遗迹

屈家山Ⅱ号墓地共发掘明清时期的岩坑墓16座、土坑墓1座。墓葬形制较为简单，多数遭到破坏。屈家山Ⅱ号山体南坡山腰处发现灰坑2个（H1、H2）、灰沟1条（G1）、房址1座（F1）。

第一节　墓葬形制

根据构筑方式的不同可分为岩坑墓和土坑墓两类。岩坑墓16座，包括M1、M5、M6、M9、M31、M32、M34、M36、M37、M44、M45、M47、M48、M51、M53、M54，其中M1、M9、M36位于屈家山Ⅱ号山体北侧山腰处，M31、M54位于屈家山Ⅱ号山体中部，其余均分布于屈家山Ⅱ号山体南侧（图版三）；土坑墓仅1座，为M7，分布于屈家山Ⅱ号山体中部。

一、岩　坑　墓

岩坑墓不见墓道，墓顶由于工程施工已经遭受较大程度的破坏，封土情况多已不详，墓壁多为直壁，墓底较为平整。随葬品极少，种类单一。根据墓葬平面形状的不同，可分为二型。

（一）A型

3座。墓葬平面呈圆形。包括M1、M9、M51。

M1

1. 墓葬形制

位于山体北侧山腰处，南邻M9。近圆形竖穴岩坑墓。封土情况不详，无墓道，无墓顶，坑壁为斜直壁，墓底较平整。墓口平面近圆形。墓口长径1.65、短径1.59米，墓底长径1.35、短径1.26米，残高0.44米（图一〇八；图版二六，2）。

2. 葬具及葬式

墓内有两具瓮棺，瓮棺内均出土人骨，其中瓮棺1内人骨可明显识别出肩胛骨和肱骨等，肱骨长0.286米，表明墓主身高不高。

瓮棺均为泥质红陶，外施黄褐釉。瓮棺1，由瓮棺和棺盖组成。通高56厘米。瓮棺为敛口，方唇，圆肩，弧腹，平底。腹上部饰龙纹。口径24、腹径38、底径21、高51厘米。外盖为敞口，方唇，弧腹，平底。口径37、底径23、高11厘米（图一〇九，1）。瓮棺2，由瓮棺和棺盖组成。通高48厘米。瓮棺为敛口，圆唇，圆肩，弧腹，底内凹。口径22、最大径38、底径18、高41厘米。棺盖为敞口，圆唇，折沿，弧腹，平底。口径20、底径10、高7厘米（图一〇九，2）。

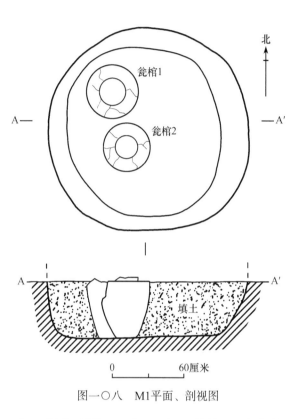

图一〇八　M1平面、剖视图

3. 随葬品

无随葬品出土。

M9

1. 墓葬形制

位于山体北侧山腰处，北邻M1，打破M10。近圆形竖穴岩坑墓。封土情况不详，无墓道，墓顶已不存，坑壁为直壁，修造较为粗糙，墓底较平整。墓室长径1.19、短径1.03、残高0.18～0.49米（图一一〇）。

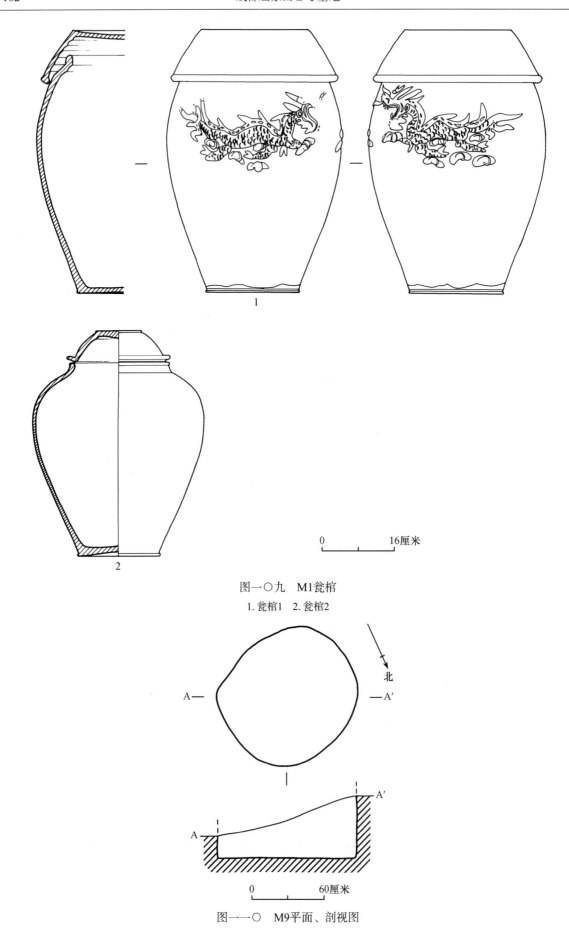

图一〇九　M1瓮棺

1. 瓮棺1　2. 瓮棺2

0　　　　　　　　16厘米

北

A——　　　　——A'

0　　　　　60厘米

图一一〇　M9平面、剖视图

2. 葬具及葬式

未见葬具，无人骨出土。

3. 随葬品

无随葬品出土。

M51

1. 墓葬形制

位于山体南侧山脚处，南邻近现代蓄水坑（暂编号为H4，后销号），西邻M37。近圆形竖穴岩坑墓，部分遭到破坏。封土情况不详，无墓道，墓顶不存，墓壁为直壁，无特殊修凿痕迹，墓底中部较平，四周略高。墓室长径1、短径0.88、残高0.56米（图一一一；图版二六，1）。

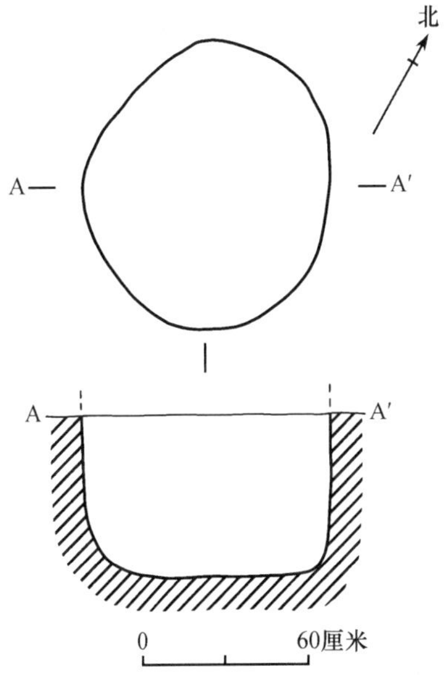

2. 葬具及葬式

墓底部出土大量人骨火烧后形成的白色烧骨颗粒，分布较为集中，推测为火葬。未见葬具。

3. 随葬品

填土中出土少量青花瓷片，后期修复得到1件青花瓷碗（M51：1），已残。

图一一一　M51平面、剖视图

（二）B型

13座。墓葬平面呈长方形或方形，包括M5、M6、M31、M32、M34、M36、M37、M44、M45、M47、M48、M53、M54。根据有无头龛，可分为二亚型。

Ba型　10座。墓葬无头龛。包括M5、M6、M31、M32、M34、M36、M37、M44、M47、M53。

Bb型　3座。墓葬有头龛。包含M45、M48、M54。

M5

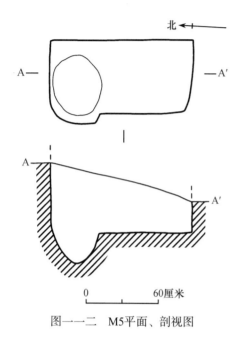

图一一二　M5平面、剖视图

1. 墓葬形制

位于山体南部山腰处，南邻M6。墓向350°。竖穴岩坑墓，部分遭到破坏。封土情况不详，仅有一个长方形墓室，无墓道，无墓顶，墓壁为直壁，墓底较平整。墓室长1.16、宽0.56～0.68、残高0.24～0.78米。墓底靠近墓室北壁处有一个长径0.48、短径0.39、深0.24米的椭圆形凹坑（图一一二；图版二七，1）。

2. 葬具及葬式

未见葬具，无人骨出土。

3. 随葬品

无随葬品出土。

M6

1. 墓葬形制

位于山体南部山腰处，北邻M5。墓向355°。长方形竖穴岩坑墓。封土情况不详，无墓道，无墓顶，墓壁为直壁，墓底较平。墓室长1.8、宽0.32～0.48、残高0.18～0.45米（图一一三；图版二八，1）。

2. 葬具及葬式

未见葬具，墓内出土人骨为头骨和两节大腿骨，头骨下垫两块残砖。

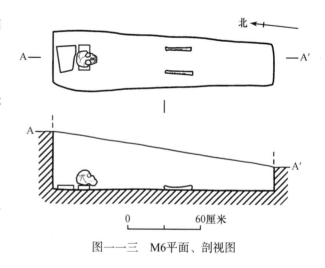

图一一三　M6平面、剖视图

3. 随葬品

无随葬品出土。

M31

1. 墓葬形制

位于山体中部，靠近山顶处。墓向218°。打破M54。长方形竖穴岩坑墓，破坏较为严重。顶部不存，直壁，墓底较平。墓室长2.32、宽0.88～1、残高0.1～0.68米（图一一四；图版二八，2）。

2. 葬具及葬式

墓内有木棺一具，腐朽严重，仅南部和西部残余少许棺木，残高约0.1米。墓室内有人骨一具，摆放位置清晰，颅骨上颌右侧第一颗臼齿尚在，下颌发育较弱，左侧手臂缺失，盆骨小，臀部较宽。仰身直肢，头向南，面向西，头下枕有板瓦。

3. 随葬品

头骨旁出土铜饰件1组（M31：2），枕瓦上出土银簪1件（M31：1）。根据骨架及出土随葬品判断墓主应为女性。

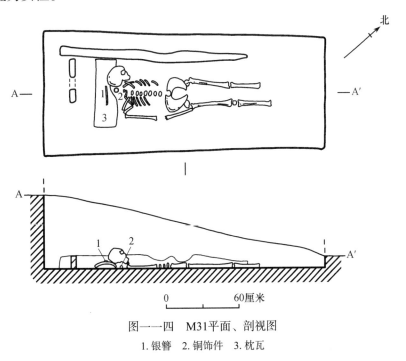

图一一四　M31平面、剖视图

1. 银簪　2. 铜饰件　3. 枕瓦

M32

1. 墓葬形制

位于山体南部山腰处，东邻H1。墓向105°。长方形竖穴岩坑墓。封土情况不详，无墓道，无墓顶，墓壁为直壁，墓底较平整。墓室长2.17、宽0.74、残高0.63米（图一一五）。

2. 葬具及葬式

未见葬具，无人骨出土。

3. 随葬品

有少量青砖残块出土，填土中出土瓷盏1件（M32：1），已修复。

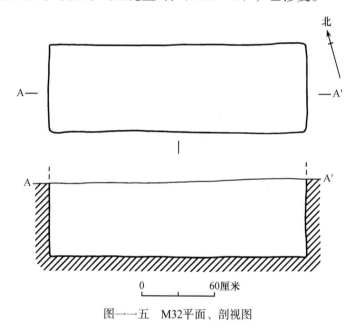

图一一五　M32平面、剖视图

M34

1. 墓葬形制

位于山体南侧，西邻H1，打破M37。墓向176°。长方形竖穴岩坑墓，部分遭到破坏。封土情况不详，无墓顶，墓壁为直壁，墓底较平整。墓室长1.71、宽1.1、残高0.3米（图一一六）。

2. 葬具及葬式

墓室内有瓮棺一具，敛口，方唇，折沿，弧腹，平底。口径45、最大腹径48、底径19、高40厘米（图一一七）。瓮棺周围铺满残砖，初步判断其为固定瓮棺所用。未见人骨。

3. 随葬品

无随葬品出土。

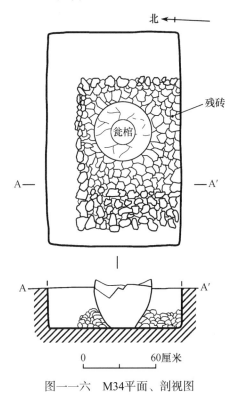

图一一六　M34平面、剖视图

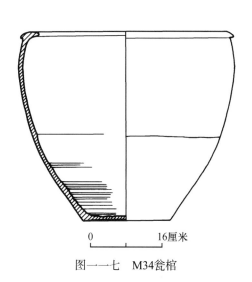

图一一七　M34瓮棺

M36

1. 墓葬形制

位于山体北部山腰处，东邻M14。墓向338°。长方形竖穴岩坑墓。封土情况不详，无墓道，无墓顶，墓壁为直壁，墓底西高东低。墓室长1.21、宽0.38~0.66、残高0.4米（图一一八）。

2. 葬具及葬式

未见葬具，无人骨。

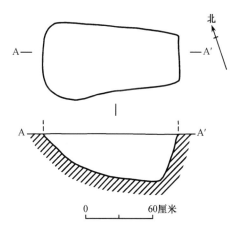

图一一八　M36平面、剖视图

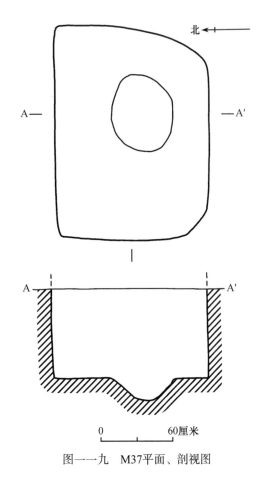

图一一九 M37平面、剖视图

3. 随葬品

无随葬品出土。

M37

1. 墓葬形制

位于山体南侧，墓室被M34打破。墓向90°。近长方形竖穴岩坑墓，南边两角为弧形，无封土和墓道，无墓顶，墓壁为直壁，墓底较平整。墓底中部有一不规则形的凹坑。墓室长1.7、宽1.26、残高0.9米（图一一九；图版二七，2）。

2. 葬具及葬式

未见葬具，无人骨出土。

3. 随葬品

无随葬品出土。

M44

1. 墓葬形制

位于山体南侧，东南邻M47。墓向323°。近方形竖穴岩坑墓。封土情况不详，无墓道，无墓顶，墓壁为直壁，修凿较为粗糙，墓底较平整。墓室长1.02、宽0.66~0.84、残高0.5米（图一二〇）。

2. 葬具及葬式

未见葬具，无人骨出土。

3. 随葬品

无随葬品出土。

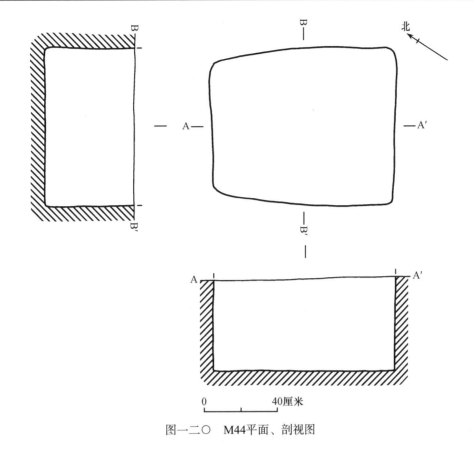

图一二○　M44平面、剖视图

M47

1. 墓葬形制

位于山体南部山脚，西北邻M44。墓向326°。近方形竖穴岩坑墓。封土情况不详，无墓道，无墓顶，墓壁为直壁，修凿较为粗糙，墓底较平整。墓室长0.92、宽0.84、残高0.52米（图一二一）。

2. 葬式及葬具

未见葬具，无人骨出土。

3. 随葬品

无随葬品出土。

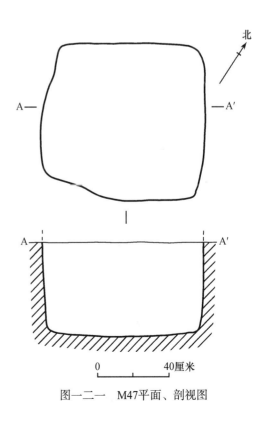

图一二一　M47平面、剖视图

M53

1. 墓葬形制

位于山体南部山腰处，西邻M45。墓向95°。长方形竖穴岩坑墓。封土情况不详，无墓道，无墓顶，墓壁为直壁，墓底较平整。墓室长0.95、宽0.52、残高0.3米（图一二二）。

2. 葬式及葬具

未见葬具，无人骨出土。

3. 随葬品

无随葬品出土。

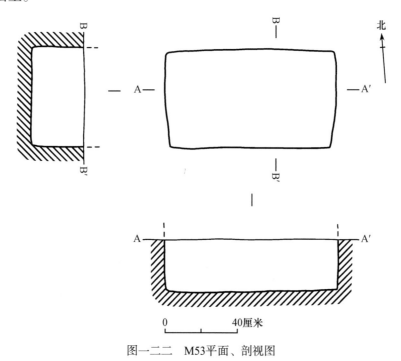

图一二二　M53平面、剖视图

M45

1. 墓葬形制

位于山体南部山腰处，西邻M48。墓向355°。长方形竖穴岩坑墓，由墓室及排水沟组成。排水沟起始于墓室东南角，斜向东南，平面呈长带状，截面呈"V"字形。长8.2、宽0.2~0.46、残深0.05~0.06米。墓室长2.5、宽0.86~1.24、残高0.55~1.1米。墓室北部距墓底0.8米处有一个平台，长1.2~1.3、宽0.08~0.16、高0.34米。墓主头端有壁龛，壁龛宽约0.33、高约0.39、进深约0.17米（图一二三；图版二九，1）。

2. 葬具及葬式

墓室内有人骨一具，仰身直肢。人骨无错位现象，胫骨完整，右侧股骨长0.445米，左侧股骨长0.375米，推测墓主的身高约为1.7米，为男性。头枕板瓦，板瓦顺向横摆双层，残，长0.21~0.24、0.26米，宽0.2米，厚0.008~0.012米。墓室内还发现有棺钉，应为木质葬具残留。

3. 随葬品

墓葬出土随葬品2件，均为瓷龙纹谷仓罐（M45：1、M45：2），并排立于墓室北壁壁龛内，器物较完整。

M48

1. 墓葬形制

位于山体南部山腰处，东邻M45。墓向355°。长方形竖穴岩坑墓。墓顶已被破坏，封土情况不详，墓室直壁，墓底较平。长3、宽1.18、残高0.44~1.08米。墓底有一个小坑，长1.82、宽约0.4、深0.2米。壁龛位于北壁中部，顶部距墓口0.5米。壁龛宽0.35、高0.31、进深0.12米（图一二四；图版二九，2）。

2. 葬具及葬式

坑内有棺木朽痕，出土人骨一具，为仰身直肢，头向北，面向西。颅骨附近有3件枕瓦，四壁有白灰痕迹。

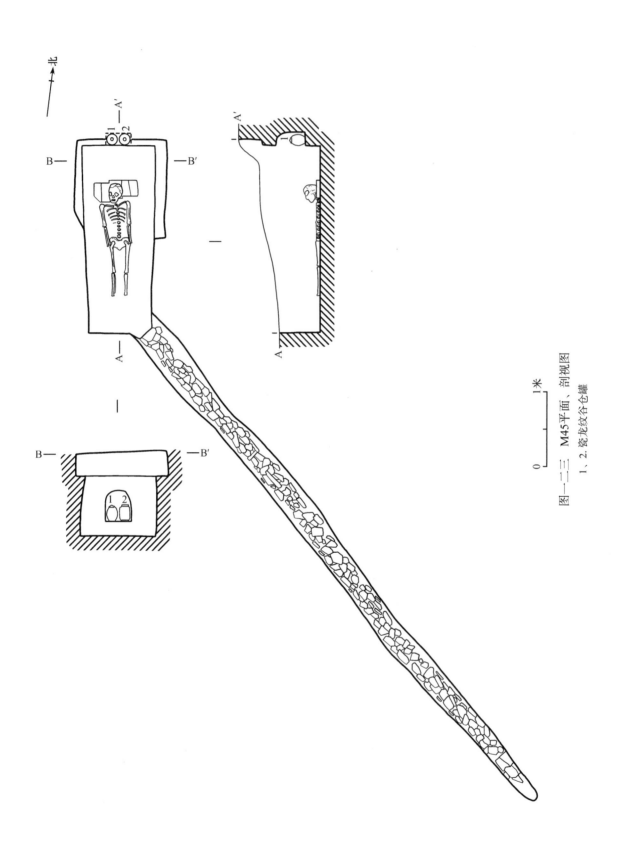

图一二三　M45平面、剖视图
1、2. 瓷龙纹谷仓罐

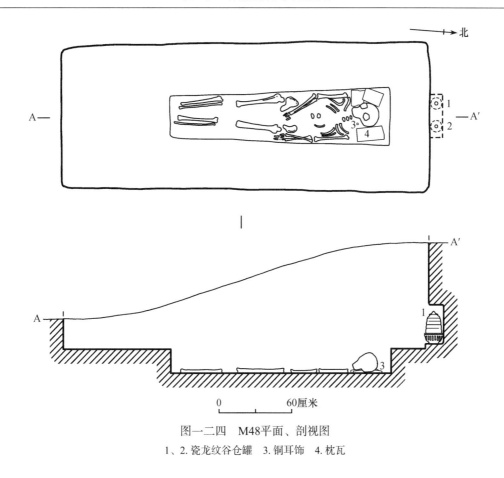

图一二四 M48平面、剖视图
1、2.瓷龙纹谷仓罐 3.铜耳饰 4.枕瓦

3. 随葬品

壁龛内出土2件瓷龙纹谷仓罐（M48∶1、M48∶2），棺内有铜耳饰1件（残）（M48∶3）、枕瓦3件（M48∶4）。

M54

1. 墓葬形制

位于山体中部，靠近山顶。墓向220°。被M31打破。长方形竖穴岩坑墓，无墓道，由长方形墓室和壁龛组成。墓壁为直壁，墓底较平。墓室长1.24、宽0.54、残高0.56米。壁龛位于墓室西壁，宽0.2、高0.22、进深0.16米（图一二五）。

2. 葬具及葬式

未见葬具，有少量人骨及骨灰，呈堆状，分布于墓室中部。

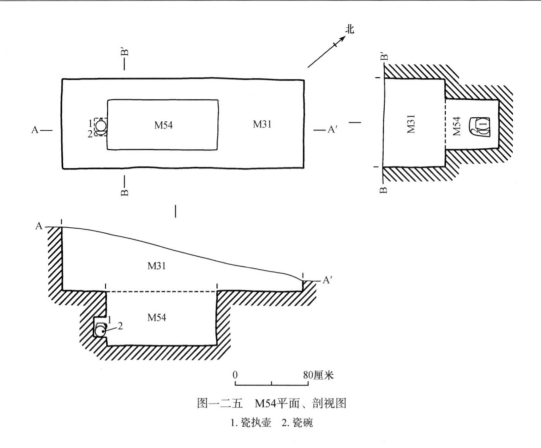

图一二五　M54平面、剖视图

1. 瓷执壶　2. 瓷碗

3. 随葬品

随葬品集中出土于壁龛内，均为瓷器，包括执壶1件（M54∶1）、碗1件（M54∶2），较完整。

二、土　坑　墓

土坑墓仅有M7，与A型岩坑墓修凿方式接近。

M7

1. 墓葬形制

位于山体中部偏北的山谷中。椭圆形竖穴土坑墓。封土情况不详。墓口长1.25、宽1.23、距地表0.2米，墓底长0.26、宽0.24米，墓深0.45米。距墓室底部0.21米处有生土二层台，平面呈椭圆形，长约0.91、宽约0.7米（图一二六）。

2. 葬具及葬式

　　墓内置一套瓮棺，由外罩、双层内盖及罐体构成（图一二七）。罐体泥质红陶。敛口，圆唇，弧腹，平底。外壁施酱黄釉。外壁绘有龙纹。口径28、腹径46、底径20、高62厘米。罐底覆扣一件陶盆，敛口，方唇，弧腹，平底。口径16、底径8、高10厘米。双层内盖均倒扣于罐口之上，第一层内盖为敛口，方唇，弧腹，平顶带纽。口径16、底径8、高10厘米；第二层内盖尺寸较第一层小，内书一周朱书文字："屈尚宴，辛亥年三月廿六日辰时生，庚辰年腊月廿二日葬"，另于内盖正中用朱笔手书"申山寅向"四字。敞口，方唇，折沿，

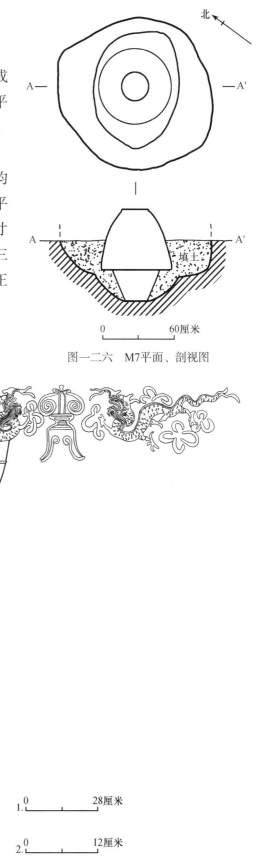

图一二六　M7平面、剖视图

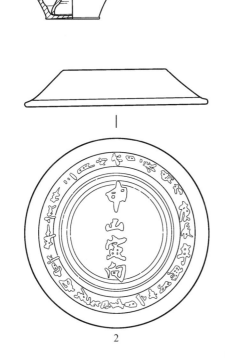

图一二七　M7瓮棺

沿面有一道凹棱，斜直腹，平顶。口径30、底径16厘米。最外层覆扣一陶质瓮形保护外罩，棺罩侈口，圆唇，沿内卷，弧腹，平底。口径62、底径24、高49厘米。瓮棺内有人骨，保存状况较好，应为敛骨葬。

第二节　其他遗迹

屈家山Ⅱ号墓地其他遗迹发现较少，仅在屈家山Ⅱ号山体南坡山腰处发现灰坑2个（H1、H2）、灰沟1条（G1）、房址1座（F1）（图版三，2）。

一、灰　坑

2个。位于山体南坡，均开口于耕土层下，直接打破岩层。包括H1、H2。

H1

位于山体南坡，西邻M32。平面呈长方形，直壁，平底。长1.25、宽0.73、深0.72米。中部有一个平面不规则的浅坑，长0.3～0.57、宽0.15～0.49、深0.1米。填土为红褐色黏土，土质较疏松，包含少量青釉瓷片（图一二八）。

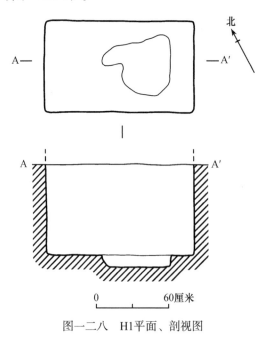

图一二八　H1平面、剖视图

H2

位于山体南坡，东邻M48。坑口平面呈不规则圆形，弧壁，圜底。直径0.7、深0.38米。填土为红褐色砂岩土，土质较疏松，未出土遗物（图一二九；图版二九，2）。

二、灰　　沟

G1

位于山体南坡。开口于耕土层下，直接打破岩层。中部被M45、M48打破，西部被现代建筑遗存破坏，东部紧连F1。平面呈东西向的不规则长条形，东高西低；残长6、宽0.35~1、深0.1~0.2米。填土为红色砂土，土质较疏松，底部堆积少量残碎青砖，无遗物出土（图一三〇）。

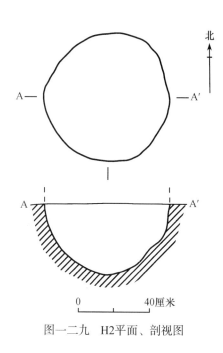

图一二九　H2平面、剖视图

三、房　　址

F1

位于山体南坡。开口于耕土层下，西北部被M53打破，南部被晚期建筑破坏。现存平面呈长方形，底部北高南低，长2.6、残宽2.1米，残余面积约5.5平方米。F1中部偏东为板瓦堆积区域，边界不清晰，该区域长约1.1、宽约0.75米。板瓦横截面呈弧形，残长0.15、宽0.12、厚0.01米。房屋周围发现柱洞25个，平面呈椭圆形或不规则形，口大底小，集中分布于房址核心区域范围。以柱洞1和柱洞2为例，柱洞1口部最大径0.47、底径0.2、深0.5米，柱洞2直径0.17~0.2、深0.19米。填土为红色砂土，土质较疏松，包含少量残碎青砖、板瓦，无其他遗物出土（图一三〇）。

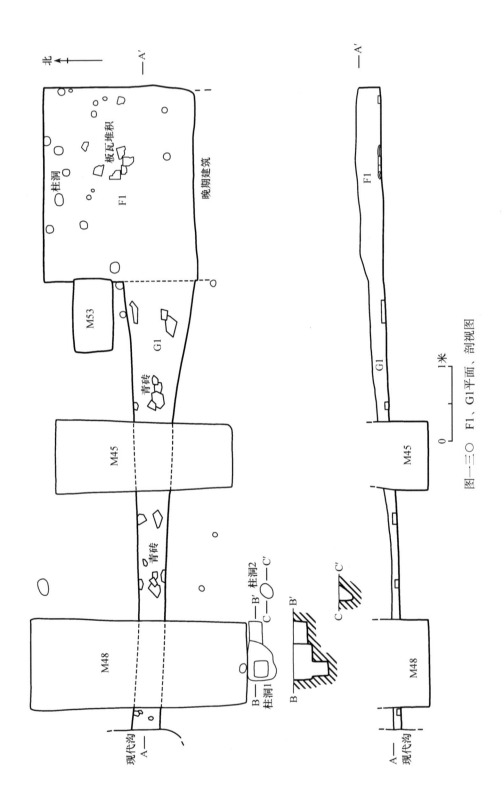

图一三〇 F1、G1平面、剖视图

第三节　出土器物

明清时期墓葬遗迹出土器物极少，以瓷器为主。

一、瓷　器

执壶　1件。

M54：1，紫红胎。侈口，方唇略外翻，有流，溜肩，鼓腹，平底，肩部有耳状壶把。外壁唇下及壶把周围施乳白色釉。流部系捏制，壶身系轮制，内有拉坯留下的涡状痕迹。口径8.6、最大腹径13.2、底径7.3、高15.4厘米（图一三一，1；图版六七，1）。

碗　2件。

M54：2，紫红胎。敞口，圆唇外撇，弧腹略鼓，圈足。内外壁均施黑褐釉，胎质较差，制作粗糙。口径17.2、足径5.8、高5.6厘米（图一三一，2；图版六七，2）。

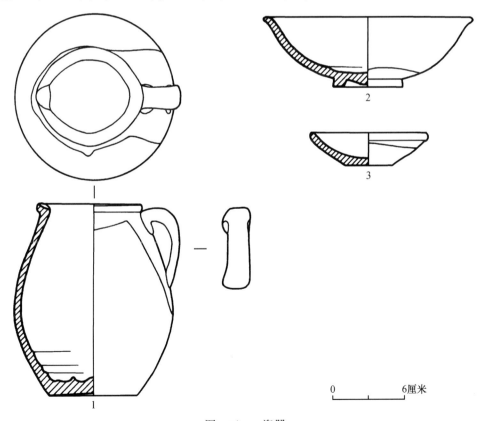

0　　　　　　　　6厘米

图一三一　瓷器

1.执壶（M54：1）　2.碗（M54：2）　3.盏（M32：1）

M51：1，灰胎，胎质细腻。残，敞口，圆唇，弧腹，圈足。器表施白底青花釉，釉面光滑。内壁饰龙纹，形象生动，细颈，粗身，毛发迎风向后，足具四爪，尖锐如钩，龙身延伸环绕于外壁。口径7、足径3.1、高3.9厘米（图一三二；图版六七，3）。

盏　1件。

M32：1，紫红胎。敞口，圆唇，折沿，斜直腹，平底。口部及内壁施白色化妆土，未发现施釉迹象。口径9.7、底径4、高2.6厘米（图一三一，3）。

龙纹谷仓罐　4件。腹上部堆塑龙戏珠纹饰。根据腹部形制的不同，可分为二型。

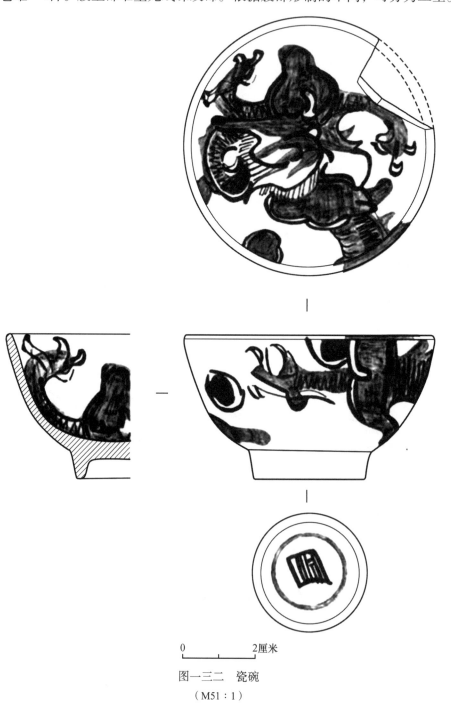

0　　　　　　2厘米

图一三二　瓷碗

（M51：1）

A型　1件。腹上部纵剖面为弧形。

M45：1，灰胎。敛口，圆唇，矮领，圆肩，圈足，最大径在腹上部。肩部等距分布三个凸棱状纽，间距等同。器表除底部外均施黑釉。口径4.8、腹径13.6、足径8.4、高18.4厘米。带器盖，灰胎。平顶，上有圆纽。除盖底外施酱釉。口径3.4、最大径7.6、高3厘米（图一三三，1；图版六八，1）。

B型　3件。腹上部纵剖面为波浪形。器表除底部外均施黑釉。敛口，圆唇，最大径在腹下部，圈足。

M48：1，灰胎。矮领，溜肩，肩部及腹中部等距分布四组三个凸棱状纽。口径6.8、最大

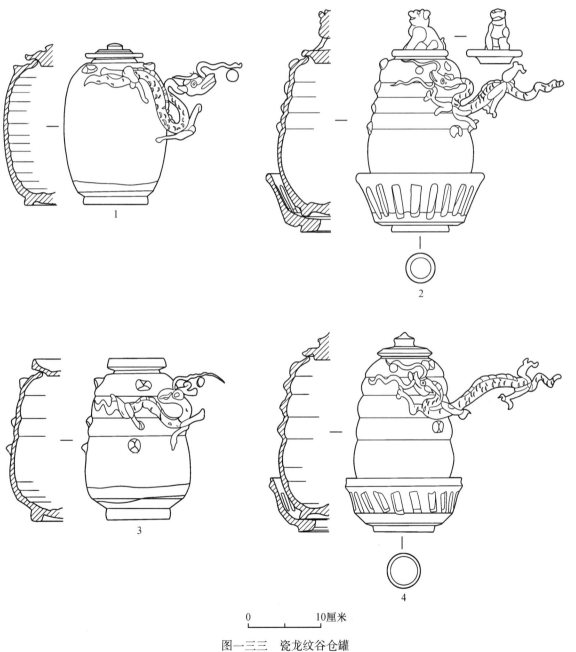

图一三三　瓷龙纹谷仓罐

1.A型（M45：1）　2~4.B型（M48：1、M45：2、M48：2）

腹径14.2、足径8、高20.4厘米。带器盖，灰胎。平顶，有虎形纽。除盖底外均施酱釉。直径7.2、高6.8厘米。带托盘，灰胎。敞口，口部有一道折棱，尖唇，斜直腹，腹部镂空，圈足，底部有一个圆孔。除底部外均施酱釉。口径16.8、足径7.6、高7.6厘米（图一三三，2；图版六八，3）。

M45：2，灰胎。折肩，肩部和腹中部等距分布三组三个凸棱状纽。口径5.6、最大腹径13.8、足径8.2、高18.8厘米。带盏形器盖。红胎，除盖底外施酱釉。直径8、高2.3厘米（图一三三，3；图版六八，2）。

M48：2，灰胎。矮领，折肩，肩部及腹中部等距分布四组三个凸棱状纽。口径6.2、最大腹径13.6、足径7.8、高20.4厘米。带器盖，灰胎。平顶，上有一圆纽。除盖底外均施酱釉。直径7.4、高3.6厘米。带托盘，灰胎。敞口，口部有一道折棱，尖唇，斜直腹，腹部镂空，圈足，底部有一个圆孔。除底部外均施酱釉。口径15.4、足径8、高6.8厘米（图一三三，4；图版六八，4）。

二、铜　器

饰件　1组。M31：2-1，器表呈蓝绿色。铃铛状。直径0.9厘米（图一三四，2；图版六七，4）。

耳饰　1件。M48：3，圆形。直径1.41、厚0.21厘米（图一三四，3）。

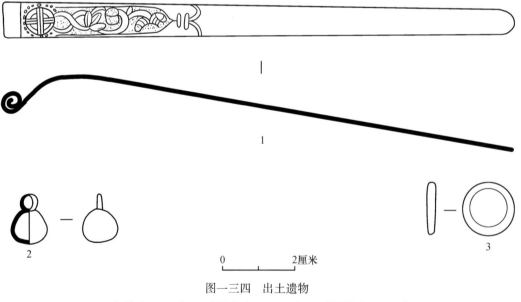

图一三四　出土遗物

1. 银簪（M31：1）　2. 铜饰件（M31：2-1）　3. 铜耳饰（M48：3）

三、银　　器

银簪　1件。M31：1，出土时器表呈墨绿色，清理后呈银白色。簪首卷曲，前端平直。上有纹饰。长14.1、宽0.72～1、厚0.13厘米（图一三四，1；图版六七，5）。

四、其　　他

枕瓦　3件。介绍其中1件。

M48：4-1，泥质灰陶，为建筑使用板瓦。残，中部呈弧形。长24.6、宽18.6～21.2、残高4.6厘米（图一三五）。

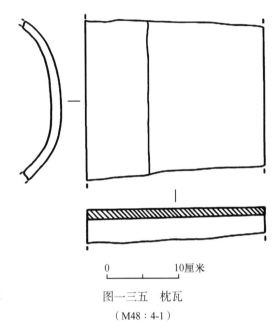

0　　　　　10厘米

图一三五　枕瓦
（M48：4-1）

第四节　分期与年代

明清时期的墓葬有岩坑墓16座与土坑墓1座。墓葬形制普遍比较简单，埋葬深度较浅，出土器物极少。其中，可进行断代的墓葬有M1、M7、M31、M45、M48、M54。M31打破M54，故M54年代较M31为早。

M45、M48分别出土2件瓷龙纹谷仓罐，均为成对出现，均放置于墓主头端壁龛，且M31、M48墓主头端下部枕有板瓦。M45出土的瓷龙纹谷仓罐（M45：1）与新津老虎山明墓出土Ac型谷仓罐（M184：2）[1]形制相近，M48出土的瓷龙纹谷仓罐（M48：1）与新津老虎山明墓出土Ab型谷仓罐（M160：1）形制相近[2]，周静将这一形制的流行年代判定为明正德到万历年

①　成都文物考古研究所、新津县文物管理所：《新津县老虎山宋明墓葬发掘简报》，《成都考古发现》（2013），科学出版社，2015年，第561～604页。

②　成都文物考古研究所、新津县文物管理所：《新津县老虎山宋明墓葬发掘简报》，《成都考古发现》（2013），科学出版社，2015年，第561～604页。

间①。M54有头龛，出土的瓷碗（M54：2）与邛崃羊安墓群出土瓷碗（M17：2）②的形制及施釉手法都十分相似，邛崃羊安M17年代为明代早中期，M54出土的瓷执壶（M54：1）形制与新津老虎山出土的执壶（M123：3）③相近。M31无头龛，墓主头枕板瓦，M54开凿于M31墓底正中，开凿位置应为有意安排，故年代接近。有研究者认为，头龛放置谷仓罐和墓主头枕板瓦的葬俗是成都平原明代平民墓葬的典型特征④。故可推断M31、M54年代为明代，M45、M48年代当为明代中晚期。

M7出土瓮棺的器形、纹饰、施釉方式及使用功能与仪陇县文物管理所藏"座型棺材"瓮棺相似，"座型棺材"是普遍流行于清末下层百姓间的丧葬用具，甚至在民国时期仍有售卖⑤。另外，据《皇清例赠修职佐郎屈公辅薨讳光相老大人墓志铭》中屈光相祖孙四代人"光—仁—义—尚"的字辈排行⑥，结合M7墓主屈尚宴名字属于"尚"字辈，我们初步认为屈尚宴应与屈光相曾孙辈年代差距不远。屈光相去世时间为道光癸未年（1823年）九月，葬至华阳县东五十里蒲草塘老宅后丙山壬向；屈尚宴生年为辛亥年，距道光年间最近的两个辛亥年分别是乾隆五十六年（1791年）和咸丰元年（1851年），考虑到屈光相去世时曾孙辈应还处于孩童，结合屈氏家族的移民史，我们认为M7的墓主屈尚宴的生年更可能为咸丰元年。故M7的年代应当为清代晚期。M1的葬具为龙纹瓮棺，推测年代与M7接近。

明清时期这一地区的墓葬以岩坑墓为主，墓葬形制与随葬品的发展也有其时代演变特征：明代中期的岩坑墓多有头龛，葬式有仰身直肢葬、火葬等；随葬品多放于头龛内，随葬品可见瓷罐、瓷碗、瓷壶，还伴出枕瓦。明代晚期的岩坑墓头龛消失，葬式有仰身直肢葬、火葬、瓮棺葬等；随葬品减少，不见枕瓦。清代多无附属设施，葬式有瓮棺葬；多不见随葬品。

第五节　结　　语

根据以往发掘资料，岩坑墓和土坑墓是明清时期成都地区比较普遍的平民墓葬形式，屈家山Ⅱ号墓地的明清墓葬符合平民墓葬特征。

---

① 周静：《川渝地区明墓出土谷仓罐研究》，《考古》2019年第12期。
② 成都文物考古研究所、邛崃市文物局：《四川邛崃羊安墓群24号点宋明墓发掘简报》，《成都考古发现》（2010），科学出版社，2012年，第598~612页。
③ 成都文物考古研究所、新津县文物管理所：《新津县老虎山宋明墓葬发掘简报》，《成都考古发现》（2013），科学出版社，2015年，第561~604页。
④ 周静：《川渝地区明墓出土谷仓罐研究》，《考古》2019年第12期。
⑤ 王永平：《仪陇馆藏瓮棺葬具浅析》，《四川文物》1996年第4期。
⑥ 资料来源于成都文物考古研究院所藏的墓志。墓志全文详见第五章第五节。

一、岩坑墓和土坑墓墓葬设施简陋，葬式有仰身直肢葬、火葬、瓮棺葬等，随葬品极少且单一，这是平民墓葬的典型特征，反映出明清时期成都地区平民阶层的生活、丧葬等方面的情况。

二、M48出土的2件龙纹谷仓罐，由器盖、瓷罐及托盘组成，成对出现，从出土情境上进一步证明了四川地区随葬谷仓罐的组合情况及摆放状态。

三、骨灰墓多在清代出现，M54的发掘证实了明代也有骨灰墓出现。

四、M7出土的瓮棺器形较大，纹饰精美，其内盖有朱书文字："屈尚宴，辛亥年三月廿六日辰时生，庚辰年腊月廿二日葬"，内盖中部有"申山寅向"的堪舆信息。

总之，这些资料为了解与研究明清时期成都地区的葬制、葬俗和葬地选择等提供了实物参考，对研究明清下级阶层的墓葬特征和社会组织结构有重要参考价值。

第五章　专题研究

第一节　墓门形制：崖墓分期断代的重要标尺

陈雍、许伟曾提出中国考古学由层位学、类型学、年代学和阐释学四部分组成，分别相当于四驱汽车的轮子。年代学作为后驱之一，同为考古学发展动力之所在。对考古年代学研究主要可由两方面展开，一是通过 ^{14}C 测年等自然科学技术获得，二是通过有纪年的遗存认定。但由于自然科学测年技术存在误差，越是晚近的历史时期考古遗存年代误差影响越大，故对历史时期考古学的年代判定多由纪年遗存来判定。许永杰指出，"从纪年墓葬入手的方法"是解决其年代学问题的不二法门，即首先选定有纪年的墓葬作为典型单位，以典型单位为分期排队的坐标点；然后比较典型单位的墓葬形制和随葬器物，发现墓葬形制的差别与演变趋势，发现一种或数种器物的差别并归纳其演变趋势；再根据器物的共存关系，发现其他器物的差别及演变趋势，扩展有分期意义的器物种类；然后根据墓葬形制的特点与演变趋势，以及随葬器物的特点与演变趋势，将没有纪年的墓葬归进序列，完成全部材料的排队；最后在全部材料排队的基础上，寻求"质变点"，产生分期认识，归纳总结各期墓葬形制和随葬器物的特征，给定各期年代[①]。崖墓作为成都平原历史时期葬式独特的墓葬，这个原则和方法当然适用。

成都平原崖墓大多分布于冰碛—丘陵地带，其层位堆积主要为第四系的冰碛—冰水堆积以及白垩纪粉砂岩堆积，较为松软，易于开凿。经多年自然侵蚀和人力破坏，目前考古发现的墓道、墓门多损坏严重，对其墓葬整体形制开展研究存在困难。为便于统一研究，学界对崖墓的形制划分及分期断代主要依据墓室数量多寡以及墓室长宽比例，如罗二虎《四川崖墓的初步研究》对崖墓的分类先依据墓室大小将崖墓分为大型崖墓、中型崖墓、小型崖墓三类，再依据正室数量多寡和所在位置的不同划分型、式[②]。索德浩《四川汉墓研究》则依据崖墓墓室数量分

---

①　许永杰：《中国考古学理论与方法十讲》，科学出版社，2018年，第255页。

②　罗二虎：《四川崖墓的初步研究》，《考古学报》1988年第2期。

为单室墓、双室墓、多室墓三类，再依据墓室等平面空间结构划分型、式①。

崖墓墓门作为连接墓道与墓室的门户，其营造高度与修凿的形制在一定程度上奠定了整座崖墓构造的基础，因此通过对崖墓墓门形制的差异展开比较，可以为成都平原崖墓分期断代提供新的依据。本文在吸收借鉴前人成果的基础上，搜集相关资料并结合屈家山Ⅱ号墓地的发掘实践，这里对成都平原汉晋时期崖墓的类型划分及分期断代研究提出一点补充意见。

一、屈家山Ⅱ号墓地崖墓墓门的三类形制

屈家山Ⅱ号墓地中汉晋时期崖墓的墓门形制可以分为单层门框、半幅门框、双层门框三类。下面结合其他崖墓材料分述如下。

1. 单层门框

墓门门框仅单层，立面呈长方形，多垂直于墓道底部。该类门框最为高大，均在1.6米以上，常见1.8～2米者，多数门框较厚，无门楣。门框一侧下端有连通甬道与墓道的排水设施，排水管居于墓道一侧。修凿有单层门框的崖墓墓室较高，常见有长单室、长主室带侧室、双主室等形制，墓室内多设有壁龛。

屈家山Ⅱ号墓地M14的墓门呈长方形，单层门框。墓门宽1.24、高2米。西侧门框宽0.46、高1.74米；东侧门框宽0.38、高1.78米（图一三六，1）。

屈家山Ⅱ号墓地M16的墓门呈长方形，单层门框，无门楣。墓门宽1.2、高1.84米。东侧门框宽0.3、高2.53米，西侧门框宽0.36、高2.44米（图一三六，2）。

屈家山Ⅱ号墓地M27的墓门呈长方形，单层门框，顶部遭破坏，未见门楣。墓门宽1.27、高2.27米，南侧门框宽0.4～0.42、高2.22米，北侧门框宽0.45～0.57、高2.27米。其底部见有门槛，宽2.14、高0.14米（图一三六，3）。

成都新都区三河镇互助村M1的墓门呈长方形，单层门框，上有门楣。门框宽0.98、高1.64米。以砖石封门，封门墙宽1.68、高1.86、厚0.2米（图一三七，1）。

成都新都区泰兴镇凉水村M1的墓门呈长方形，宽1.2、高1.62米。在墓门外侧用砖封门，封门墙宽2.1、残高1.2米，采用扇形砖、长方形砖横向错缝砌成（图一三七，2）。

成都青白江区肖家窝M20的墓门呈长方形，单层门框，宽1.17、高2.11米，顶部遭破坏，未见门楣。墓门前横挖有沟渠一条，宽0.28、深0.18米，用以叠砖砌筑墓室封门（图一三七，3）。

---

① 索德浩：《四川汉墓研究》，四川大学博士学位论文，2017年。

图一三六　成都平原崖墓单层门框

1. 屈家山 II 号墓地M14　2. 屈家山 II 号墓地M16　3. 屈家山 II 号墓地M27

2. 半幅门框

墓门门框上部为双层，于近底部合二为一成单层。该类门框所属墓门略呈倾斜状，立面呈长方形，高度与单层门框相较略显低矮，多数在1.5～1.8米。门框一侧下端有连通甬道与墓道的排水设施，排水管在保有前期仍居于墓道一侧特征的同时，开始出现由墓门一侧向外延伸，于墓道一侧逐渐靠向墓道正中的现象。其墓室较单层门框的崖墓相比渐短，侧室数量也有所减少，至多不超过2个，墓室内多见灶台、案龛。

屈家山 II 号墓地M24的墓门立面呈长方形，双层门框在距离墓道底约0.24米处合为一层，形成半幅门框样式。墓门宽0.8～0.83、高1.58米。外层门框南侧宽0.22、高1.84米，北侧宽0.3、高1.88米。内层门框南侧宽0.1、高1.68米，北侧宽0.06、高1.66米，外门框距内门框0.18米（图一三八，1；图一三九，3）。

屈家山 II 号墓地M35的墓门立面呈长方形，有门楣，门楣破坏严重，北侧外门框与内门框于距底部0.34米处合二为一，南侧外门框与内门框于距底部0.34米处合二为一，形成半幅门框

图一三七　成都平原崖墓单层门框
1. 新都区三河镇互助村M1　2. 新都区泰兴镇凉水村M1　3. 青白江区肖家窝M20　4. 高新区刘家大堰M98
5. 高新区五根松M189　6. 高新区蛮洞山M45

样式。墓门宽约1.1、高1.58米。外层门框北侧宽0.2~0.29、高1.56米，南侧宽0.18~0.29、高1.54米。内层门框北侧宽0.08~0.1、高1.22米，南侧门框宽0.08~0.1、高1.2米。外门框距内门框0.06米（图一三八，2）。

成都新都区三河镇互助村M4的墓门呈长方形，双层门框在距墓道底约0.59米处合二为一，形成半幅门框样式。墓门不及底，距墓道底0.1米，墓门宽0.99、高1.42米，外门框宽0.42、高1.84米，内门框宽0.14、高1.57米（图一三九，1）。

成都青白江区花园村M23的墓门呈长方形，双层门框在距墓道底约0.62米处合二为一，形成半幅门框样式。墓门宽1.21、高1.69米，外门框宽0.38、高2.04米，内门框宽0.08、高1.75米（图一三九，2）。

图一三八　成都平原崖墓半幅门框

1. 屈家山Ⅱ号墓地M24　2. 屈家山Ⅱ号墓地M35　3. 高新区五根松M71　4. 高新区五根松M75　5. 高新区五根松M94

6. 高新区五根松M191

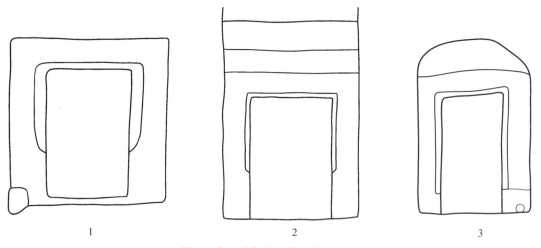

图一三九　成都平原崖墓半幅门框

1. 新都区三河镇互助村M4　2. 青白江区花园村M23　3. 屈家山Ⅱ号墓地M24

3. 双层门框

墓门门框呈内外双层状。根据门框高度，可分为二型。

A型　墓门较高大，常见高1.8米以上者，门框及底，门框与墓道底部垂直，整体形制与单层门框近似，仅为修凿门楣、斗拱等墓门装饰以及画像石刻等，在单层门框基础上向内加凿一层门框，形成双层门框样式，其墓道长度、墓室结构等都与单层门框者相近。屈家山Ⅱ号墓地不见此型。

成都青白江区花园村M21的墓门呈长方形，有仿木结构的双层门框。墓门宽0.83、高1.37米。外层门框宽0.23~0.27、高2.03米，内层门框宽0.27、高1.75米。外门框距内门框约0.32米（图一四〇，1）。

宜宾猫猫沱M10的墓门为仿木构单檐门楼式建筑，下为两重递缩式门框，上为屋顶。墓门呈长方形，宽0.89、高1.54米。双层门框由底部的门槛、两侧的立颊与顶部的门楣构成，门槛宽1.2、高0.13米。外门框宽0.2、高2.03米，内门框宽0.15、高1.73米。外门框距内门框进深0.26米（图一四〇，2）。

宜宾猫猫沱M11结构与M10相近。墓门呈长方形，宽0.96、高1.51米。双层门框由底部的门槛、两侧的立颊与顶部的门楣构成。门槛宽1.39、高约0.1米。外门框宽0.22、高1.8米，内门框宽0.23、高1.71米。外门框距内门框约0.22米（图一四〇，3）。

B型　墓门较低矮，高一般约1米。根据墓门门框是否及底，分为二式。

Ⅰ式：墓门门框及底（墓道底），门框随墓门整体后倾明显，高度约1米，有门楣，其墓道处不见套接而成的排水管，多见由板瓦、筒瓦碎片铺成的排水设施，且墓室多为短单室，无侧室，室内空间狭小，少见附属设施。另外，两墓室横排并列共用一个墓道的合葬墓属该式特有。

屈家山Ⅱ号墓地M8墓门分东、西室，共用一个岩壁外檐，檐面呈拱形。东、西墓门立面

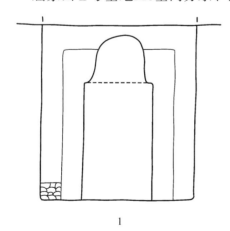 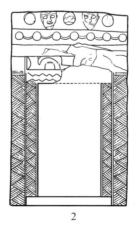 

1　　　　　　　　　2　　　　　　　　3

图一四〇　成都平原崖墓A型双层门框

1. 成都青白江区花园村M21　2. 宜宾猫猫沱M10　3. 宜宾猫猫沱M11

均呈长方形，向墓室内倾斜较明显，上部向墓室内收。东墓门宽0.92～1.06、高1.12米；西墓门宽0.8～0.96、高1.13米。东西墓门均为双层门框，两墓室共用一个外门框，外层门框向墓室内倾斜17°。外门框西部宽0.18～0.26、中部宽0.47、南部宽0.2～0.24、高1.4米。东墓室内门框向墓室内倾斜20°，宽0.12～0.26、高1.25米；西墓室内门框向墓室内倾斜18°，宽0.16～0.22、高1.25米。东墓室外门框距内门框0.26米，西墓室外门框距内门框0.24米（图一四一，1；图一四二，4）。

屈家山Ⅱ号墓地M3，墓门立面呈长方形，整体后倾，上部微向内收，宽0.86、高1.4米。双层门框，外层门框整体向后倾25°，宽0.14～0.18、高1.4米；内层门框整体后倾20°，宽0.1～0.14、高1.2米。外门框距内门框0.21米（图一四一，2；图一四二，1）。

屈家山Ⅱ号墓地M4墓门立面呈方形，整体朝墓室后倾较明显，倾斜度为10°，宽0.8、高0.84米，门楣被盗洞破坏，墓门外无序堆积封门砖。双层门框，外层门框宽0.07～0.09、残高1.02米，内层门框宽0.07～0.09、残高1.02米。外门框距内门框0.1米（图一四一，3）。

屈家山Ⅱ号墓地M11墓门立面呈梯形，整体朝墓室后倾，宽0.68～0.76、高0.93米。双层门框，外层门框向墓室内倾斜15°，东侧宽0.11～0.2、高1.08米，西侧宽0.2～0.28、高1.08米；内层门框向墓室内倾斜16°，东侧宽0.16～0.2、高1.08米，西侧宽0.18～0.2、高1.08米。外门框距

1

2

3　　　　　　　　　　　4　　　　　　　　　　　5

图一四一　成都平原崖墓B型Ⅰ式双层门框

1.屈家山Ⅱ号墓地M8　2.屈家山Ⅱ号墓地M3　3.屈家山Ⅱ号墓地M4　4.屈家山Ⅱ号墓地M11　5.屈家山Ⅱ号墓地M19

内门框0.28米（图一四一，4）。

屈家山Ⅱ号墓地M19墓门立面呈长方形，整体朝墓室后倾幅度较大，宽0.78、高0.98米。双层门框，外层门框向墓室内倾斜17°，门框宽0.06～0.16、高1.18米；内层门框向墓室内倾斜15°，宽0.06～0.18、高1.18米。外门框距内门框0.3米（图一四一，5）。

屈家山Ⅱ号墓地M25墓门立面呈梯形，整体朝墓室后倾较明显，宽0.82～0.9、高0.98米。双层门框，外层门框向墓室内倾斜10°，宽0.06～0.14、高1.06米；内层门框向墓室内倾斜12°，宽0.06～0.1、高1.06米。外门框距内门框0.11米（图一四二，2）。

屈家山Ⅱ号墓地M43墓门立面呈方形，整体朝墓室后倾较明显，宽0.82、高0.8米。双层门框，外层门框向墓室内倾斜9°，东侧宽0.15、高0.96米，西侧宽0.09、高0.96米；内层门框向墓室内倾斜10°，东侧宽0.12、高0.9米，西侧宽0.06、高0.9米。外门框距内门框0.14米（图一四二，3）。

Ⅱ式：墓门门框不及底（墓道底），门框随墓门垂直于墓道，高度仅1米左右。墓道中央常修凿一条排水沟。墓室多为短单室，无侧室，室内空间狭小，多修凿有棺台。

屈家山Ⅱ号墓地M23墓门立面呈梯形，后倾明显，倾斜14°左右，上部略向内收，宽0.7～0.86、高约0.98米。双层门框，门框底部不及底，外门框宽0.18～0.42、高1.52米，内门框宽0.04～0.12、高约1.16米。外门框距内门框0.12米。门楣无装饰，宽0.7、高0.11米（图一四三，1、2）。

什邡虎头山M4墓门残损严重，报告中仅见其近方形的墓室立面，但依照墓室整体规格及所凿有的左右对称的两处棺台，形制特殊，与屈家山Ⅱ号墓地M23相同，由此将其在此罗列出来一同讨论（图一四三，3）。

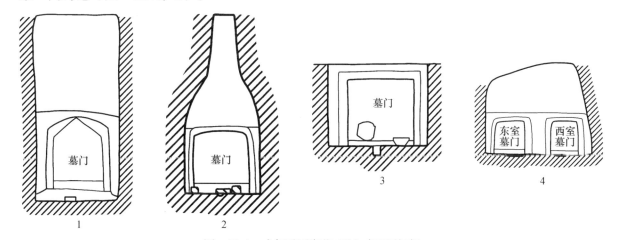

图一四二　成都平原崖墓B型Ⅰ式双层门框

1. 屈家山Ⅱ号墓地M3　2. 屈家山Ⅱ号墓地M25　3. 屈家山Ⅱ号墓地M43　4. 屈家山Ⅱ号墓地M8

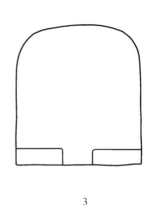

图一四三　成都平原崖墓B型Ⅱ式双层门框
1、2.屈家山Ⅱ号墓地M23　3.什邡虎头山M4

二、崖墓墓门体现的年代差异

　　屈家山Ⅱ号墓地的崖墓数量虽然有限，而且缺少早期大型崖墓的墓例，但根据墓门形制的分类，可以看出各时段形制的差别较大，大体可作为成都平原东汉以降崖墓年代判断的重要标尺。因受公布材料所限，在此仅就各类型崖墓墓门所体现的发展变化与年代差异做简要分析。

　　单层门框高大，多在1.8米以上，其墓室内空间较广阔，多带有多间侧室或仿木结构建筑等，与罗二虎所分四川崖墓类型中流行于东汉中晚期者[1]形制相近。该类墓葬葬具多为陶棺和石棺。出土钱币多为东汉五铢，出土陶器组合为罐、钵、釜、甑、锺以及陶俑模型等，以本报告中的C型饼足钵（图一四四，1、3）、A型Ⅰ式小口束颈罐（图一四四，4）、A型Ⅰ式喇叭口罐时代特征最为明显（图一四四，6）。其中同类型折腹钵见于三台郪江崖墓柏林坡M1，该墓中有"元初四年"（117年）朱书纪年题记[2]；同类型小口束颈罐见于绵阳双碑白虎嘴M43、绵阳沙包梁M6，双碑白虎嘴M43墓室内有"永元七年八月"（95年）纪年铭文[3]，绵阳沙包梁M6中有"永熹元年"（145年）题记[4]。由此分析，带有单层门框的崖墓年代多在东汉中、晚期。

　　半幅门框形制较为特殊，除崖墓墓门外，亦可见于画像材料中，其中纪年明确的有"建安十七年"（211年）王晖画像石棺题记[5]、荥经高颐阙石楼（209年）[6]以及德阳画像石砖（图一四五）。该类崖墓较单层门框类崖墓墓室有所缩短，侧室数量不多于两个，墓室结构趋于

①　罗二虎：《四川崖墓的初步研究》，《考古学报》1988年第2期。

②　四川省文物考古研究院、绵阳市博物馆、三台县文物管理所：《三台郪江崖墓》，文物出版社，2007年，第158页。

③　成都文物考古研究院、绵阳博物馆：《绵阳崖墓》，文物出版社，2015年，第198页。

④　成都文物考古研究院、绵阳博物馆：《绵阳崖墓》，文物出版社，2015年，第284页。

⑤　任乃强：《芦山新出汉石图考》，《康导月刊》1942年第四卷第六、七期合刊。

⑥　赵彤：《四川省雅安高颐阙考释》，《四川文物》1989年第2期。

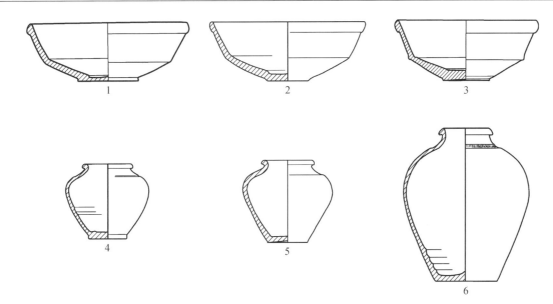

图一四四　成都平原单层门框崖墓出土典型陶器

1~3.折腹钵（屈家山Ⅱ号墓地M14∶23、三台郪江柏林坡M1∶3、屈家山Ⅱ号墓地M27∶2）　4、5.小口束颈罐（屈家山Ⅱ号

墓地M16∶5、绵阳白虎嘴M43∶5）　6.喇叭口罐（屈家山Ⅱ号墓地M18∶1）

图一四五　画像材料中的半幅门框

1.王晖画像石棺　2.荥经高颐阙石楼　3.德阳画像石砖

简单。该类崖墓出土的铜钱，东汉五铢已出现剪轮样式，并出有太平百钱等蜀汉时期钱币。陶器组合多为罐、钵、釜，其中以内底模印花瓣纹的Db型Ⅱ式平底钵（图一四六，1～4）、器形瘦高的Ⅰ式有领罐（图一四六，5、6）、A型Ⅱ式浅腹平底釜（图一四六，7、8）等最具时代特征，见于成都青白江花园村M23[①]、成都青白江肖家窝M14[②]、成都高新区屈家山Ⅱ号墓地M21和M35、彭州青龙嘴M7[③]等汉末三国时期墓葬中。因此半幅门框的崖墓当流行于汉末三国时期。

双层门框据高度的差异可分为二型。该类A型仅是在单层门框基础上，为修凿门楣、斗拱

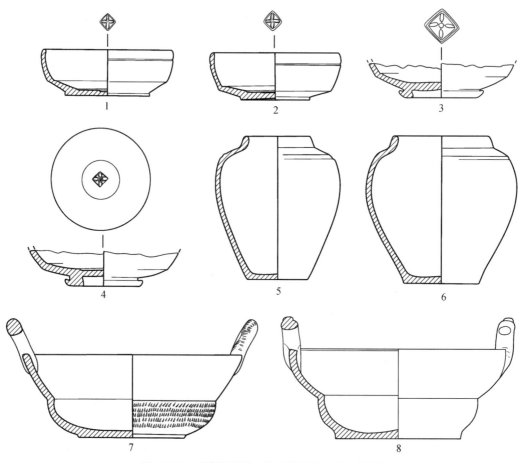

图一四六　成都平原半幅门框崖墓出土典型陶器

1～4. 内底模印花瓣纹的折腹钵（屈家山Ⅱ号墓地M21：6、屈家山Ⅱ号墓地M21：7、彭州青龙嘴M20：13、彭州青龙嘴M2：3）　5、6. 敛口有领罐（屈家山Ⅱ号墓地M35：10、成都青白江区花园村M11：1）　7、8. 浅腹平底釜（屈家山Ⅱ号墓地M35：12、成都高新区五根松M191出土）

① 成都文物考古研究所、青白江区文物保护管理所：《成都市青白江区花园村东汉崖墓群发掘简报》，《成都考古发现》（2013），科学出版社，2015年，第468页。

② 成都文物考古研究所、青白江区文物保护管理所：《成都市青白江区肖家窝崖墓群发掘简报》，《成都考古发现》（2013），科学出版社，2015年，第442页。

③ 成都文物考古研究院、彭州市文物保护管理所：《彭州市青龙嘴崖墓发掘简报》，《成都考古发现》（2015），科学出版社，2017年，第550页。

等墓门装饰以及画像石刻等向内加凿一层门框，形成双层门框样式，故其崖墓墓道长度、墓室结构等都与使用单层门框者相近，年代也与之相同，约在东汉中晚期。

双层门框B型崖墓因门框高度低矮，墓内空间较小，以小型单室墓为主，部分呈横列双室合葬，其崖墓形制与罗二虎判定的西晋至南北朝前期崖墓相近。我们将之分为二式，依据墓门门框是否及底（墓道底），可进一步细分年代。

B型Ⅰ式为双层门框及底，该式崖墓常出曹魏五铢、直百五铢、内郭小五铢等钱币，陶器组合以釜、盆（甑）、盏等较为典型（图一四七）。釜盆（甑）出土时多套叠在一起，陶盆（甑）置于陶釜之上形成一套器物组合，可能是该时期独特的随葬品摆放方式。目前釜盆（甑）组合年代较为明确的有四川彰明佛儿崖墓M4[①]、广元鞍子梁崖墓M1[②]，二者年代都在西晋时期。该式崖墓所出陶盏均在唇下饰一周凹弦纹，同类器可见于成都金牛区中海国际社区晋墓M3中，该墓出土"元康八年八月廿日"纪年文字[③]，时代为西晋惠帝时期。故推断双层门框B型Ⅰ式主要流行时间约在西晋时期。

B型Ⅱ式为双层门框不及底，该式门框形制目前成都平原所见较少，资料完备者仅见于屈家山Ⅱ号墓地M23。该墓墓室平面呈梯形，墓底较平，弧顶，墓室两壁均有棺台，北侧棺台与南侧棺台形制一致，墓室前窄后宽，与四川什邡虎头山M4[④]墓室结构相同。什邡虎头山M4所出长舌镇墓俑与成都[⑤]和西昌[⑥]出土成汉时期俑特征相同，与什邡虎头山M4同期的M5还出有"汉兴钱"，由于报告中什邡虎头山M4仅说明墓口前方有"长方门框"，未介绍更详细的墓

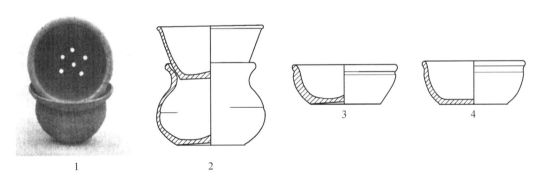

图一四七　成都平原B型Ⅰ式双层门框崖墓出土典型陶器
1、2.釜盆（甑）组合（彰明佛儿崖墓M4、屈家山Ⅱ号墓地M10：2）　3、4.唇下饰凹弦纹的陶盏（屈家山Ⅱ号墓地M29：3、成都金牛区中海国际社区M3：1）

---

① 石光明、沈仲常、张彦煌：《四川彰明佛儿崖墓葬清理简报》，《考古通讯》1955年第6期。
② 广元市文物管理所：《四川广元鞍子梁西晋崖墓的清理》，《文物》1991年第8期。
③ 成都文物考古研究所：《中海国际社区晋墓发掘简报》，《成都考古发现》（2004），科学出版社，2006年，第111页。
④ 德阳市文物考古研究所、什邡市文物保护管理所：《四川什邡市虎头山成汉至东晋时期崖墓群》，《考古》2007年第10期。
⑤ 王毅、罗伟先：《成汉墓考古记》，《成都文物》1986年第2期。
⑥ 刘弘：《成汉俑新说》，《四川文物》1995年第4期。

门形制信息，仅可推断双层门框B型Ⅱ式流行时间当晚于西晋，或在成汉至东晋时期。

　　综上所述，崖墓墓门形制的差异或可作为崖墓分期断代的标尺之一，从而在一定程度上弥补崖墓因自然破坏、被盗掘等因素所带来的断代材料缺失的研究困扰。但由于成都平原地区尚有不少崖墓资料未发表，当前所得出的结论还需等待更多材料的检验、证实。当然，本报告对屈家山Ⅱ号墓地的汉晋崖墓所做的分期断代研究并非仅依靠墓门形制这个单一的标准。于此对墓门形制差异重要性的强调，实际上有益于在田野发掘的较早阶段就能通过识别墓门形制来推测崖墓的大体年代，为后续墓室的发掘提供预判。同时，这也要求在崖墓的发掘和材料发表中更精细地描绘崖墓的各个部位，以推动整体研究水平的提升。

第二节　崖墓墓道填土分层及其发掘方法问题

　　在屈家山Ⅱ号墓地崖墓的发掘过程中，我们按照考古地层学的原则，将墓道视为一个独立堆积单位进行层位划分，特别是借鉴探方发掘法，预留紧贴墓道一侧边壁或两侧边壁的填土剖面，获取了重要的层位学证据。具体分为三个步骤：一是从墓道入口开始发掘时即紧贴墓道一侧边壁或两侧边壁预留10～20厘米填土，大体在墓道中段进行填土的局部横向解剖，于横剖面上划出地层线（堆积层次）后，再逐层向墓门方向清理填土堆积，详细记录填土的堆积信息。二是随逐层发掘墓道填土的进程，形成一个或两个紧贴墓道边壁填土的纵剖面，划定墓道主体填土的地层线。三是墓道发掘接近完成时，在近墓门处的填土横剖面划定填土地层线，与墓道边壁预留填土剖面的地层线形成闭环。这样，就获得了对崖墓填土填埋过程的认识，提供了多室（侧室）崖墓多次入葬的层位证据，有的崖墓墓道填土中还发现了可能用于墓祭的遗物和墓门完全封闭后墓道内的祔葬墓。通过这次发掘，我们发现以往易被忽略的崖墓墓道填土的堆积层次可以与墓室内随葬品分组形成较为直接具体的对应关系，为认识这类多室崖墓的多次入葬现象及其年代范围提供了有力支撑，也为探寻墓祭和祔葬习俗提供了解释空间。

一、崖墓填土分层现象

　　此次共发掘崖墓24座，主要分布于山体北坡、东坡以及两坡所夹山谷东侧，多数位于山腰偏上部位；接近现在山脚的崖墓仅1座。这批崖墓年代自东汉、蜀汉一直到两晋时期，有一定时代跨度。除2座崖墓未开凿完成即遭废弃外，其余22座崖墓均开凿完毕并使用，墓道均为敞开的露天墓道（图一四八、图一四九）。

　　崖墓墓道上层填土主要为自然因素形成的表土层。表土层以下的堆积，依据土质、土色可

图一四八 屈家山Ⅱ号墓地北部崖墓航拍图

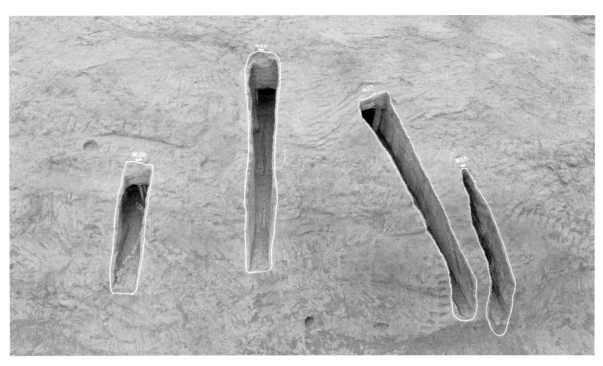

图一四九 屈家山Ⅱ号墓地东部崖墓航拍图

以将屈家山Ⅱ号墓地的18座墓道填土划分为多个堆积层次，最多的5层，最少的2层。另外4座墓葬填土堆积基本一致，不可分层，或称其为仅有1层。根据填土的层数、堆积分布等情况，可将墓道填土的堆积构成分为A、B、C、D、E五类，分述如下。

A类墓道填土有1层堆积，包括M2、M3、M4、M10，此类墓葬主要为单室崖墓；B类墓道填土有2层堆积，包括M11、M13、M15、M24、M25、M29、M43；C类墓道填土有3层堆积，包括M8、M18、M19、M21、M23、M26、M27、M28、M35；D类墓道内有4层填土堆积，仅M14一座；E类墓道内有5层填土堆积，仅M16一座。

根据实际的发掘情况来看，该墓地崖墓填土类型与墓葬的分布位置、墓向、规模、形制等存在一定联系。A类墓葬主要分布在屈家山Ⅱ号墓地的西北部，墓向多朝西北，墓葬的规模较小，以单室崖墓为主。B类墓葬也主要分布在墓地的西北部，墓向多朝西北，沿A类墓葬四周分布，以小型单室崖墓为主。C类墓葬在墓地北部、东部以及东北部的山谷地带皆有分布，墓葬的位置、墓向、形制与规模无明显规律。D类墓葬位于墓地的北部，墓葬规模较大，西部以A、B类小型单室崖墓为主。E类墓葬位于墓地的北部，墓葬规模较大，东、西两侧分布B、C类墓葬。

上述诸类墓道填土中，单层堆积的形成过程较为简单，应为墓道一次性回填后形成，未再开挖，而多层填土堆积的形成过程则较为复杂，主要涉及墓道的多次开挖，当与崖墓多次入葬相关。

二、崖墓多次入葬的分析

判断崖墓是否存在多次入葬，首先与墓室数量、随葬品分组有关。现主要依据墓葬的形制特点、随葬品的丰富程度将屈家山Ⅱ号墓地崖墓分为甲、乙、丙、丁四类。

甲类墓：单室墓，墓室内未出土遗物或出土遗物较单一。年代为两晋时期。包括M2、M3、M10、M15、M19、M25、M26、M43。墓葬的年代上限与下限不构成大的时代差异，墓室内多次下葬的可能性较小。

乙类墓：单室墓，墓葬形制较为单一，墓室内出土遗物较为丰富。年代包括东汉至晋多个时期。包括M4、M11、M13、M18、M23、M28、M35。其中M18等墓内包含多具陶棺，该类墓存在家庭成员共室下葬的可能。

丙类墓：并列双室墓，双室同时开凿，共用一个墓道，墓室内无出土遗物或出土遗物较单一。主要见于两晋时期。包括M8、M29。并列双室中同一墓室内多次入葬的可能性小。

丁类墓：主室带多个侧室，墓室内出土遗物较丰富。此类墓葬的年代多为东汉时期，少部分可到蜀汉时期。包括M14、M16、M21、M24、M27。墓葬形制较为复杂，墓室内包含多具陶棺或石棺，为家庭成员多次入葬提供了空间上的可行性；墓葬内随葬品丰富，一些随葬品具有式的差别，因此有多次入葬的可能。

　　结合前文的墓道填土类型分析，A类和B类墓道填土形态主要属于甲、乙两类崖墓；C类墓道填土形态包括了甲、乙、丙、丁四类崖墓；D类和E类墓道填土形态主要属于丁类崖墓。仅就屈家山Ⅱ号墓地崖墓的观察，可以概括出以下认识：形制简单，有一个狭小墓室，仅能容纳一人入葬的崖墓墓道基本只有一次回填，而形制复杂、具有较大墓室或多个墓室，且墓室内随葬多具陶棺、石棺，能够容纳多人入葬的崖墓，墓道往往经历了多次的回填活动。也就是说，崖墓墓道填土层数越多，墓葬规模越大，墓室或葬具数量越多，多次入葬的可能性越大。

　　从崖墓多次入葬的角度观察，丁类墓葬M14、M16、M21、M24、M27的墓道中均存在呈坡状分布并且延伸至墓门处的填土堆积。按照正常的流程，崖墓初次营建和使用时，依次挖掘墓道、修整墓门、开凿墓室，葬完死者后封闭墓门、回填墓道，墓道底层的填土堆积就应为初次回填土。如果该墓葬为家族成员共同使用，由于用于下葬使用的陶棺、石棺等葬具的体积和重量过大，墓道口过于狭窄，修建朝墓门方向延伸的斜坡式墓道更有利于在多次入葬时以较小的人力运输葬具。因此，家族成员多次入葬时应该并不会在墓道最前端的入口重新开挖，而是一般选择在墓道的原有填土之上（一般位于墓道中部或近墓门处）挖一个通道进入墓口，开启墓门。这样从墓道中段或近墓门处挖掘下葬的坡道可以最大程度节省人力，对墓道的破坏程度也较小（图一五〇）。

　　从丁类墓的墓道填土剖面看，崖墓墓道的分层填土多存在分布不均或部分缺失的现象，推测为便于葬者及葬具进入墓室，对已有填土重新挖掘，势必会对前一层填土堆积的形态造成不同程度的破坏。M27墓道填土的第2、3层，M14墓道填土的第3、4层，M16墓道填土的第2、5层均存在此类现象。两个看似有叠压关系的填土堆积层实际很可能是打破关系。它们之间的早晚关系也就是崖墓多次入葬过程的体现。M21、M24墓道填土的部分堆积也存在此类现象，而其余具有墓道填土分层的墓葬则更多表现为水平叠压。

　　丁类墓墓室内随葬品的分组及器物流行年代的差异是验证是否存在多次入葬的重要依据。由于此次发掘的多数崖墓曾遭受盗扰，许多随葬品已丧失了完整的原始入葬情境，但仍可就墓

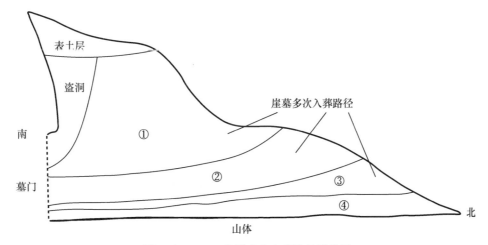

图一五〇　M14墓道多次入葬路径示意图

室数量多、随葬品丰富的M14为例进行分析验证。

M14出土随葬品虽然零落残碎，但修复所得共计40余件。其中，西侧室1出土的可修复器物包括C型陶小口束颈罐，西侧室2出土的可修复器物包括陶镶斗、A型陶平底钵，东侧室1出土的可修复器物包括B型陶饼足钵、C型陶饼足钵、B型Ⅱ式圜底釜、动物俑，东侧室2出土的可修复器物包括陶豆，后侧室出土的可修复器物包括A型陶平底钵、B型饼足钵、Aa型碗、甑。据此，大体可以将五个墓室内的出土器物视作各墓室的随葬品，进行相应的年代学判断。以上器物出土位置均未受干扰。

M14有较强时代特征的陶器共两类。第一类包括B型Ⅰ式圜底釜、甑、豆、锺（壶）、耳杯、盘、镶斗。第二类包括A型Ⅰ式喇叭口罐，A型Ⅱ式、C型小口束颈罐，B型、C型饼足钵，A型、B型平底钵，Aa型、Ab型Ⅰ式碗，B型Ⅱ式圜底釜，瓮，动物俑，纺轮。两类器物的流行年代不同，第一类器物对应第一期，流行年代为东汉早期；第二类器物对应第二期，流行年代为东汉中期。墓内随葬钱币共21枚，出土位置多受扰动，仅可判断崖墓年代的大致范畴，年代仍以东汉早中期为主，与器物的流行年代基本相符。

从墓内随葬品、钱币的年代出发，可知M14为包含东汉早期至中期器物风格的多侧室崖墓，其中东侧室2内器物属于第一期，为东汉早期器物。西侧室2、后侧室内器物在一、二两期中皆有包含，器物兼具东汉早、中期风格，属于早期至中期的过渡阶段。西侧室1与东侧室1内器物属于第二期，器物特征全为东汉中期风格。可见，M14墓室内器物的分类特征及型式演变反映了墓室内存在多次入葬行为，历时较久。

三、墓道填土中发现的袝葬、墓祭现象

在此次崖墓墓道清理的过程中，按照填土逐层揭露、一壁或两壁预留填土剖面的方法，在M11、M26、M28等墓道内的填土堆积中发现一些特殊的葬俗、墓祭现象。

在M28墓道南壁近墓门处发现1座砖棺墓，编号为M28-1，平面呈长方形，砖棺东、北、西三面为青砖垒砌，南面借用M28墓道南壁。砖棺内有人骨一具，仰身直肢葬（图一五一）。M26墓道南壁上部被一横穴岩洞墓斜向打破，编号为M26-2，平面呈长条形，墓底平直外延至M26-1门框。墓内有斜向窄长方形石台，石台向山岩内延展为一横穴洞室，洞内见有残破头骨（图一五二）。M11第2层填土堆积之上发现1件铜釜，出土位置位于墓道中段偏东壁，距墓道底部0.4米（图一五三）。

以上三座崖墓的填土剖面中，M28墓道内的砖棺墓营建于墓道填土堆积的第3层上。M26墓道内的横穴岩洞墓，墓底与墓道填土堆积的第2层底部近平，为第2层填土覆盖。以上两座小墓都应该属于在墓室的丧葬活动结束、墓门封闭及墓道回填以后，相隔一段时间才在墓道填土

发掘前　　　　　　　　　　　　　　　　　　　　　　发掘后

图一五一　　M28墓道填土第3层上砖棺墓

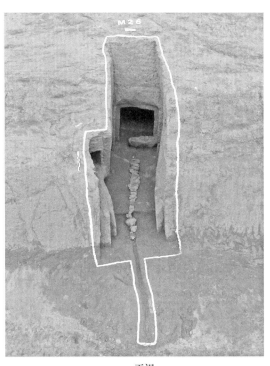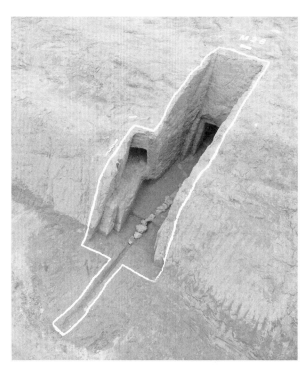

正视　　　　　　　　　　　　　　　　　　　　　　侧视

图一五二　　M26墓道

堆积之上进行的祔葬行为，本质上也属于整个崖墓的多次入葬行为，只是这次入葬可能限于墓道内空间而没有重启墓门而已。两座小墓的墓主极有可能为崖墓墓主的家族成员或与墓主具有某种亲缘关系。M11第2层填土堆积上发现的铜釜水平覆扣，釜壁烟炱厚重，应是该墓进行丧葬活动或某次墓祭时摆放的祭器，礼俗完毕后将其掩埋。

图一五三　M11墓道第2层填土出土铜釜

四、结　语

通过以上对于墓道填土的分析，我们发现屈家山崖墓墓道填土的堆积形态具有多样性。呈斜坡状且开口位置位于墓道中段或近墓门处、填土堆积存在分布不均或缺失的情况极有可能是多次入葬过程中形成的，有此类填土堆积形态的崖墓往往具有墓葬规模大、墓室与葬具数量多、随葬品丰富等特点。通过对屈家山Ⅱ号墓地M14的个案研究，可以发现墓道填土观察到的多次入葬现象能够和据墓室数量、随葬品的分组推断的墓葬年代差别相互印证。概言之，崖墓墓道填土的层次能够为多次入葬的判定提供更多的证据，尤其是墓室情况无法提供足够信息时，其重要意义更为凸显。

从田野考古学的角度来说，屈家山Ⅱ号墓地崖墓墓道填土分层现象与多次入葬的关系的认识得益于科学发掘墓道填土并详细记录相关信息。对于墓道填土的观察，有助于我们了解崖墓使用过程中的丧葬行为，也为进一步研究崖墓的特殊葬俗、葬仪提供了宝贵线索。在以往崖墓墓道发掘的过程中，由于种种原因发掘者较少意识到墓道填土可能包含重要的信息而直接整体清理，导致发掘信息采集不完全，直接影响了对相关问题的判断和讨论。

对屈家山Ⅱ号墓地崖墓墓道填土的科学发掘是以考古地层学为认识基础的。考古地层学主要是以因人类活动而形成的各种文化堆积为研究对象，目的在于研究文化堆积形成的过程与其原因，人为因素形成的墓道填土堆积应当为一种特殊的遗迹堆积。回顾中国考古地层学的发展历程，重视墓葬填土及其包含物从而进行年代学判断的经典案例共2例。一是1945年夏鼐先生主持对甘肃宁定阳洼湾魏家嘴附近齐家文化墓葬进行的清理，先生在发掘过程中将墓葬本身与墓葬填土视为两个堆积单位，在缺乏地层堆积的情况下，识别出马家窑文化半山类型的残碎陶片混入了齐家文化的墓葬填土中，据此判断出齐家文化年代晚于马家窑文化（或称甘肃仰韶文化）[1]。二是20世纪50年代末期张忠培先生在华县元君庙仰韶墓地的发掘过程中，根据仰韶文化半坡类型墓葬填土中包含有老官台文化陶片的地层证据，从而得出半坡类型晚于老官台文化的科学判断[2]。

屈家山Ⅱ号墓地崖墓墓道填土的科学发掘是在考古层位学经典案例指导下的一个尝试性实践。就墓葬发掘而言，此次清理屈家山Ⅱ号墓地崖墓填土的经验，或也适用其他有墓道设施的墓葬类型，如大型的砖室墓、石室墓等。

第三节　凿痕所见崖墓修凿技艺

一、崖墓开凿的基本原理

四川地区丘陵众多，自古便有诸多开山凿石的记载，开凿山岩的历史悠久且技艺精湛。《史记·货殖列传》描述巴蜀地区"然四塞，栈道千里，无所不通"[3]。《全汉文》引《蜀王本纪》载："时玉山出水，若尧之洪水，望帝不能治，使鳖灵决玉山，民得安处"[4]。《华阳国志·蜀志》载："时蜀有五丁力士，能移山，举万钧。每王薨，辄立大石，长三丈，重千钧，为墓志……"[5]。《水经注·江水》郦道元注曰："乃凿石开阁，以通南中，迄于建宁，二千余里，山道广丈余，深三四尺，其錾凿之迹尤存"[6]。

具体到凿岩方法上，巴蜀地区亦有其独特传统。《华阳国志·蜀志》中记载了蜀人对"火爆法"的运用，"僰道有故蜀王兵兰，亦有神作大滩江中，其崖崭峻不可凿，乃积薪烧之，故其处悬崖有赤白五色"[7]。清人贾汉复的《栈道歌》中亦提及这一方法，"积薪一炬石为圻，

① 夏鼐：《齐家期墓葬的新发现及其年代的改订》，《考古学报》1948年第3期。
② 北京大学考古教研室华县报告编写组：《华县、渭南古代遗址调查与试掘》，《考古学报》1980年第3期。
③ （汉）司马迁：《史记》，中华书局，1959年，第3261页。
④ （清）严可均辑：《全汉文》，商务印书馆，1999年，第540页。
⑤ （晋）常璩著，刘琳校注：《华阳国志新校注》，四川大学出版社，2015年，第103页。
⑥ （北魏）郦道元著，陈桥驿校正：《水经注校正》，中华书局，2007年，第770页。
⑦ （晋）常璩著，刘琳校注：《华阳国志新校注》，四川大学出版社，2015年，第115页。

锤凿即加如削腐"。另一种物理平凿之法，最早可见于李冰任蜀郡郡守时以"凿平溷崖，通正水道"来治理水患①。随着汉代"弛山泽之禁"，冶铁技术的提升也使得这一方法效率愈发提升。《后汉书·广都县下》李贤注曰："县有望川源，凿石二十里，引驱郫江水灌广都田"②。上述两种方法中前者主要针对硬度较高的石灰岩，后者则多用于开凿较为松脆的岩层，鉴于崖墓多开凿于质地细软的红砂岩之上，加之崖墓遍布细密凿痕，其空间开凿与修整原理应与后者相近。

关于崖墓空间的开凿，细观其墓道、墓室两壁不仅可见细长的凿痕，每隔一段距离还常有左右对称的孔洞，辜其一最先对此提出推测"不知是否为了便于悬吊工具，或便于搭架施工，以减轻工人劳动的一种措施"③。罗二虎则进一步从"碓窝"的具体形态上展开分析，认为"小孔为圆形，其直径、深度都在0.1米左右，有的小孔一侧还有滑口，滑口的方向都是朝墓门的上方"④。由此他推测这些圆形小孔是搭建碓架所留，并将这一独特的开凿崖墓空间的方法称作"冲击式顿钻法"。该法古时主要用于开凿盐井，相关文献最早见于北宋庆历年间四川地区卓筒井的开凿中，主要运用两种辅助力学原理，其一为人力杠杆原理，即《太平御览·器物部》所言"因借身以践碓，而利十倍"⑤。《梦溪笔谈》《天工开物》对这一原理的构造形态进行了详细描绘。其二为水辅法原理，《东坡志林》卷四载："自庆历皇祐以来，蜀始创筒井，用圜刃凿如碗大，深者数十丈，以巨竹去节，牝牡相衔为井……凡筒井皆用机械，利之所在，人无不知"⑥。《东斋记事》载："有能相度泉脉者，卓竹江心，谓之卓筒井"⑦。《中国盐井凿井机械史考略》⑧中还提供了其装置示意图。可见，自秦汉以来，蜀地"家有盐泉之井，户有橘柚之园"，几近独占同时期开凿盐井的工艺技术。在东汉井盐场生产劳动画像砖中也早已有当时盐工对简单机械使用的场景。《农书》中亦提及连机碓的使用："今人造作水轮，轮轴长可数尺，列贯横木，相交如滚轮之制，水激轮转，则轴间横木间打所排碓稍……"⑨。汉晋时期崖墓主要在松脆的红砂岩上水平横向开凿，比竖向开凿盐井对工艺、器械的要求更低，在当时运用杠杆力学原理的条件下，具备运用冲击式顿钻法原理开凿崖墓空间的条件。

① （晋）常璩著，刘琳校注：《华阳国志新校注》，四川大学出版社，2015年，第114页。

② （南朝宋）范晔撰：《后汉书》，中华书局，1965年，第3509页。

③ 辜其一：《乐山、彭山和内江东汉崖墓建筑初探》，《中华古建筑》，中国科学技术出版社，1990年，第169～172页。

④ 罗二虎：《四川崖墓开凿技术探索》，《四川文物》1987年第2期。

⑤ （宋）李昉等：《太平御览》，中华书局，1966年，第3384页。

⑥ （宋）苏轼著，刘文忠评注：《东坡志林》，中华书局，2007年，第155页。

⑦ （宋）范镇撰：《东斋记事》，《唐宋史料笔记丛刊》，中华书局，1980年，第37页。

⑧ 罗益章、王昭贤：《中国盐井凿井机械史考略》，《盐业史研究》1991年第4期。

⑨ （元）王祯撰，缪启愉等译注：《农书译注》，齐鲁书社，2009年，第681、682页。

屈家山Ⅱ号墓地M12墓室的凿痕或可证实这一方法在崖墓中的运用,并能够还原其具体原理。M12系未开凿完成的东晋时期崖墓,只完成了墓道、墓门的开凿与修缮,墓室整体还未开凿完毕,仅开凿出长0.9、宽0.6~0.8、高0.8米的空间,墓中保留了当时的修凿痕迹。该墓墓室后壁中部立面整体呈半圆形铲状,下端"铲头"为长条形冲沟,上宽0.33、下宽0.24、进深约0.25米,顿击面由下至上倾斜。上端的半圆形"铲头"上宽0.87、中部宽0.76米,其两侧分布较深的尖凿痕迹,顿击面也由下至上倾斜。由此可以推断,当时M12墓室空间的开凿应是使用宽铁凿从外向内根据钟摆原理,自下而上倾斜顿击后壁,形成倾斜状的顿击面,再对其周围的破碎岩层进行清理,形成加工空间后再由顿击面向墓室两侧开凿(图一五四)。

图一五四　M12开凿细部

由此我们对冲击式顿钻法在崖墓空间开凿的应用有了初步认识,即首先在墓道或墓室两端开凿对称的碓窝以搭建碓架,再在碓架的横梁上用吊绳固定前端装有宽铁凿的撞桩,通过杠杆原理来回摆动撞桩,使其以钟摆运动自下而上顿击岩层,从而完成对墓内空间的开拓,为进一步加工提供操作空间。

二、崖墓的分布与修凿工艺的延续性、阶段性

关于崖墓的修凿,首先从其整体性来看,成都地区崖墓往往开凿于山腰缓坡,相邻的崖墓大多形制接近,时代趋同,且朝向一致、排列规律,各墓之间罕见打破关系,展现出极强的规划性。以屈家山Ⅱ号墓地为例,崖墓分布主要可分为三个区域,即山体东侧、北侧以及东侧和北侧相交的山谷地区。各区时代特征差异明显,通过对崖墓的分期断代可知,东侧崖墓主要为两晋时期,北侧东段的崖墓主要为东汉时期,北侧西段的崖墓主要为两晋时期,而东侧和北侧相交的山谷地区的崖墓则主要为汉末三国时期。各期崖墓的分布位置极少混淆,且从凿痕分析,三个时期崖墓的修凿工艺也具备一定的延续性,而同期崖墓的修凿工艺往往相似性极高。

山体北侧东段分布的东汉时期崖墓,墓向均在0°~25°。修凿时墓道两壁使用尖凿,由外向内斜向上修凿,凿痕长4~40、宽1~10、深1~3厘米。墓道两壁常发现有对称的圆形碓窝,

直径约10、深5～8厘米。墓门两侧立面多使用圆凿修整，凿眼直径1～4、深0.5～1.5厘米。甬道两壁使用尖凿，由外至内斜向上修凿，凿痕长0.5～10、宽1～2、深0.5～2厘米。该时期崖墓的墓室长度多可达10米左右，墓室两壁的凿痕往往出现分段，即在近甬道处常以由内向外斜向上的尖凿修缮，凿痕长4～11、宽1～3、深1～3厘米，而在其后段至近后壁的尖凿凿痕则为由外向内斜向上。该时期崖墓多开凿有侧室，其主墓室两壁凿痕往往因侧室相间隔而不连续，因此该时期崖墓主墓室的两壁凿痕可分为无侧室与有侧室两种情况。无侧室的崖墓主墓室两壁凿痕多为尖凿，由外向内斜向上修凿，凿痕长4～15、宽1～4、深0.5～2厘米。后壁为圆凿，凿眼形制与墓门处相近，直径1～7、深0.3～5厘米。有侧室的崖墓主墓室两壁凿痕亦为尖凿，由于被侧室分隔，两壁的凿痕分布不连续，但往往在方向及角度上呈现出一致性，均由外向内斜向上修凿，凿痕长5～20、宽1.5～3、深1～2厘米。后壁凿痕与无侧室者相同，均采用圆凿，直径2～4、深1～1.5厘米。其侧室的凿痕则常与主墓室的存在差异，侧室凿痕多为尖凿，往往较甬道、主墓室的更加细密，两壁凿痕均以从侧室甬道向侧室后壁的方向斜向上修凿。侧室后壁凿痕与主墓室后壁采用圆凿不同，常呈现分区的情况，即在后壁的中轴一侧的凿痕为由左向右斜向上修凿，另一侧的呈由右向左斜向上修凿。两侧凿痕形制相近，分布以中轴对称，均长3～10、宽0.8～1、深0.5～1厘米。这种从正中轴向两侧修凿的方法还常见于东汉时期后室墓门立面以及墓内建筑的修造，如M14后室墓门、M16后侧室壁龛、M27后室窗棂等。

汉末三国时期，崖墓的修凿工艺大体与东汉时期相近，但亦有所变化。本次发掘的同时期崖墓墓向均在95°～115°，其墓道两壁凿痕较东汉时期形制略短，长4～26、宽1～2.5、深1～3.5厘米，呈由外向内斜向上修凿。墓道中的碓窝形状也较前期有所变化，常在一侧发现直径5～10、深8厘米的圆形碓窝，另一侧对称的碓窝则多呈不规则长方形或扁圆形，长8～15、宽10、深2～10厘米。碓窝形制的演变或与开凿工具的发展有关。墓门立面使用圆凿，凿眼直径2～4、深1～2厘米。甬道两壁凿痕为尖凿，长2～9、宽1～2、深0.3～1厘米，由外向内斜向上修凿。汉末三国时期崖墓多带有侧室，其主墓室两壁凿痕分布也与东汉时期带侧室的崖墓相一致，近甬道处的尖凿凿痕为从内向外斜向上修凿，近墓室后壁的凿痕为由外向内斜向上修凿。该时期墓室的凿痕更为细密，多呈尖平凿，凿痕较短，长3～10、宽1.5～5厘米，但其与前期仅在凿头端最深不同，整条凿痕较平均，深0.5～1.5厘米。主室后壁为圆凿，凿眼直径1～10、深0.5～3厘米。该时期侧室两壁的凿痕方向与前期相同，多呈由侧室甬道向侧室后壁斜向上修凿，凿痕长2～12、宽1～1.5、深1～2厘米，但后壁处已不见早期以中轴对称的修凿方法，采用与主室后壁相同的圆凿方式，凿眼直径1～4、深0.5～2厘米。

两晋时期崖墓的修凿工艺因墓室的缩小更为简化，基本沿用前期的修凿手法。本次发掘的两晋时期崖墓墓向可分为两种，位于山体北坡西段者多在325°～355°，位于山体东侧者多在95°～120°。墓道两侧的凿痕更为狭长，长3～50、宽0.5～6、深0.3～6厘米。碓窝痕迹已较为罕见，或与冲击式顿钻法装置的演进有关，推测该时期应用于崖墓空间开凿的装置不再需要临时在墓道处构建碓架。墓门处使用圆凿，垂直于墓壁修凿，凿眼直径1～18、深0.5～6厘米。甬道两壁均采用尖凿，由外向内斜向上修凿，凿痕长8～24、宽0.5～3、深0.6～3厘米。墓室两壁的凿痕为尖凿，由外向内斜向上开凿，凿痕长7~40、宽0.5~4、深0.5~3厘米，后壁处的凿痕为圆凿，直径2~9、深0.5~3厘米。该时期墓室的修凿较前期有所变化，开始出现具有时代特征的共用一个墓道的横列双室崖墓。

从上文描述可见，三个时期崖墓各部位的凿痕虽各有特色，从凿痕方向、用凿尺寸等来看，整体修凿方法基本上形成了一套发展延续的体系。加之崖墓各时期墓向、排列的规律性，推测当时制作崖墓的匠人的专职化程度提升，崖墓本身也早已商品化，在特定区域内可依据买主的需求专门开凿。墓中所见石刻也可印证这一观点，诸如南川雷劈石所见东汉崖墓石刻，其上隶书"阳嘉二年王师作值四万"[①]。贵州习水崖墓M2题刻曰"章武三年七月十日姚立从曾意买大父曾孝梁右一门七十万毕知者廖诚杜六葬姚胡及母"[②]，以及类似商业宣传的铭文，如"□日造神墓吉羊"[③]等，均是崖墓作为商品买卖的相关记载。

三、多侧室崖墓的凿痕差异与墓室修凿先后次序

从单个崖墓的墓室凿痕方向来看，大型崖墓各墓室的修凿顺序存在一定的规律。东汉时期崖墓墓室（侧室）数量众多，屈家山Ⅱ号墓地东汉时期崖墓典型性较强，如无侧室的M18、主室靠后壁端一侧带有侧室的M16、前后主室一侧各带有侧室的M27，以及前主室两侧带有侧室、后主室一侧带有侧室的M14，所以对比它们各墓室凿痕差异能够更为直观地得出相关结论。

首先探讨的是主室与侧室的修凿顺序。依据对本次发掘发现的凿痕分析判断，崖墓墓室的开凿一般是先完成对主室的开凿及修造后，再转而开凿修造侧室。以无侧室的M18墓室凿痕方向来看，两侧壁面除近甬道处由内向外斜向上修凿，其余均由外向内修凿，后壁为垂直于壁面的圆凿。可见，大型单室崖墓墓室壁面的修凿当与其开凿方向一致，为从前向后，由外向内。有侧室的M14、M16与M27主室两壁凿痕方向与无侧室的M18相同，除近甬道处呈由内向外斜向上修凿外，主室其余壁面均由外向内斜向上开凿，且虽然主室两壁凿痕因侧室的影响分布不连续，但凿痕方向与角度往往具有一致性。如M14东侧室1与东侧室2之间的主室东壁、西侧室1与西侧室2之间的主室西壁，以及M16东侧室与后壁之间的主室东壁凿痕等。可见，若主室两壁不开凿侧室，其凿痕也当如单一墓室的崖墓一样具有连贯性，且主室墓顶的凿痕均方向一致，由外向内开凿，未见侧室处有变化，因此侧室的开凿当是在修凿完主室之后再进行的。以M14为例，M14属Ba型双主室崖墓，带有5个侧室。从平面形制来看，M14的前室与后室位于

①　缪永舒：《南川县汉崖墓石刻研究》，《四川文物》1989年第3期。
②　黄泗亭：《贵州习水县发现的蜀汉岩墓和摩崖题记及岩画》，《四川文物》1986年第1期。
③　成都文物考古研究所、彭州文物保护管理所：《彭州市青龙嘴崖墓发掘简报》，《成都考古发现》（2015），科学出版社，2017年，第550页。

墓内中轴线，前室东西两侧各有2个侧室，其布局呈交叉对称，即东侧室1与西侧室2相对，皆为"凸"字形，东侧室2与西侧室1相对，均为刀把形，时代关联度较高，当属同期开凿。前后两个主室的开凿与修造无疑早于侧室。

后室及后室侧室所见凿痕可证实上述观点。M27后室侧室较为特殊，其内多修凿有仿木结构建筑，且在M27后室北壁镂空雕刻一扇仿木构直棂窗，与侧室内的石阶、石窗台相配套。从凿痕来看，后室北壁的凿痕多呈由外向内斜向上开凿，仅在直棂窗处有所差异，直棂窗上侧以精细凿痕修缮，凿痕方向呈中轴对称，靠近后室后壁一侧呈由外向内斜向上修整，另一侧则由内向外斜向上修凿，其旁还有光滑壁面用以书写墨书文字。这一结构样式显然具有极强的规划性，当是在后室及其侧室开凿之初就已有构想。加之前室侧室与后侧室相较十分狭小，仅呈长约3、宽约1.9、高约2.18米的长方形，恰好位于前室的两组碓窝之间，其打破的前室北壁凿痕方向均为由外向内。从其形制和凿痕方向分析，M27前侧室应是在开凿修造完前室、后室、后侧室之后再进行开凿的。

其次，前室侧室与后室侧室的修凿顺序也可以依据凿痕做出一定程度的推测。依照两座带有前后侧室的崖墓M14、M27中的凿痕，崖墓后侧室与前侧室相较，往往与整座崖墓的整体布局规划有着更为紧密的联系。再以M14为例，其后室侧室位于M14后室西侧，打破后室西壁，后室西壁凿痕以侧室甬道为中轴，被分为南北两部分，均使用尖凿。南段凿痕方向为由外向内斜向上，北段凿痕方向为由内向外斜向上，明显区分于后室东壁多由外向内斜向上开凿的凿痕，应是在修造后室西壁之前已完成对后室侧室甬道的开凿。这一现象表明在崖墓开凿之前已对后室及其侧室形制有所规划。如前文所述，M14的前室与后室位于墓内中轴线，前室的侧室位于前室东西两侧，后室的侧室位于后室西侧。前室东西两壁均为由外向内斜向上开凿，前室的侧室甬道两侧均为由侧室内向外的方向斜向上开凿，前室东西两壁与侧室甬道衔接处凿痕较统一。后室与后侧室的墓门修凿方式相似，且均有仿木结构斗拱，墓门高大且直。东侧室2的甬道南壁与后室墓门东侧门框相接。东侧室2西壁与后室东壁壁面下端有一个贯穿的圆形洞。故推测后室与东侧室2的开凿有先后关系，即后室与前室侧室的开凿顺序有两种可能。一是后室的修凿要早于前室侧室，墓室当是在完成前室、后室的开凿后，再开拓后室侧室以及前室四个侧室。二是后室及后室侧室的修凿要晚于前室侧室，当是在完成前室、前室侧室的开凿和修造后，再开拓后室及后室侧室。

综上所述，根据屈家山Ⅱ号墓地崖墓发掘所见凿痕可对成都平原汉晋崖墓开凿与修造工艺进行一定复原，崖墓修建的大致顺序为：在特定区域选择墓址→对墓室形制进行规划→以冲击式顿钻法开凿墓道空间→尖凿修造墓道两壁，圆凿修造墓门→以冲击式顿钻法开凿墓室空间→尖凿修整甬道及墓室两壁，圆凿修造墓室后壁→按需开凿修造侧室，一般来说遵循先从后侧室再向前侧室的原则，同时修建墓室内附属设施，雕凿图像和仿木构建筑→对墓室整体进行防潮处理，并在墓门甬道处开凿排水设施。

上述修凿工艺的考察和分析，是以当时存在工艺技术类型和水准大体相当的工匠团体为前提的，实际情况还要考虑工匠团体内诸如师徒之间的差异以及工艺技术类型发展的复杂性。

第四节 四川地区明墓出土龙纹罐的类型及相关问题

四川地区明墓中常见的随葬品龙纹罐是在器身堆塑龙纹的一类瓷罐，器物特征较为突出。与龙纹罐伴出或独出的同类随葬品谷仓罐，则多为贴塑附角或不带装饰，两者虽装饰有差异，但器身主体形制相近。谷仓罐得名于陈万里《瓷器与浙江》对堆塑有飞鸟、人物形象的器物的描述，飞鸟所向的"上方屋宇，疑是谷仓"[1]。事实上，包括龙纹罐在内的这类器物在出土时多数有谷物贮藏其中，故亦被称为"五谷仓"[2]、"粮罂瓶"[3]等。多数学者据此认为龙纹罐应属谷仓罐的一种特殊类型。

也有人认为龙纹罐与谷仓罐不一样。四川地区明墓出土的龙纹罐数量较多，分布范围广泛，但又不见于同一区域内的宋元墓葬，具有典型的年代特征，龙纹罐在年代上可能比谷仓罐略晚[4]。我们认为可以通过类型学的方法对龙纹罐加以考察，以便确认其器形的独特性；而结合墓葬纪年材料则可以辨析其形制在不同时期的变化。

一、龙纹罐的考古发现与出土情境

自20世纪50年代始，四川地区明墓常有龙纹罐出土。就目前已公布的发掘材料看，四川地区出土龙纹罐的明墓主要集中在川东地区以及以成都为核心区域的川中南部地区，川西与川北则极为少见。川东的岳池县[5]，川南的内江市[6]、荣县[7]、屏山县[8]，成都市的青白江区[9]、龙泉

---

① 陈万里：《瓷器与浙江》，中华书局，1946年，第42页。

② 王铭：《唐宋时期的明器五谷仓和粮罂》，《考古》2014年第5期。

③ 陈定荣：《谷仓罐概述》，《农业考古》1987年第2期。

④ 成都文物考古研究院、新津县文物保护管理所：《新津县宝资山墓地Ⅰ、Ⅱ区明代墓葬发掘简报》，《成都考古发现》（2017），科学出版社，2019年，第499页。

⑤ 杨仁：《四川岳池县明墓的清理》，《考古通讯》1958年第2期。

⑥ 罗仁忠：《内江明代布政使司右参议刘龙谷墓》，《四川文物》1995年第2期。

⑦ 邵彬：《荣县乌龟颈明代墓群清理简报》，《四川文物》1992年第6期。

⑧ 四川省文物考古研究院、宜宾市博物院、屏山县文物管理所：《四川屏山县新江村明代石室墓发掘简报》，《四川文物》2014年第3期。

⑨ 成都文物考古研究所、青白江区文物保护管理所：《成都市青白江包家梁子宋明墓葬发掘简报》，《成都考古发现》（2010），科学出版社，2012年，第613~643页。

驿区①、双流区②、武侯区③、金牛区④、邛崃市⑤、简阳市⑥、新津区⑦、大邑县⑧等地的明代墓葬多有此类器物出土（表三）。其中，双流区的材料即出土于屈家山Ⅱ号墓地的2座明墓。

表三　四川地区出土龙纹罐统计表

出土单位	件数	出土位置	年代
岳池县东郊长方形券顶砖室合葬墓	4	后壁头龛	嘉靖三十七年
内江市明代布政使司右参议刘龙谷墓（石室墓）	1	不明	嘉靖二十二年
荣县龙潭区莲花乡乌龟颈明代石室墓	2	不明	明代早期
邛崃市羊安工业区M11（砖室墓）	1	墓室中部靠西壁	明代中期
屏山县新安镇新江村明代石室墓	4	墓主头端两侧	明代中期偏晚
成都市青白江区包家梁子M12、M192（砖室墓）	4	后壁头龛	明代中期偏早
新津县邓双镇金龙村老虎山明墓群（石室墓）	29	多放置于墓主头端或手臂两侧	明代早中期
成都市龙泉驿区洪安镇红光村明代家族墓群（石室墓）	23	多在墓室后壁的壁龛内或墓主头部两侧	明代晚期
新津县邓双镇金龙村宝资山墓地Ⅰ～Ⅲ区明代墓葬（石室墓）	14	多数分布于墓主头端或头部两侧	明代中期
简阳市玉成乡朱家湾墓地M3、M4	5	后壁头龛	明代中期

---

①　成都文物考古研究院、龙泉驿区文物保护管理所：《成都市龙泉驿区洪安镇红光村明墓群发掘简报》，《成都考古发现》（2017），科学出版社，2019年，第502～521页。

②　贵州大学历史与民族文化学院、成都文物考古研究院：《新川创新科技园屈家山唐宋、明清墓葬发掘简报》，《成都考古发现》（2020），科学出版社，2022年，第205～227页。

③　重庆师范大学历史与社会学院、成都文物考古研究院：《成都市武侯区音乐坊晋、唐、明墓发掘简报》，《成都考古发现》（2019），科学出版社，2021年，第204、205页。

④　成都文物考古研究院：《成都市通锦路遗址隋唐至明代墓葬清理简报》，《成都考古发现》（2015），科学出版社，2017年，第665页。

⑤　成都文物考古研究所、邛崃市文物局：《邛崃市羊安工业区墓群明墓发掘简报》，《成都考古发现》（2011），科学出版社，2013年，第569～594页。

⑥　成都文物考古研究院、简阳市文物管理所：《简阳市朱家湾墓地发掘简报》，《成都考古发现》（2017），科学出版社，2019年，第423～453页；成都文物考古研究院、简阳市文物管理所：《简阳市石盘镇响水滩明代墓地发掘简报》，《成都考古发现》（2019），科学出版社，2021年，第411～428页。

⑦　成都文物考古研究所、新津县文物管理所：《新津县老虎山宋明墓葬发掘简报》，《成都考古发现》（2013），科学出版社，2015年，第561～604页；成都文物考古研究院、新津县文物管理所：《新津县宝资山墓地Ⅰ、Ⅱ区明代墓葬发掘简报》，《成都考古发现》（2017），科学出版社，2019年，第480～501页；重庆师范大学历史与社会学院、成都文物考古研究院：《新津县宝资山墓地Ⅲ区明代石室墓发掘简报》，《成都考古发现》（2017），科学出版社，2019年，第454～479页。

⑧　成都文物考古研究院、大邑县文物管理所：《大邑县且埂村明墓群发掘简报》，《成都考古发现》（2019），科学出版社，2021年，第429～449页。

续表

出土单位	件数	出土位置	年代
大邑县且埂村明墓M1、M3（砖室墓）	2	M1龙纹罐出土于腿部关节左侧；M3龙纹罐出土于墓主头部右上方	明代中期偏晚（弘治~嘉靖年间）
成都市双流区中和镇屈家山Ⅱ号墓地M45、M48（岩坑墓）	4	后壁头龛	明代中期
成都市金牛区通锦路遗址土坑墓	6	墓主头部上方左右两角	明代中期
成都市武侯区音乐坊M74、M158（土坑墓）	4	扰土	M74为明代早中期；M158为明末（崇祯五年）
简阳市石盘镇响水滩明墓（石室墓）	11	多在后壁头龛内	明代中期

上述出土龙纹罐的明墓形制有石室墓、砖室墓、岩坑墓以及少量土坑墓，以单室墓为主，少数为同穴多室石室墓。单室墓和多室墓的单个墓室长2~4、宽0.9~1.5米。因多遭破坏，墓室高度不甚明确。其中，多室墓中的人骨头向一致，随葬品摆放位置基本相同；双室合葬墓可能为夫妻合葬墓；其他四室墓乃至八室墓反映出家族合葬的色彩，如简阳朱家湾M1、M2、M4等[1]。这类明墓所出龙纹罐多成对置于墓主头部两侧或头部的壁龛内，也有少量龙纹罐出土于墓主足部。与龙纹罐共出的器物多见瓷碗、盏、执壶为主的器物组合，部分墓葬还出土了具有确切纪年信息的买地券或墓志铭。简阳朱家湾M3和双流屈家山M48比较典型。

朱家湾M3位于简阳市玉成乡，为长方形四室石室墓，各墓室结构大致相同。西一室长3.22、宽0.92、高2.3米，未见人骨。墓室东、西、北三侧壁均有壁龛，其北壁留有后龛，平面呈长方形，宽0.46、高0.5、进深0.2米。随葬器物多数出土于后龛内，四室共出土器物17件，其中瓷谷仓罐6件、瓷碗6件、瓷器盖2件、瓷龙纹罐2件，另有1件铜簪出土于东二室西北角。

屈家山M48为长方形单室竖穴岩坑墓，墓顶已被破坏，封土情况不详。墓壁为直壁，墓底较平。墓室内有棺木残片及人骨一具，周壁有白灰痕迹，为仰身直肢葬。墓室呈长方形，长3、宽1.18、残高0.44~1.08米。墓室北壁凿有壁龛，平面呈长方形，宽0.35、高0.31、进深0.12米。壁龛内出土2件瓷龙纹谷仓罐，另有铜耳饰1件（残）出于墓主头端。

就目前已发表的材料来看，龙纹罐的出土情形整体上基本符合周静对川渝地区谷仓罐出土位置特点进行的归纳总结，即成对出现、组合方式较为固定以及多置于墓主头端[2]。就这类墓葬的规模而言，它们的墓主人应属于平民阶层，至于其中的多室合葬墓的随葬品之间是否存在随葬龙纹罐组合的差别，则由于缺少墓主人性别的鉴定，从而缺乏相应的认识，这更加有待于相关工作的细化。

---

[1] 成都文物考古研究院、简阳市文物管理所：《简阳市朱家湾墓地发掘简报》，《成都考古发现》（2017），科学出版社，2019年，第423~453页。

[2] 周静：《川渝地区明墓出土谷仓罐研究》，《考古》2019年第12期。

二、龙纹罐的类型划分

据所见材料统计，四川地区明墓已发表的龙纹罐共计114件，可参与类型划分的计103件，均在肩腹部堆塑单龙纹饰。根据器形及装饰的差异，可分为五型。

A型　20件。腹部纵剖面为波浪形。肩腹部饰凸棱状纽并堆塑盘旋的单龙戏珠纹饰，器形略显矮胖，通高多在18～24厘米。根据纽的位置差异，可分为二亚型。

Aa型　7件。凸棱状纽仅位于肩部。敛口，方唇，折肩，腹部呈微鼓筒状，下腹微内收，圈足。全部出土于新津老虎山。M108：2，盖径8.2、器身口径5.2、腹径13、足径8.5、盖高2、通高18.2厘米（图一五五，1）。M160：1，肩部均匀分布三组凸棱纹，器盖呈宝塔状。盖径7.2、器身口径6.4、腹径15.2、足径9、盖高3、通高21厘米（图一五五，2）。M128：2，肩部均匀分布三组凸棱纹。盖径7.8、器身口径7.6、腹径15.8、足径9.8、盖高2.3、通高20.3厘米（图一五五，3）。

Ab型　13件。凸棱状纽位于肩腹部。包家梁子M12：2，敛口，圆唇，无领，曲弧腹，矮圈足。腹部最大径以上有两周凹棱，肩腹部饰有四个凸棱状纽。器身口径6.3、最大径15.2、底径9、通高18.8厘米（图一五五，4）。老虎山M123：5，敛口，方唇，折肩，腹部微鼓，下腹微内收，圈足。肩腹部均匀分布四组凸棱纹。盖径6.8、器身口径5.6、腹径14.2、足径8.7、通高22.6厘米（图一五五，5）。朱家湾M3：5，肩部饰两个对称的凸棱状纽，腹中部均匀饰有两组三个凸棱状纽。盖径8、纽径2.7、高2.8厘米，器身口径6.7、最大径14、足径9.2、高24.2厘米（图一五五，6）。朱家湾M4：7，肩部和腹中部均匀饰两组三个凸棱状纽。盖径7.8、纽径2.6、高2.6厘米，器身口径6、最大径13.6、足径9.2、高19.4厘米。带托盘（图一五五，7）。屈家山M48：1，肩部及腹中部均匀饰四组三个凸棱状纽。盖径7.2、高6.8厘米，器身口径6.8、腹部最大径14.2、足径8、高20.4厘米。带托盘（图一五五，8）。

B型　44件。腹部纵剖面为弧形，弧度较大，肩腹部堆塑龙纹且饰有凸棱状纽。通高多在16～21厘米。根据最大径的位置差异，可分为二亚型。

Ba型　22件。最大径位于腹上部。敛口，方唇，折肩，腹部微鼓，圈足。老虎山M123：8，口径5.8、腹径14.6、足径8、高20.6厘米（图一五六，1）。宝资山M245：2，肩部饰一组两个凸棱状纽。口径5.8、腹径14.5、足径8.5、高17.5厘米（图一五六，2）。新江村M2：23，口径6.8、足径8.8、高19厘米（图一五六，3）。包家梁子M192：2，肩腹部饰有三个凸棱状纽。口径5.2、最大径13、足径8、高16.2厘米（图一五六，4）。

Bb型　22件。最大径在腹中部或下部。敛口，圆唇，腹部呈微鼓筒状，圈足。响水滩M32：6，肩部饰一个凸棱状纽。口径5.6、最大径12.4、足径7.4、高16.6厘米（图一五六，5）。屈家山M45：1，肩部均匀饰三个凸棱状纽。口径4.8、腹径13.6、足径8.4、高18.4厘米。带器盖，盖径3.4、最大径7.6、高3厘米（图一五六，6）。宝资山M179：1，肩部饰一组三个

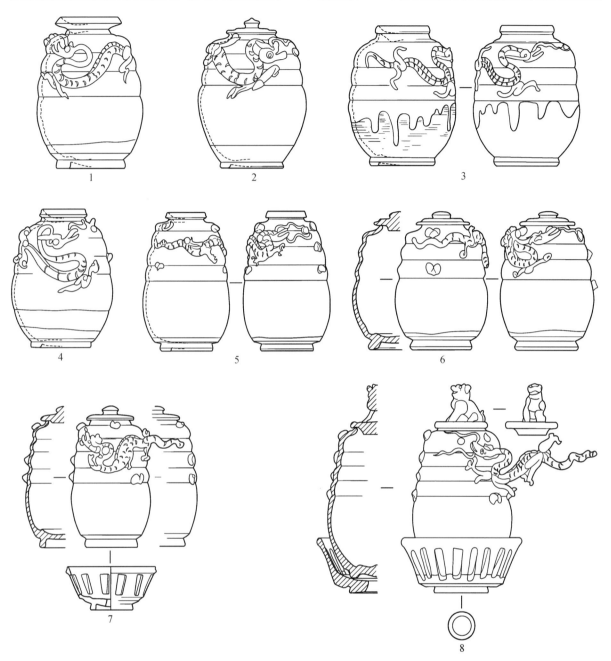

图一五五　A型瓷龙纹罐

1～3.Aa型（新津老虎山M108∶2、新津老虎山M160∶1、新津老虎山M128∶2）　4～8.Ab型（青白江包家梁子M12∶2、
新津老虎山M123∶5、简阳朱家湾M3∶5、简阳朱家湾M4∶7、双流屈家山M48∶1）

凸棱状纽。口径6.7、腹径12.7、足径8.5、高16.4厘米（图一五六，7）。朱家湾M3∶6，口径
6.6、最大径13、足径9、高21厘米。带托盘（图一五六，8）。

C型　13件。上腹壁纵剖面为波浪形，罐身通体近筒形，肩径至下腹径比差很小，腹部微
鼓，部分有纽，肩腹部堆塑龙纹。敛口，方唇，折肩，腹部呈微鼓筒状，矮圈足。通高多在
14～17厘米。羊安工业区F30M11∶1，上腹微弧，堆塑龙纹。口径6、最大腹径12、足径7.6、
高17厘米（图一五七，1）。宝资山M39∶2，腹部等距离内束四周，最大径在腹部。口径6、

图一五六　B型瓷龙纹罐

1～4. Ba型（新津老虎山M123：8、新津宝资山M245：2、屏山新江村M2：23、青白江包家梁子M192：2）　5～8. Bb型
（简阳响水滩M32：6、双流屈家山M45：1、新津宝资山M179：1、简阳朱家湾M3：6）

足径9、高16厘米（图一五七，2）。宝资山M248：1，上腹内束三周，并饰三周凹弦纹。口径5.5、腹径10.6、足径8.7、高14.6厘米（图一五七，3）。宝资山M245：1，上腹部内束三周，并饰三周凹弦纹，器表自上而下均匀分布两组凸棱状纽。口径7.6、最大腹径12.5、足径8.2、高16.4厘米（图一五七，4）。

D型　16件。上腹壁纵剖面为波浪形，肩径至下腹径比差较大，下腹内收幅度较大，最大径在下腹部，肩腹部堆塑龙纹，无纽。轮制。根据下腹部形状的不同，可分为三亚型。

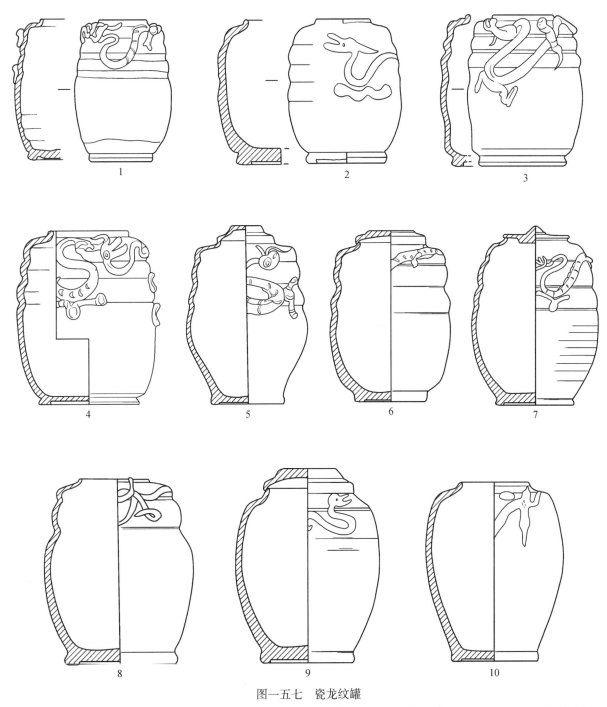

图一五七 瓷龙纹罐

1~4.C型（邛崃羊安工业区F30M11：1、新津宝资山M39：2、新津宝资山M248：1、新津宝资山M245：1） 5.Da型（龙泉驿
红光村M5：3） 6.Db型（龙泉驿红光村M2：3） 7、8.Dc型（龙泉驿红光村M3：4、龙泉驿红光村M6：2） 9、10.E型
（武侯区音乐坊M158：1、龙泉驿红光村M3：1）

Da型　4件。腹下部斜直，最大径在腹下部。红光村M5：3，敛口，圆唇，折肩，平底微凹。上腹部内束三周，饰凹弦纹。口径7.4、最大腹径16.2、底径9.8、高21.4厘米，器盖直径7.8、高2.4厘米（图一五七，5）。

Db型　2件。腹下部为折腹。红光村M2：3，直口，尖唇，折肩，平底微凹。上腹部内束三周，饰凹弦纹。口径8、最大径14、底径8.4、高18厘米，器盖直径8.6、高1.6厘米（图一五七，6）。

Dc型　10件。腹下部为弧腹，最大径在腹下部。敛口，方唇，折肩，平底微凹。红光村M3：4，上腹部内束三周，饰凹弦纹。口径8.8、最大腹径17.4、底径10、高22厘米，器盖直径9.2、高2.4厘米（图一五七，7）。红光村M6：2，肩部内束两周，饰凹弦纹。口径6、最大腹径12.2、底径9.2、高14.5厘米（图一五七，8）。

E型　10件。上腹部纵剖面为弧形，弧度较大，肩腹部堆塑龙纹，龙纹简化，无纽。武侯区音乐坊M158：1，口径6.8、最大腹径13.5、足径9.1、通高15.1厘米。器盖直径8.3、高1.8厘米（图一五七，9）。红光村M3：1，口径6.8、最大腹径12.2、足径8.4、高16.4厘米（图一五七，10）。

三、龙纹罐的形制变化与流行年代

通过对龙纹罐进行类型划分，可以看出A型龙纹罐整体显得较为矮胖，但器形平均高度最高，通常在18～24厘米。龙纹形态刻画逼真，形象生动，工艺精细；多层凹棱线条流畅，制作水平较高。部分B型龙纹罐与A型龙纹罐共出，形制相近。A型、B型龙纹罐在肩腹部贴塑的凸棱状纽等距分布，层次明显。C型龙纹罐外壁近乎挺直，最大径不明显；堆塑的龙纹与凸棱状纽已有简化的趋势，龙纹不如A型、B型形象，平均高度也较A型、B型略低，多在14～17厘米。D型、E型龙纹罐多数出土于同一处明代家族墓中，龙纹已经极为简化，甚至部分已经看不出龙的形象，凸棱状纽完全消失，不见有托盘，造型上也较A型、B型显得美感不足，制作略显粗糙但造型趋于稳定；器高既有超过20厘米者，也有小于15厘米者。

出土龙纹罐的墓葬带有明确纪年信息的有岳池县明代合葬墓，该墓出土女性墓主买地券，券文明确有"嘉靖三十七年（1558年）"的记载，内江刘龙谷墓也有"（嘉靖）二十二年（1543年）十二月廿七日葬于太平山之阳"的记载，龙泉驿红光村M1出土的买地券表明墓主于崇祯九年（1636年）六月去世，武侯区音乐坊M158的买地券记载墓主葬于崇祯五年（1632年）。另外，武侯区"沙竹苑"明代太监墓和新津老虎山出土的"熏炉"与简阳朱家湾、双流屈家山出土的龙纹罐托盘极其相似，"沙竹苑"明代太监墓M2墓志铭记载墓主"贵永公"出生于天顺六年（1462年），逝世于嘉靖四年（1525年），M3的墓志铭记载墓主于"嘉靖十七年（1538年）五月十八日偶疾而终"[①]。

　　据此，岳池县明墓出土的4件龙纹罐属Ab、Bb型，年代当为明代中期偏晚；内江刘龙谷墓出土的Ba型龙纹罐形制及尺寸与新津老虎山M123∶8相似，新津老虎山M123出土的执壶与温江中粮包装厂M8[②]出土的执壶形制相近，后者下葬年代为正德五年（1515年），属明代中期。故新津老虎山M123的年代大致也在明代中期。新津老虎山、简阳朱家湾、双流屈家山出土的龙纹罐以A型、B型为主，结合上文对A型、B型龙纹罐托盘的考察，A型、B型龙纹罐流行年代当在正德至嘉靖年间的明代中期。C型龙纹罐多与Ba型龙纹罐共出，如新津宝资山Ⅲ区M194和M245，同墓出土的龙纹罐组合为Ba型与C型成对，但不见A型龙纹罐，故C型龙纹罐的年代应比A型、B型稍晚。D型、E型龙纹罐主要出土于龙泉驿区红光村及简阳市响水滩明墓群的同一家族墓中，几乎每座墓均随葬2件龙纹罐，为D型、E型龙纹罐成对组合，且器物形制极为相近，推测该墓群墓与墓之间的年代差距不会太大，红光村M1的买地券表明该墓群的年代当在明代晚期。此外，红光村M4中与Dc型、E型龙纹罐共出的瓷罐，在成都"新北小区四期"明代太监墓M1中也有出土[③]，"新北小区四期"M1的墓志铭显示墓主于万历三十二年（1604年）去世，属明代晚期。因此，推测D型、E型龙纹罐应流行于明代晚期。

　　综上所述，出土龙纹罐墓葬的年代大体处在明代中期偏晚到明末，即龙纹罐主要流行于明代中晚期，在正德至嘉靖年间最盛。考虑到四川地区考古发现的明代早期墓葬材料较少，所见该时期墓葬所处地层又较为浅薄，极易遭受破坏，故明代早期墓葬有无随葬龙纹罐，就目前所见材料是难以论定的。而从D型、E型龙纹罐的稳定性来看，虽四川地区目前未见清代早期墓葬的相关资料，但可推测随葬龙纹罐的葬俗有延续至清代早期的可能。

四、相关问题讨论

1. 龙纹罐的来源

　　按照学界一般的看法，龙纹罐属谷仓罐的一种，四川地区龙纹罐的来源问题直接涉及谷仓罐的流行时间和区域。

　　目前学术界主流的观点认为谷仓罐的母型是汉代流行于长江流域的汉代五联罐，所谓五联

---

　　① 成都文物考古研究所：《成都市武侯区"沙竹苑"明代太监墓发掘简报》，《成都考古发现》（2007），科学出版社，2009年，第593～608页。

　　② 成都文物考古研究所、温江区文物保护管理所：《成都市温江区中粮包装厂明墓发掘简报》，《成都考古发现》（2005），科学出版社，2007年，第440～458页。

　　③ 成都文物考古研究所：《成都"新北小区四期"明代太监墓群发掘简报》，《成都考古发现》（2006），科学出版社，2008年，第335～352页。

罐即在罐的口肩部附加四个壶形的小罐，至东吴、西晋时发展成为谷仓，并开始出现于罐身堆塑人物、鸟兽、楼阙等元素。东晋由于薄葬观念，谷仓罐一度消失不见，直到唐宋时期才再度流行[①]。唐宋时期的谷仓罐亦称之为魂瓶，开始在器物的颈部堆塑龙虎形象，如福建北宋青白瓷堆塑龙纹谷仓罐（图一五八，1），该罐口径5.8、腹径13.5、足径7.5、通高40厘米。罐身下腹修长，盘口，长颈，颈上饰旋削纹，并堆塑一条四爪盘龙[②]。此外，浙江[③]、江西[④]、湖南[⑤]等地宋墓出土的瓷罐也有类似的装饰，已经表现出龙纹罐的雏形（图一五八，2～4）。

　　有人认为这种龙纹罐在宋代就已经在四川地区出现[⑥]，但并没有给出具体的出土单位及位置，这种论断显然是没有考古学依据的。实际上，四川地区宋元墓葬的随葬品主要是以瓷碗、盏和四系罐为稳定的器物组合，这在四川地区宋元墓葬考古发掘工作中已得到相应证明；并没有证据表明长江中下游地区的谷仓罐和龙纹罐的雏形已经在四川本地出现。这就意味着，四川地区龙纹罐恐非本地起源。周静在总结川渝地区明墓出土谷仓罐时认为器物堆塑盘龙形象是对金衢盆地和闽西北地区早期魂瓶装饰传统的延续，并简要概括了龙纹罐的传播路线及流变过程[⑦]。我们同意这个基本判断。也就是说，四川地区明墓出土的龙纹罐最初可能来源于长江中下游地区，是文化交流的产物，即四川地区明墓的龙纹罐与同墓出土的附角罐一样，主要文化元素应该来自唐宋时期的闽赣和两湖地区。观察峡江地区与川渝地区的考古材料可以看出，两个地区的明代墓葬具有相似度较高的葬式葬俗，说明其间存着较为深厚的文化交流，因而我们认为龙纹罐的祖型最有可能是经由峡江地区溯江而上，传播至蜀地后经过长时间的融合发展，原本的器物装饰逐渐简化为龙纹或捏制附角。

2. 龙纹罐的器物组合

　　屈家山Ⅱ号墓地M48出土的2件龙纹罐底部均带有托盘（部分发掘简报称为器座），托盘敞口，口部有一道折棱，尖唇，斜直腹，腹部镂空，圈足。这与简阳朱家湾M3出土的2件龙纹罐的托盘形态一致，说明龙纹罐在随葬时有相当一部分底部带有托盘，龙纹罐完整的器物组合应包括器盖、罐体和托盘。目前已公布的材料中，龙纹罐多数并没有与托盘共出，甚至一部分龙纹罐亦不见器盖而仅见罐体，以至于部分发掘简报将底部托盘视作另一种具有实质性功能的

①　孙长初：《谷仓罐形制的文化演绎》，《东南文化》2000年第7期。

②　方玉瑞：《谷仓罐的名称、器型及演变》，《收藏界》2008年第8期。

③　李知宴、童炎：《浙江省武义县北宋纪年墓出土陶瓷器》，《文物》1984年第8期。

④　陈思雨、刘永红：《宋代青白釉皈依瓶的装饰研究》，《明日风尚》2021年第1期。

⑤　周世荣：《湖南出土盘口瓶、罐形瓶和牛角坛的研究》，《考古》1987年第7期。

⑥　檀瑞林：《漫谈四川窑口谷仓罐》，《收藏界》2013年第8期。

⑦　周静：《川渝地区明墓出土谷仓罐研究》，《考古》2019年第12期。

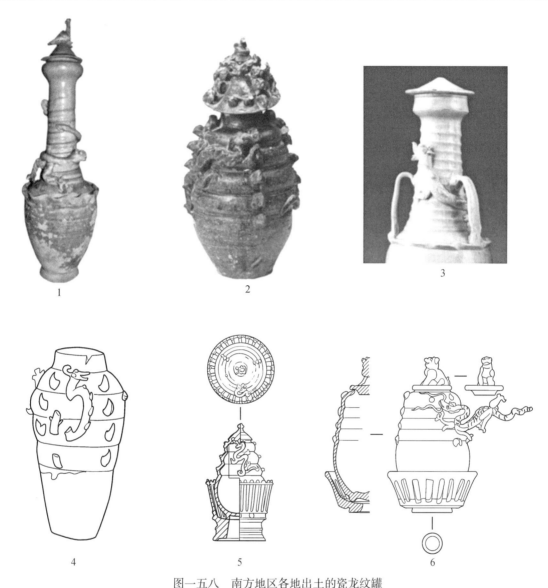

图一五八　南方地区各地出土的瓷龙纹罐
1. 福建宋墓出土　2. 浙江武义宋墓出土　3. 江西宋墓出土　4. 湖南湘乡宋墓出土　5. 湖北巴东明墓出土
6. 四川双流屈家山M48出土

器物①。《新津县老虎山宋明墓葬发掘简报》就将M123出土的2件托盘视为熏炉②，这一说法可能是受到《成都市武侯区"沙竹苑"明代太监墓发掘简报》③的影响。"沙竹苑"明代太监墓有前、中、后三个墓室，已被盗扰，仅出土4件器物，分别是铜器、瓷罐、瓷盘、瓷"熏炉"各1件，未见龙纹罐或谷仓罐出土，因此镂空托盘作为单出器物很容易被认为是一种具有实质

---

① 成都市武侯区"沙竹苑"明代太监墓和新津县老虎山宋明墓葬的发掘者即认为这是"熏炉"。

② 成都文物考古研究所、新津县文物管理所：《新津县老虎山宋明墓葬发掘简报》，《成都考古发现》（2013），科学出版社，2015年，第561~605页。

③ 成都文物考古研究所：《成都市武侯区"沙竹苑"明代太监墓发掘简报》，《成都考古发现》（2007），科学出版社，2009年，第593~608页。

性功能的器类。实际上，早在1957年清理的岳池县明墓中出土4件龙纹罐，其中2件器物组合形态完整，底部即带有莲花座形的托盘共出[①]，但限于条件，发掘者并未给出完整且具体的描述，以至于这类器物组合形态在后来的发掘清理工作中被忽视，导致对这类托盘的认识出现偏差。总之，越来越多的考古材料表明所谓的"熏炉"实际上是龙纹罐的托盘。

托盘与龙纹罐共出是否为必备的器物组合形态？其他类型的谷仓罐是否也存在与托盘共出的现象？在目前已发表的材料中，仅见岳池县明墓、武侯区明代太监墓、新津县老虎山明墓、简阳朱家湾明墓与屈家山明墓有镂空托盘出土（图一五九），镂空托盘数量较少，与龙纹罐的数量不相匹配，也就是说龙纹罐与托盘共出并非普遍现象。但从以上明墓镂空托盘的出土情境可以看出，除了武侯区明代太监墓与新津县老虎山明墓出土的镂空托盘未能确定其组合形态，其余镂空托盘皆与Ab型、Bb型龙纹罐共出，C型、D型和E型龙纹罐则不见托盘，无堆塑龙纹的谷仓罐均不见其底部共出托盘。据此推测镂空托盘与龙纹罐应是在一段时间内流行的特定器物组合。

除四川地区见到此类器物外，在湖北长江中游地区也有这类器物出现。2007年湖北恩施州巴东县江北镇江寺清理了一批明代墓葬，其中M38出土1件堆塑罐（图一五八，5），由罐盖、

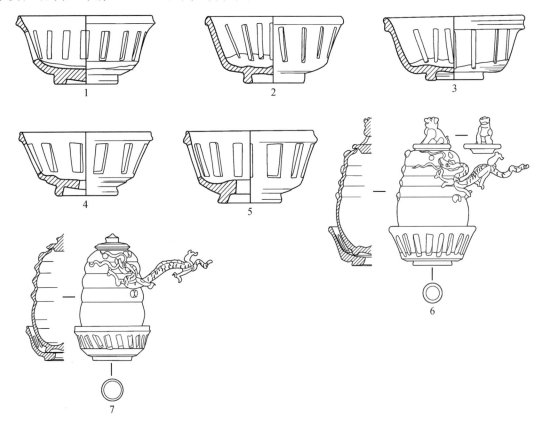

图一五九　A型、B型瓷龙纹罐器座及托盘

1.武侯区"沙竹苑"M1：3　2.新津老虎山M123：2　3.新津老虎山M123：11　4.简阳朱家湾M3：5　5.简阳朱家湾M3：6
6.双流屈家山M48：1　7.双流屈家山M48：2

① 杨仁：《四川岳池县明墓的清理》，《考古通讯》1958年第2期。

罐身、底座三部分组成，通体施酱釉。带器盖，盖顶饰神兽，实心子母口与罐身相接；罐身呈多级状，敛口，圆唇，多级鼓腹，矮圈足露胎，腹上部堆塑巨龙一条，造型别致，形象生动，在龙头附近饰有宝珠，另在罐身上饰有六个堆塑爪状纹，与巨龙形成对称三角形；罐座上部为圆形围栏，下部为束腰高圈足。罐口径6.2、腹径13厘米，罐座围栏直径18.5、足径13.7厘米，通高31厘米[①]。巴东县江北镇江寺M38出土的这件龙纹罐的器物组合与四川地区出土的龙纹罐带底部托盘的器物组合十分相似，暗示了龙纹罐经由两湖地区溯江而上至峡江和四川盆地的传播路径。

3. 头龛与板瓦

四川地区发现的明代墓葬墓室后壁几乎都有壁龛，本节统计的114件龙纹罐，绝大部分出土于墓主头部的壁龛内，或是在壁龛之下墓主头部的左右两角，极少出土于墓主上肢两侧。有些地区的明墓壁龛内还放置了墓券，带有神龛的色彩，如成都温江中粮包装厂M8、M9，重庆合川李家坝遗址M1、M2所出墓券就位于后龛内[②]。墓室凿有壁龛者多见于平民阶级的墓葬，社会地位稍高的墓葬中则没有发现凿有壁龛，而是供案。成都发掘的几座明代太监墓中就没有发现头龛。可见，壁龛的功能相当于供案，用以摆放随葬器物。有学者将墓室凿有壁龛的特性作为判断墓葬相对年代的条件之一，荣县乌龟颈明墓发掘者即认为早期明墓均有头龛，中晚期则无[③]。但据笔者考察，凿有头龛是明代平民墓的重要特征，保持长时间的延续性。如新津宝资山明墓群，据发掘者意见，其主体年代应为明代中期偏晚，但多数墓葬仍置有壁龛；又如龙泉驿红光村明墓群M1出土于后龛正下方的买地券有"崇祯九年"的明确纪年，仍有龙纹罐放置于后龛之中。可见，这与四川地区宋墓随葬明器近乎无规律地摆放明显不同，是一种新出现的葬俗。这反映了文化的深度交流，直接体现为移民活动带来的影响，有学者已经观察到这一现象并已详加论述[④]。

需要注意的另一个重要现象是，明代出土谷仓罐和龙纹罐的平民墓往往在墓主头部下堆叠板瓦，充当头枕的功能。温江中粮包装厂明墓、新津老虎山明墓、青白江包家梁子明墓、新津宝资山明墓、屏山县新江村明墓、简阳朱家湾明墓、双流屈家山明墓等都有这一现象。堆叠的板瓦样式简单，制作粗糙，亦无特殊装饰，这也是证明这类墓土属于下层平民的又一考古实物证据。这些板瓦放置于墓主头部之下，且在墓室中发现很多棺钉，说明在下葬时连同逝者一同

① 恩施自治州博物馆：《巴东王家湾墓群2007年发掘简报》，《湖北库区考古报告集》（第六卷），科学出版社，2010年，第339页。

② 成都文物考古研究所：《成都市温江区中粮包装厂明墓发掘简报》，《成都考古发现》（2005），科学出版社，2007年，第446、447页；重庆市文化遗产研究院、合川区文物管理所：《合川李家坝遗址发掘简报》，《南方民族考古》（第十辑），科学出版社，2014年，第381页。

③ 邵彬：《荣县乌龟颈明代墓群清理简报》，《四川文物》1992年第6期。

④ 周静：《川渝地区明墓出土谷仓罐研究》，《考古》2019年第12期。

放入木质葬具内，枕于逝者的头部之下。重庆万州上中坝M5[①]、奉节宝塔坪M4015[②]、奉节永安镇电厂北山M212[③]等都发现墓主头部之下有筒瓦。可见这一葬俗常见于川渝地区，尤其以四川地区最多。经初步统计，三峡地区存在这一葬俗的明墓约占总数的24%[④]，占比大大低于四川地区。此外，湖北秭归[⑤]、湖北孝昌[⑥]、湖南芷江[⑦]、江西吉安[⑧]等地区也见有这类现象，年代比四川地区要早。最值得注意的是，这种葬俗在北方地区也有所发现[⑨]，如河北鹿泉市西贵龙墓地宋墓M40。所以，其文化源头不能遽然论定。

五、结　语

四川地区的明代墓葬多数是下级平民墓葬，墓葬形制简单，随葬品也不如前代墓葬丰富，器类较为单一，但几乎都出土谷仓罐，且绝大多数出土于墓室头龛或墓主头部两侧，显示出一定的时代特征和区域特点。谷仓罐中的龙纹罐在四川地区出土数量最多，造型特别，形象突出，在宋元时期的闽赣和两湖地区能找到相似的器物，说明四川地区明墓中新出现的这种葬俗与长江中下游地区有着深厚的文化联系。

考察其传播路径，应与元末明初的大规模移民入蜀有关。通过对龙纹罐的类型、年代及与其他器类的对比分析，以及对四川地区明墓与峡江地区明墓、两湖地区宋墓的葬制葬俗的考察，龙纹罐的传播路径、年代分期与文化内涵等问题已基本廓清。现有考古材料表明，四川地区的龙纹罐于明代中期最为盛行，晚期逐渐衰落，器物形制也已极简。由于目前四川地区早期明墓发表材料有限，龙纹罐的早期形制有何特点，对长江中下游堆塑龙纹的魂瓶是何种继承与发展，尚有待于深入研究。

① 西北大学考古队、万州区文物管理所：《万州上中坝遗址发掘报告》，《重庆库区考古报告集》（1997卷），科学出版社，2001年，第548~558页。

② 重庆市文物局、重庆市移民局编：《奉节宝塔坪》，科学出版社，2010年，第297~310页。

③ 吉林大学边疆考古研究中心、重庆市文物局、奉节县文物管理所：《奉节永安镇电厂北山古墓葬发掘报告》，《重庆库区考古报告集》（2000卷），科学出版社，2007年，第592~610页。

④ 谢浩：《三峡库区明代墓葬研究》，吉林大学硕士学位论文，2012年，第50页。

⑤ 湖北省文物事业管理局、湖北省三峡工程移民局：《秭归庙坪》，科学出版社，2003年，第237~280页。

⑥ 刘国胜、黄旭初：《湖北孝昌石板地明墓发掘简报》，《江汉考古》2003年第4期。

⑦ 张涛：《湖南芷江垅坪明墓清理简报》，《考古》1992年第3期。

⑧ 江西省文物考古研究所、吉安县文物管理办公室：《江西吉安县赵家村明清墓葬发掘》，《南方文物》2003年第2期。

⑨ 四川大学历史文化学院考古系、上海大学艺术研究院美术考古研究中心、河北省文物研究所等：《河北鹿泉市西龙贵墓地唐宋墓葬发掘简报》，《考古》2013年第5期。

第五节 屈家山Ⅱ号墓地清代瓮棺葬及相关问题

屈家山Ⅱ号墓地清理了3座瓮棺敛骨葬，葬具相似，年代较晚，是清代晚期比较有代表性的一种墓葬形制。其中，通过M7瓮棺葬具上的题字可知墓主为屈尚宴。在附近同名为"屈家山"低丘发现了屈光相墓，考虑到两山应为屈氏坟山的因素，二者之间当有密切的家族性关联。因此，梳理二者之间的关系，考察瓮棺葬这一特殊葬俗，对研究当时的丧葬制度、人口迁移及区域社会历史文化等也有重要学术意义。

一、屈家山Ⅱ号墓地M7瓮棺葬与蒲草塘屈光相墓的关系

屈家山Ⅱ号墓地共清理3座瓮棺葬，分别是M1、M7、M34，从空间分布上看，M1、M7、M34自北向南分布，大体处在同一等高线附近。其中，M1、M34遭受较大程度的破坏，保存情况较差，瓮棺腹部以上均破损。M7的保存状况较好，开口层位清晰，葬具组合状态明确，瓮棺本体也没有受到严重破坏。M7出土的瓮棺由外罩、双层内盖及罐体构成。罐体泥质红陶，敛口，圆唇，弧腹，平底，罐外绘有龙纹，外施酱黄釉，制作较为精致考究。瓮棺内有人骨，保存状况较好，为敛骨葬。M1与M7出土的瓮棺在形制上差异不大，且均在瓮棺器表画有龙纹，年代差距应不大。M34出土的瓮棺已残损，但仍看出瓮棺制作略为粗糙，也未见有特别的装饰。3座瓮棺葬中除瓮棺葬具外，未发现有其他随葬品同出。现以M7为例对屈家山Ⅱ号墓地清理的瓮棺葬作初步分析。

M7内盖朱书"屈尚宴，辛亥年三月廿六日辰时生，庚辰年腊月廿二日葬"。中间另有"申山寅向"的堪舆记录，包括了确切的墓主人姓名、生年月份及入埋时间、地点的方位等信息。查阅史料及方志资料，并未找到关于屈尚宴生平的相关记述。屈尚宴的生平及逝世年月无法从葬具的文字记录中得知，但结合屈家山周围以往的考古工作以及地方志等材料，也可以对屈尚宴的家族世系及族属进行概要分析。

屈家山位于成都市高新区（原属双流区）中和街道蒲草社区，"蒲草堂"为当地老地名。蒲草社区辖内有多处小山包，多数以姓氏作为山头俗称，如屈家山、卢家山、王家山、杨家山等，其中两处山包均称屈家山，可能说明这里的"山"当属本地各个家族经营的墓地或坟山。屈尚宴之墓即处于屈家山Ⅱ号墓地的东北山谷处，成都文物考古研究院此前在蒲草社区屈家山附近清理了一座清代石室墓，根据其墓志铭可知墓主名为屈光相。两者之间当存在内在关联。

屈光相墓志铭为长方体红砂岩石碑，长81、宽60、厚10厘米，保存完整，内容丰富，特别

是家族世系与地名信息的记录十分详细。通过释读与分析屈光相的墓志铭，可以为寻找屈尚宴的相关信息提供参考。屈光相墓志铭全文誊录如下（图一六〇）①。

皇清例赠修职佐郎屈公辅蓭讳光相老大人墓志铭/
赐进士出身、翰林院编修、前陕西大主考、巡视东漕、稽查左翼觉罗学、/
诰授通奉大夫、奉天府府丞兼提督学政，愚侄卓秉恬顿首拜撰/
赐进士出身、前告养湖北兴国州知州，乡晚生奚大壮顿首填讳/
敕授文林郎、乾隆己酉年选拔乙卯科举人、前任四川嘉定府荣县教谕、保举引/
见记名知县，姻愚侄郭杰椁顿首书丹/

屈君景升，余砚友也。道光四年，余由奉天奉讳归里，景升亦丁父忧，墨经涕泣，以其尊人行状/请序于余。余谊属同窗，其家世知最稔，不敢以不文辞。按：公讳光相，字辅菴，姓屈氏，蜀之华阳/人也。其先世居楚衡阳西乡，至祖子明公曁父珍一公于乾隆时始入蜀，遂家焉。公为珍一公/仲子，与伯兄讳光梅，字美堂公，皆姚郭孺人出。公一岁失恃，因父经营家务，越数年，始娶继姚/王氏。公幼为叔祖子相公钟爱，极沐抚养之勤。及长，以耕读传家，忠厚待人。承祖父遗田数十/亩，自增田数百亩，置祭田十二亩，山林祭祠一所，又倡首与族众经理。子相公绝嗣，祭田八亩，/将余项添置祭田六亩，使山林祭祠、庐墓田宅俱全，以垂久远教。长子景升，入华阳县学；长孙/嘉会，食双流廪饩，可谓以养以教，无遗憾矣。且孝友兼全，与美堂公偕出入、共饮食，至老不倦，/论者以是多公大本克端云。公元配倪孺人，生于乾隆己巳年九月十七日寅时，以乾隆己/丑岁来归。事舅姑以孝、处姒娌以和、教养子孙以仁慈。公得内助，益能大其家。寿六十有九，嘉/庆丁丑年正月初一日午时卒。生子六人，长仁富（即景升）、次仁贵、仁厚、仁里、仁敬、仁杰；女一，适/近邻处士王道通。孙十七人，义方、义泏、义和，仁富出；义亨（即嘉会）、义通、义精、义融，仁贵出；义正、/义思、义得，仁厚出；义复、义受，仁里出；义禄、义廉、义儒，仁敬出；义兴、义旺，仁杰出。孙女十三人，长/适举人徐司珩、徐元焘之侄，文生徐元熙之子，成都县生员徐登高；次适双流县处士周朝文；/次适华阳太学生杨光华长子，业儒杨朝选，余俱在室。曾孙十一人，尚文、尚彬、尚明、尚清、尚禺、/尚志、尚书、尚贤、尚惠、尚龄、尚隆；曾孙女八人，俱幼。续娶倪孺人无出。公生于乾隆辛未年正月/十二日子时，寿七十有三，道光癸未年九月二十八日子时卒。今子孙遵遗嘱，葬公于华阳县/东五十里蒲草塘老宅后，丙山壬向。公墓左侧前距郭孺人墓六丈零、距子相公祭祠墙垾二/十一丈，距东陵寺即东山庙六里许；右侧距元配倪孺人墓二丈、距美堂公墓七丈、距大伯父/公一公墓

---

① 资料来源于成都文物考古研究院，碑文句读为编者所加。

图一六〇　屈光相墓志铭拓片

三十丈、四叔父禄一公墓二十三丈，距自置祭田地界一里许，距和严寺四里许。公/墓前对门山不及一里，即祖父子明公、三叔祖子相公、父珍一公、五叔父攸一公、六叔父久一/公之墓，均坐北朝南，距彭家庙四里许，至三叔父维一公（墓在江家庙即双泉寺侧）相距六里/许。公墓后距万安场即倒石硚五里许。以上坟墓皆从茔心官弓起丈计算，逐一附志。铭曰：/七十二峰，衡岳介祉；于皇三闾，世济其美。溯厥太翁，始离桑梓；筑宅锦江，载绵葛藟。我公/诞降，抱璞怀珍；渊乎其量，懿乎其纯。不求闻达，莘野渭滨；性耽泉石，偃仰栖迟。献东海枣，茹商/山芝；深培玉树，秀发桐枝。天伦乐事，点颔含饴；雍睦和邻，中孚处友。岁月安闲，秋菘春韭；古稀/又三，忽遘阳九。敬傍祖茔，典型世守；贞石勒铭，传诸不朽。/

大清道光五年十二月二十一日吉时立

　　屈光相墓志铭由卓秉恬所撰，卓秉恬字静远，四川华阳（今成都华阳）人，清嘉庆七年（1802年）进士。官至兵部尚书、户部尚书、吏部尚书、协办大学士、文渊阁大学士、武英殿大学士，赠太子太保，谥文端，《清史稿》有传[1]。由卓秉恬撰写墓志铭，可见屈氏一族在华阳当地应属望族。"公讳光相，字辅菴，姓屈氏，蜀之华阳人也。其先世居楚衡阳西乡，至祖子明公挈父珍一公于乾隆时始入蜀，遂家焉"。说明了屈氏一族在乾隆时期由湖南衡阳迁至四川华阳，并不是在本地发展起来的大族，也表明了屈氏一族应属移民至四川的汉族群体。

　　推测屈尚宴与屈光相同属一族，原因之一是屈光相的墓志铭有数代人的详细世系。屈光相有六子一女，即仁富、仁贵、仁厚、仁里、仁敬、仁杰，是为"仁"字辈。有孙义方、义泗、义和等十七人，是为"义"字辈；有曾孙尚文、尚彬、尚明等十一人，是为"尚"字辈。可见屈氏一族的名字与字辈均带有浓重的儒家思想色彩（图一六一）。

　　由此看出，屈氏一族遵守指名定字的家族传统，屈光相的曾孙辈为"尚"字辈，与屈尚宴同。另外，屈光相死后"子孙遵遗嘱，葬公于华阳县东五十里蒲草塘老宅后，丙山壬向"，指明了屈光相墓的具体位置，也证明了蒲草塘这个地名早在清代晚期时就已经存在，至今未发生改动。距蒲草塘咫尺之遥的屈家山，其名称也与蒲草塘一样至今未有变动。因而屈家山当时或可视为屈氏一族的家族田产，或者至少说明屈氏一族的中心居址是在蒲草塘屈家山附近。考虑到所谓"山"确有坟山意，屈家山就是屈氏自家的坟茔地。从屈光相的墓志铭也可看出，屈光相墓与其祖上亲属坟墓的距离极为相近，作为家族墓地的"祖茔"应为集中连片式的。

　　综上所述，我们认为屈尚宴应与屈光相属同一家族。同宗不一定同脉，亦不能排除二人为祖孙关系的可能，因为屈光相去世时仅有曾孙十一人已经有名字，但是屈光相的曾孙未必仅此十一人，还可能包括M7的墓主屈尚宴。但我们认为有一点是值得肯定的，那就是屈尚宴与屈光相的曾孙辈所处的时代相差不远。屈光相"生于乾隆辛未年正月十二日子时，寿七十有三，

① 赵尔巽等：《清史稿》卷三百六十五《卓秉恬传》，中华书局，1977年，第11439～11441页。

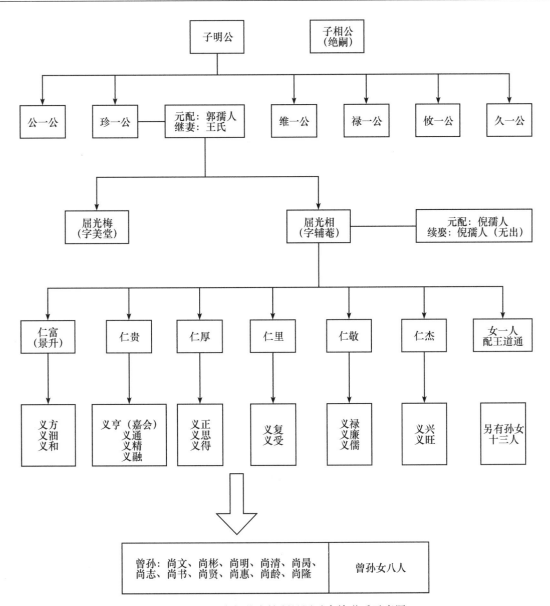

图一六一　屈光相墓志铭所见屈氏家族世系示意图

道光癸未年九月二十八日子时卒"。屈尚宴则是"辛亥年三月廿六日辰时生，庚辰年腊月廿二日葬"。屈光相去世时间为道光癸未年（1823年）九月，屈尚宴生年则为辛亥年。考虑到屈光相去世时他的曾孙辈应还处于孩童，距道光年间最近的两个辛亥年分别是乾隆五十六年（1791年）和咸丰元年（1851年），如果屈尚宴生年为1791年，则此时屈光相也才40岁左右，考虑屈尚宴乃屈光相曾孙辈，二者之间的三个代际仅差40岁的可能性不大，因此我们认为屈家山M7的墓主屈尚宴的生年为咸丰元年的可能性更大。需要注意的是，M7瓮棺的内盖仅记载了屈尚宴的生年与下葬年份，卒年究竟是否与下葬年份一致，这在内盖铭文没有体现，也就是说屈尚宴生年为辛亥年，卒年或为庚辰年。

根据四川大学原海兵副教授对瓮棺内的人骨进行检测鉴定的结果，其骨架白骨化程度高，无其他组织残留，光滑，无磕碰、损坏痕迹，未发现土埋痕迹，表明该人骨保存状况较好。部分骨架存在裂缝，表明该人骨年龄较小，应在18岁左右，最大不超过20岁[①]。这与瓮棺内盖记载的数据相差较大，辛亥年至庚辰年，中间间隔29年，这与骨龄不符。解决这一问题，可以考虑的路径有二：一是M7应是敛骨葬，属迁葬行为；二是墓主死亡年份与下葬（迁葬）年份不一致，可能在墓主死亡后已经入殓安葬，大约10年后又发生了一次迁葬行为，并采用瓮棺葬这一葬制。

综合以上分析，我们推测M7的年代当为清代晚期，M1与M7形制相近，墓主与屈氏家族关系密切，很可能也是有血缘关系的亲属，年代上相差不大，应同为清代晚期。

二、四川地区所见其他瓮棺葬与墓主的族属

屈家山Ⅱ号地点清理出的这种瓮棺葬制也见于四川地区以往考古工作中，较为典型的瓮棺葬遗迹有以下几处。

（1）1980年，仪陇县新政镇东北村发现一处瓮棺墓葬群，大部分葬具已被破坏。瓮棺上下叠压，说明存在年代差异。葬具内的人骨为火化后的骨灰或尸骨，墓主大部分已成年。部分陶瓮为明代产品，有1座瓮棺带有"福寿康宁""富贵双全"楷体字，并且在"富贵双全"后落款"嘉庆己卯年仲夏日"，说明这座瓮棺葬于1819年夏，为清代晚期[②]。

（2）1982年3月，凉山彝族自治州（以下简称"凉山州"）昭觉县七里坝种羊场发现瓮棺葬，凉山彝族自治州博物馆立即派出工作人员进行清理。6月，中国西南民族研究学会组织的六江流域民族综合考察队在渡口市（今攀枝花市）米易县进行考察时，又对这种墓葬形制进行了调查。这两次调查发现的瓮棺遗存主要分布于米易县境内的安宁河两岸，出土的瓮棺形制相近，多为泥质红陶，敛口，直唇，平肩，鼓腹下收成小平底。少数瓮棺内盛有火化后的骨灰，多数是未经火化的人骨，人骨摆放位置与生前所在部位基本一致，显系二次敛骨葬。这批墓葬的年代则推断为明清时期[③]。

（3）1994年2月，岳池县文物管理所在岳池中学初中部后山发现瓮棺葬1座，但由于山体滑坡，瓮棺大部分暴露于地表外。陶瓮已残损，顶盖亦碎损，残片上残存墨写楷书字迹"□命""亥时""身故""初五日"等。陶瓮系泥质红陶，泥条盘筑法慢轮修制而成，火候较高。施酱褐釉不及底。直口，平肩，斜弧壁，鼓腹下收成小平底。瓮口径22、最大腹径42、底径15.5、高47.5厘米。同年5月，又于岳池中学后山发现1座瓮棺葬。瓮棺口朝上，垂直于水平面放置，其四周均以松散的红色页岩填充[④]。

---

① 本次发掘在清理明清墓时发现有较多墓葬有人骨遗存，由四川大学原海兵副教授在现场鉴定。
② 王永平：《仪陇馆藏瓮棺葬具浅析》，《四川文物》1996年第4期。
③ 李绍明：《凉山、渡口瓮棺葬及其族属问题》，《四川文物》1984年第4期。
④ 陈涛：《岳池后山瓮棺葬》，《四川文物》1994年第5期。

（4）2013年6月，什邡市星星村遗址清理出瓮棺葬1座，形制简单，瓮棺上腹部开有短流，腹内有瓷碗及骨渣[①]。

屈家山Ⅱ号墓地发掘清理的3座瓮棺葬，从墓葬形制、瓮棺葬具及瓮棺内的人骨状态多方面分析，与上述四川地区以往发掘的瓮棺葬遗存十分相似。如屈家山M34的瓮棺与米易县丙谷公社寨子山清理的瓮棺一致，均在瓮棺周围以石（砖）块填充，其目的应该是起到固定瓮棺的作用。但屈家山清理的这3座瓮棺葬与仪陇县、凉山州、米易县、岳池县及什邡市的瓮棺葬相比，也存在较多差异之处。

从瓮棺形制看，四川各地用于盛放骨灰或敛骨的瓮棺形制及尺寸相近，但屈家山M1、M7出土的瓮棺腹部表面皆绘有龙纹，仪陇县文物管理所藏瓮棺葬具、凉山州、米易县、岳池县及什邡市出土的瓮棺葬具皆无龙纹，瓮棺腹部多饰单弦凸绳纹。如仪陇县文物管理所藏的瓮棺葬具，其腹壁上就有四道单弦凸绳纹，第一、二道绳纹间有对称的两钩须，再下是连接第二道、第三道绳纹的两条凸竖粗线[②]。米易县丙谷公社寨子山所出的瓮棺葬具肩部及腹部各有一道锯齿形堆纹在两道堆纹之间，又以泥条镶成长方形堆纹，长方形堆纹中又堆有两道竖纹。岳池县后山所出的瓮棺于腹上部、中部及下部各有一道双弦锯齿形堆纹，通身排印排列有序的莲花纹图案。另一个明显差异是屈家山清理的3座瓮棺葬，瓮棺葬具表面未有文字记录，但在M7的葬具第二层内盖则有清晰的文字记录，而仪陇县文物管理所藏瓮棺葬具、凉山州及米易县出土的瓮棺未见墓主人姓名或生卒年月，腹部大多带有"富贵双全""山亲（清）水秀""福""福寿康宁"等字词[③]，这既是对已经逝去的人的尊重和祝愿，也是希冀后世家族、子孙富足兴旺的祈望。值得注意的是，岳池县岳池中学后山发现的瓮棺葬，陶瓷已经残碎，顶盖也已残损，顶盖残片上残存楷体墨书字迹有"口命""亥时""身故""初五日"等，应为墓主人的生卒年月及下葬时间，这与屈家山M7瓮棺葬的出土情形十分相似，但岳池县瓮棺葬未见墓主人姓名。

关于瓮棺葬所埋葬人群的族属问题，仪陇县发现的瓮棺葬死者多是在外做官或经商死亡后，将尸体火化后把骨灰装入陶瓷中，再运回本地安葬。这是由于交通不便，路途遥远，逝者的尸体很难保存，将尸体火化便成了将死者带回原籍安葬的极佳选择[④]。仪陇县文物管理所藏瓮棺葬具有一具标明"嘉庆己卯年仲夏日"的下葬日期，反映出逝者去世时可能正值盛夏，尸体极易腐烂，于是选择将尸体火化，把骨灰带回家乡。这种葬俗带有强烈的落叶归根的乡土情感，这也就表明了仪陇县的瓮棺葬死者属于仪陇县原籍人口。而仪陇县地处四川省东北部，汉族人口占总人口的绝大多数，也有苗族、白族、布依族、回族等少数民族，这也就说明了仪陇

① 四川省文物考古研究院、德阳市文物考古研究所、什邡市博物馆：《四川什邡市星星村遗址唐宋、明清墓葬发掘简报》，《四川文物》2014年第6期。

② 王永平：《仪陇馆藏瓮棺葬具浅析》，《四川文物》1996年第4期。

③ 李绍明：《凉山、渡口瓮棺葬及其族属问题》，《四川文物》1984年第4期。

④ 王永平：《仪陇馆藏瓮棺葬具浅析》，《四川文物》1996年第4期。

县瓮棺葬所埋葬的人群的身份应是本地汉民族。凉山州和米易县发现的瓮棺葬数量较多，关于这一地区瓮棺葬死者的族属问题，李绍明通过了解目前米易县周边民族的分布情况，再根据明代萨土司家的《萨莲安氏宗祠碑》碑文与相关典籍的记载结合对堪，分析了明清时期米易县的土司管辖区域及辖内少数民族人口分布情况，认为米易县瓮棺葬应系四川傣族先民在明清时的墓葬，墓主的族属应为傣族[①]。岳池县瓮棺葬的发掘者认为岳池中学后山清理出的瓮棺形制与凉山州、米易县出现的瓮棺相近，年代差距不大，应同属明清时期的一种特殊墓葬。关于其死者的身份问题，发掘者虽没有进行深入讨论，但说明了岳池县自隋唐以后为汉民族聚居地，这似乎表明了此瓮棺葬所埋葬的死者的族属应是汉民族。

可见，屈家山Ⅱ号墓地清理出的瓮棺葬与岳池县发现的瓮棺葬十分相似，形制接近，且在内盖中都有文字记录，这也从侧面反映出屈家属汉民族移民群体的事实。但岳池县瓮棺葬内盖已残损，仅见部分文字，未见墓主人姓名，屈家山M7则有关于墓主的姓名和生葬年月的完整记录。鉴于前述屈氏家族的移民史，屈氏属汉族移民当无疑义。李绍明所言此种瓮棺葬俗所葬人群的族属应为少数民族，这种说法不甚严谨，应是当时瓮棺葬这种特殊葬制并不多见，以至参考资料不全面所致。瓮棺葬这种葬制有悠久的历史传统，覆盖面及其广泛，并不是某一历史时期、某一区域、某一族群所特有。

三、屈光相墓志铭与清代移民入川

屈光相的墓志铭表明了屈氏先祖是乾隆年间由湖南衡阳迁至四川华阳的汉族移民，移民的具体原因则没有体现，大概率不是因为政府流官调动，若因流官调动，则墓志铭不太可能对其先祖的事功只字不提。屈氏一族移民的真正原因很可能与康雍乾时期政府为提升四川人口与经济发展而大力推行的垦殖活动有关，清代移民入川活动在文献中有相当丰富的记载。

清代移民入川有持续时间长、人口规模大、移民来源广等方面的特点。明末清初，四川一直处于战乱状态，明末的明玉珍、张献忠，到清初的吴三桂，四川地区经受的战乱达百余年之久，到康熙帝在位的中期才渐趋稳定。但彼时的四川人口锐减，土地荒芜，经济大为落后，到处是"有可耕之田，而无耕田之民"的悲惨景象。李若璋到任什邡知县时感叹道："人民稀少，景物荒凉，署中止草屋数椽，城窟存虎豹之迹"[②]。隆昌县"居民之烟火似辰星"。为了恢复社会经济，稳定民生，清政府发动了大规模的招民垦殖运动，在政策上推行"安民为先、

---

① 李绍明：《朱易县萨莲土千户调查记》，《雅砻江下游考察报告》，中国西南民族研究会，1983年，第156页。

② 民国重修《什邡县志》卷三《官政志·政绩》，《中国地方志集成·四川府县志辑⑩》，巴蜀书社，1992年，第353页。

裕民为上、便民为要"的方针①,旨在"爱养抚绥,俾远方之人,遂生乐业"。在招抚流民的同时,清政府也相继出台一系列的惠民政策,直接导致了清初"湖广填四川"的移民大潮②。优惠政策一方面针对进入四川垦殖的普通大众,包括四川原籍和自愿进入四川进行垦殖的外籍人员,政府不仅给予他们牛具、口粮、种子等生产生活的基本资料,还免除大部分的赋税,开垦的荒地短则三年起课,长则六年起课。另一方面,招徕人民进行垦殖也与当地官员的政绩挂钩,招民数量的多寡、垦殖规模的大小直接影响当地官员的仕途发展。在这样的大环境下,四川地区社会经济稳步发展,重拾"天府之国"的美誉。

所谓"湖广填四川",意即进入四川的移民群中,湖广籍占多数,也有陕西、两广、江西等籍。在方志材料中,移民"由楚入蜀"的记载俯拾皆是。原籍湖广的董子能在康熙初年"携家入川,路过广安,遇同乡友,三十余人悲蹄一处"③。"长寿李氏有二大宗,一名文质,一名应恺,俱由楚入蜀"④,"钟鸿埙,字树菴,先世由广东迁华阳,遂为县人"⑤,"尹培镛,字世菴,其上世自湖南武冈州迁蜀,始隶郫县"⑥。这些都是"湖广填四川"的具体例证,屈氏一族应也是在这一时期西迁入蜀的。这在屈光相的墓志铭中也可以找到一些相关线索。屈光相墓志铭载:"(屈光相)及长,以耕读传家,忠厚待人。承祖父遗田数十亩,自增田数百亩,置祭田十二亩,山林祭祠一所,又倡首与族众经理。子相公绝嗣,祭田八亩,将余项添置祭田六亩,使山林祭祠、庐墓田宅俱全,以垂久远教"。屈光相在继承祖父部分田产的基础上又通过自己的劳动,"自增田数百亩",这反映了屈氏一族传到屈光相这一代时已经少见祖宗荫庇,大多还是要通过自己的劳动维持家道不衰,也在一定程度上证明屈氏先祖很可能就是清政府招徕进入四川垦殖的移民大潮中的成员。

清代康雍乾时期的入川移民还有一个重要的特点,就是家族式集中迁移,这主要体现在族(家)谱中。族谱作为记录宗族发展变迁的重要载体,最大程度保留了氏族发展的脉络及文化基础,已经逐渐成为社会史研究的重要资料。尤其对于移民群体而言,族谱对明晰氏族发展轨迹的重要性不言而喻,能够很好地研究宗族在原籍发展的现实状况、移民迁徙的内在因素以及搬移至新的落户地后宗族分支的生存困境乃至发展壮大。谭红的《巴蜀移民史》就以大竹(大足)县和彰化(江油)县为例,对移民群体的姓氏、宗祠与移民原籍地等数据进行了统计分析,以此来探讨外籍移民氏族进入四川后的发展状况⑦。虽暂未找到有关屈氏一族的族谱资

① 谭红:《巴蜀移民史》,巴蜀书社,2006年,第462页。

② 王炎:《"湖广填四川"的移民浪潮与清政府的行政调控》,《社会科学研究》1998年第6期;李懋君:《论清初"湖广填四川"的行政引导》,《湖北社会科学》2012年第8期。

③ 《咸丰隆昌县志》卷三六《董子能传》,《中国地方志集成·四川府县志辑㉛》,巴蜀书社,1992年,第358页。

④ 刘君锡等:《四川省长寿县志》卷一五《文徵》,成文出版社有限公司印行,1944年铅印本,第37页。

⑤ 民国《双流县志》,《中国地方志集成·四川府县志辑③》,巴蜀书社,1992年,第235页。

⑥ 民国《双流县志》,《中国地方志集成·四川府县志辑③》,巴蜀书社,1992年,第237页。

⑦ 谭红:《巴蜀移民史》,巴蜀书社,2006年,第545~549页。

料，但屈光相的墓志铭对屈氏一族落户华阳后的发展状况也有一定的记载。从屈光相墓志铭中也可以看出，屈氏一族第一代移民仅有屈子明、屈子相二人，第二代仅屈子明一支有嗣，屈子相一支绝嗣，但屈子明有屈公一、屈珍一等六子。屈光相已是屈氏移民的第三代，为屈珍一第二子，其上还有长兄屈光梅，其父续娶的继母王氏是否有子嗣以及屈光相的堂兄弟人数几何虽在墓志铭中无从得知，但毋庸置疑，屈氏一族发展至第三代时，家族人口众多，已经获得了较大的发展。屈光相本人有子六人、孙十七人，可见屈氏一族到第四代已经发展成为了当地的大家族。也许正因屈氏与卓氏同为华阳县望族，门第之别不大，以至于屈光相的长子屈仁富才能够与卓秉恬有"同窗之谊"。卓秉恬能够成为嘉庆、道光两朝的庙堂重臣，可见其家族影响力在华阳一带绝非轻微，而卓秉恬自称"愚侄"，一是自己与屈仁富同龄，二则表现了卓氏一族与屈氏一族之间有很深的交联。

四、结　语

屈家山Ⅱ号墓地清理的3座瓮棺葬是目前四川地区发现的瓮棺葬遗存中较为典型的，为研究清代瓮棺葬的相关问题提供了实物参考资料，具有一定的现实意义。现今四川地区发现越来越多的清代瓮棺葬遗存，分布范围十分广泛，包括汉族与少数民族聚居区域，具有多元性、共时性、包容性等特点。另外，四川地区清代瓮棺葬研究可以借助体质人类学、DNA考古手段，结合现当代家谱、族谱研究，甚至可以开展当地人口基因测序，以期对清代以来的人口迁徙史等问题开展具有当代意义的研究。

附表一　崖墓出土器物分期表

期别	陶器								
	双耳罐	侈口罐	有领罐	喇叭口罐 A	喇叭口罐 B	小口束颈罐 A	小口束颈罐 A	小口束颈罐 B	小口束颈罐 C
一期		I 式（M27:14）	I 式（M27:12）	I 式（M18:1）		I 式（M16:5）	II 式（M14:43）		M14:15
二期			I 式（M35:10）	II 式（M21:1）	I 式（M35:8）				
三期			II 式（M43:2）		II 式（M4:6）	II 式（M8:2）		M11:3	M4:4
四期	M13:7	II 式（M29:9）						M13:8	

续表

期别	饼足钵					平底钵			
	A	B	C	D		A	B	C	D
				Da	Db				
一期	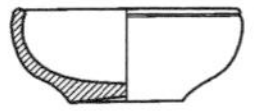 M27：5	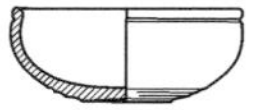 M14：8	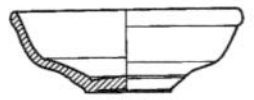 M14：41	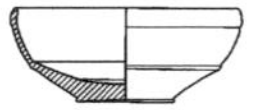 Ⅰ式（M18：4）	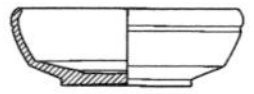 Ⅰ式（M27：15）	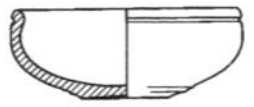 M14：6	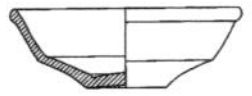 M14：45		
二期			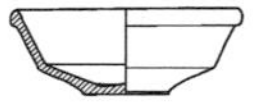 M24：5	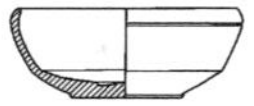 Ⅱ式（M24：8）	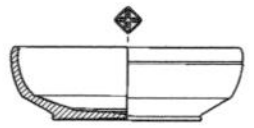 Ⅱ式（M21：6）				
三期								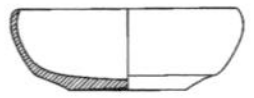 M8：1	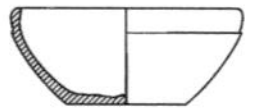 M10：1
四期									

（陶器）

续表

期别	甑	圜底釜 A Aa	圜底釜 A Ab	圜底釜 B	圜底釜 B	平底釜 A	平底釜 B Ba	平底釜 B Bb
一期	M27：17	M18：5	M27：11	I 式（M18：9）	II 式（M14：18）	I 式（M27：9）		
二期	M21：16				II 式（M24：2）	II 式（M35：12）		
三期								
四期							M23：2	M13：5

续表

期别	陶器								
	碗				盏			盆	
	A		B		A		B	A	B
	Aa	Ab	Ba	Bb	Aa	Ab			
一期	M16：7	Ⅰ式（M16：9）							
二期									
三期		Ⅱ式（M10：4）	M8：5	M11：2	M29：3			M15：3	M29：4
四期					M13：14	M13：10	M23：5	M23：1	M13：6

续表

期别	陶甑	釜盆组合	陶灯	陶豆盘	陶耳杯	陶盘	陶锺（壶）	陶囷
一期	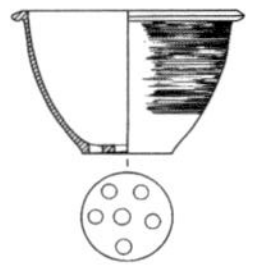 M16：4		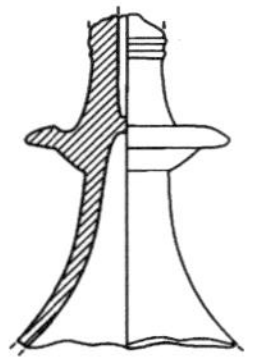 M16：8	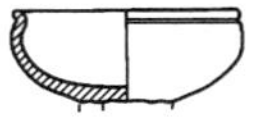 M14：28	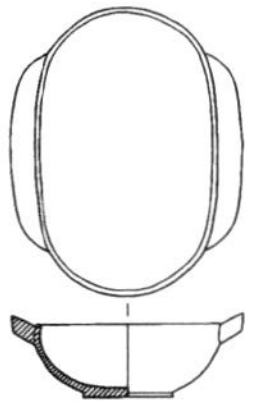 M14：40	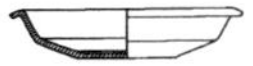 M14：38	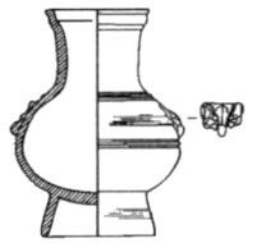 M14：21	
二期								
三期		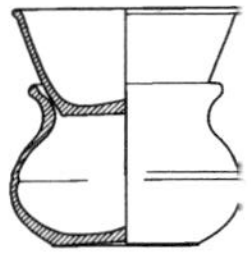 M10：2						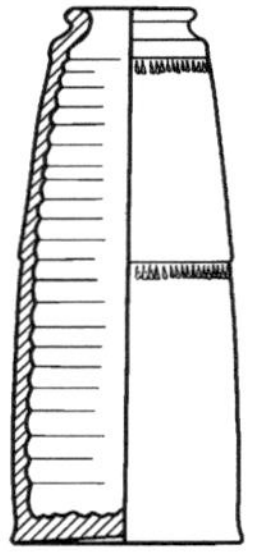 M29：1
四期								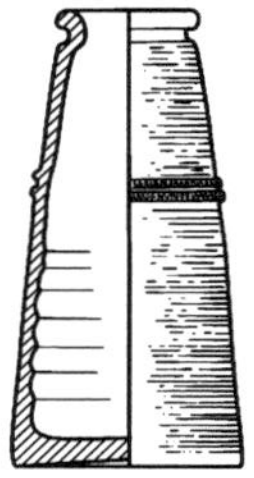 M13：2

陶器

续表

期别	铜器		瓷器		
	铜釜	铜镜	青瓷盏	青瓷四系罐	青瓷双耳罐
一期		M18:2			M21:15
二期	M24:1		M24:11		
三期	M11:1				
四期				M29:11	

附表二　崖墓出土器物类型统计表

墓号	陶器												
	有领罐		喇叭口罐				小口束颈罐				双耳罐	侈口罐	
	I	II	A		B		A		B	C		I	II
			I	II	I	II	I	II					
M2													
M3													
M4						1				1			
M8								2					
M10													
M11									1				
M12													
M13								1	1		1		
M14			1					1		1			
M15													
M16							1						
M18	1		1										
M19													
M21				2									
M22													
M23													
M24													
M25													
M26													
M27	2						1					1	
M28													
M29								1					1
M35	1				2								
M43		1											

墓号	陶器										
	饼足钵							平底钵			
	A	B	C	Da		Db		A	B	C	D
				Ⅰ	Ⅱ	Ⅰ	Ⅱ				
M2											
M3											
M4											
M8										1	
M10											1
M11											
M12											
M13											
M14		3	3					4	2		
M15											
M16											
M18				1							
M19											
M21							3				
M22											
M23											
M24			1		3						
M25											
M26											
M27	4		1			1					
M28											
M29											
M35							1				
M43											1

墓号	陶器												
	碗					圜底釜				平底釜			
	Aa	Ab		Ba	Bb	Aa	Ab	B		A		Ba	Bb
		I	II					I	II	I	II		
M2					1								
M3													
M4					3								
M8				1	1								
M10			1										
M11					1								
M12													
M13												1	1
M14	1	1						1	1				
M15												1	
M16	1	1											
M18						1	2						
M19													
M21									1				
M22													
M23												1	
M24									1				
M25					1								
M26													
M27							1				2		
M28													
M29				1	1								1
M35											2		
M43													

续表

墓号	陶器										
	陶瓮	陶盏			陶盆		釜盆组合	陶囷	陶纺轮	陶甑	陶锤（壶）
		Aa	Ab	B	A	B					
M2		1									
M3											
M4							1				
M8											
M10							1				
M11					1						
M12											
M13		6	1			2		1			
M14	1								1	2	1
M15					1						
M16									1	1	
M18											
M19											
M21	1										
M22											
M23				3	1			1			
M24											
M25											
M26											
M27	1									1	
M28											
M29		1	1		1	1		1			
M35											
M43											

墓号	陶器								陶俑				
	灯	豆盘	耳杯	盘	车轮	器盖	镰斗把	陶锺（壶）盖	俑残件	抚琴俑	执箕俑	子母鸡	鸡
M2													
M3													
M4													
M8													
M10													
M11													
M12													
M13													
M14		1	1	1		1	2	1					1
M15													
M16	1					1					1		
M18												1	
M19													
M21													3
M22													
M23													
M24									1				
M25													
M26													
M27									4				
M28													
M29													
M35									1	2			
M43													

墓号	陶俑、陶模型			铜器						
	蛙	屋顶	仓	镜	釜	摇钱树叶	戒指	泡钉	饰件	弩机
M2										
M3										
M4										
M8										
M10										
M11					1					
M12										
M13										
M14						1				
M15										
M16										
M18	1			1						
M19							1			
M21		1						1		
M22										
M23										
M24					1					
M25										
M26									1	
M27										
M28										1
M29			2							
M35										
M43										

墓号	铁器				银器	琉璃器	石器	瓷器			
	锸	环首刀	刀	镰	发钗	耳珰	凿	双耳罐	四系罐	盏	碟
M2		1									
M3											
M4											
M8											
M10				1							
M11											
M12											
M13											
M14		1				1	1				
M15					1						
M16											
M18											
M19											
M21								1			
M22											
M23											
M24										1	1
M25											
M26											1
M27	1										
M28											
M29									1		
M35			1								
M43											

墓号	瓦当	铜钱								直百五铢	小钱
		五铢					货泉				
		A型				B型					
		Ⅰ	Ⅱ	Ⅲ	Ⅳ		Ⅰ	Ⅱ			
M2											
M3											
M4											
M8											
M10											
M11											
M12											
M13	1										
M14	7	2	5	6			5	3			
M15											
M16		1	7	19		5					
M18				4	2						
M19											
M21				11	40	2	1				
M22											
M23	3									1	
M24											
M25											2
M26											
M27			3	6	12	23	1				
M28	3										
M29											
M35											
M43											

附录 屈家山Ⅱ号墓地人骨鉴定报告

原海兵[1] 夏保国[2]

（1.四川大学考古科学中心；2.贵州大学历史与民族文化学院）

屈家山Ⅱ号墓地中出土了多例保存较好的人骨遗存。2021年5月田野发掘期间，我们对屈家山Ⅱ号墓地出土人类遗存进行了现场的基本鉴定。包含人骨遗存的墓葬共计8座，其中2座墓葬为双人合葬。鉴于该批人骨所蕴含的丰富信息，我们对其进行了性别、年龄鉴定及身高的推算，简要报告如下。

一、性别、年龄鉴定

1. 性别与年龄鉴定标准

依据吴汝康等《人体测量方法》[①]、邵象清《人体测量手册》[②]、朱泓《体质人类学》[③]提出的相关参照标准，性别鉴定主要根据骨盆及颅骨的性别特征；年龄鉴定主要根据耻骨联合面形态、骨化点出现与骨骺愈合程度、颅骨骨缝的愈合及牙齿的萌出与磨耗等情况综合判定。

2. 鉴定结果

经鉴定，在总计8座墓葬的可调查观察个体中，有10例个体保存人类骨殖。其中男性3例、女性2例，性别不详个体5例。除M7、M10未骨性成年外，其他个体骨骼发育均可判定为骨性发育的成年阶段。详见表一。

---

① 吴汝康、吴新智、张振标：《人体测量方法》，科学出版社，1984年，第11～101页。

② 邵象清：《人体测量手册》，上海辞书出版社，1985年，第34～132页。

③ 朱泓：《体质人类学》，高等教育出版社，2004年，第92～106页。

表一　人骨性别、年龄鉴定统计表

序号	时代	单位	性别	年龄	保存状况	备注	其他
1	西晋	M8东侧	不详/男?	成年	均不同程度残损，保存有头骨、尺骨、桡骨、股骨、胫骨、腓骨等	二次葬	崖墓
2	西晋	M8西侧	不详	成年	保存程度较差，保存有一根胫骨、一根左侧股骨	二次葬	崖墓
3	西晋	M10	不详	青少年?	腐蚀严重，仅存少量碎骨	不详	崖墓
4	两晋	M28	女	30岁左右	保存有头骨、左侧股骨、盆骨等，还有牙齿三颗，均不同程度残损	二次葬	墓道内砖棺墓
5	西晋	M29北侧	男	成年	仅存残损头骨及左侧股骨	二次葬?	崖墓
6	东晋	M29南侧	不详	成年?	人骨散乱，保存有五根长骨，均不同程度残损	不详	崖墓
7	明代	M31	女	35～40岁	保存有头骨、右侧肱骨、尺骨、桡骨、盆骨、牙齿（上颌右侧第一臼齿）等，均不同程度残损	一次葬	岩坑墓
5	明代	M45	男	45～50岁	保存有躯干部位的锁骨、肩胛骨等，下肢骨保留股骨、胫骨等	不详	岩坑墓
9	清代	M1	男	成年	残损严重，保存有两侧肩胛骨和肱骨等	不详	岩坑墓
10	清代	M7	不详	18～20岁	保存较好，骨骼整体较完整	二次葬	土坑墓瓮棺葬

注：标注“？”表示倾向于？之前的判定结果，但囿于材料限制不能确定

二、长骨测量与身高推算

身高是反映人群体质状况的重要参考指标。体质人类学研究中通常采用人类肢骨的最大长来推算身高的方法，但一般认为，以骨骼推算身高会有一定误差，且根据人类长骨的测量数值推算身高，不仅要考虑种族、性别、年龄以及个体差异等因素，推算所得身高值也只是死者生前身高的近似值[1]。因此，利用肢骨最大长推算出的身高值只能作为一种参考。尽管如此，作为了解人群体质状况的一项重要内容，这样的推算也是非常有意义的。

从屈家山 Ⅱ 号墓地出土的人骨材料来看，其属于蒙古人种，可以采用中国人的身高回归方程来推算。有关中国人长骨推算身高，P. H. Stevenson[2]、王永豪等[3]、莫世泰[4]、九省区公安厅

---

① 朱泓：《体质人类学》，高等教育出版社，2004年，第152～154页。

② Stevenson. P. H., On racial differences in stature long bone regression formulae, with special reference to stature reconstruction formulae for the Chinese, *Biometrika*, Vol. 21: 303-318, 1929.

③ 王永豪、翁嘉颖、胡滨成：《中国西南地区男性成年由长骨推算身高的回归方程》，《解剖学报》1979年第1期，第1～6页。

④ 莫世泰：《华南地区男性成年人由长骨长度推算身长的回归方程》，《人类学学报》1983年第1期，第80～85页；莫世泰：《〈华南地区男性成年人由长骨长度推算身长的回归方程〉一文的更正》，《人类学学报》1984年第3期，第295、296页。

及公安部126所[①]、张继宗[②]、原海兵等[③]都有针对性地进行过相关的研究工作，并没有统一标准。根据屈家山Ⅱ号墓地人骨的实际情况，依据人体测量学方法，用测骨盘测量了肱骨、股骨的最大长，左、右侧分别测量。男性采用莫世泰肱骨、股骨最大长推算身高的一元回归方程，女性采用张继宗推算身高的一元回归方程来计算，然后再计算两侧身高的平均值。详见表二、表三。

男性推算公式为"身高=74.91+2.82×肱骨最大长±3.53厘米

身高=81.58+1.85×股骨最大长±3.74厘米

身高=86.53+2.10×胫骨最大长±3.82厘米"

女性推算公式为"身高=48.3913+2.671×左股骨最大长

身高=45.9290+2.752×右股骨最大长"

表二　男性身高推算统计表　　　　　　　　　　　　（单位：厘米）

个体号	骨别	长骨最大长	莫世泰公式推算身高	
			未合并两侧	合并两侧
M1	肱骨	28.60	155.56	155.56
M45	股骨	44.50 R	163.91	164.60
	胫骨	37.50 L	165.28	
合计	2例	最小值	155.56	155.56
		最大值	165.28	164.60
		平均身高		160.08

注：L表示左侧，R表示右侧

表三　女性身高推算统计表　　　　　　　　　　　　（单位：厘米）

个体号	骨别	长骨最大长	张继宗公式推算身高
			未合并两侧
M28	股骨	38.00 L	149.89
M31	股骨	41.50 R	160.14
合计	2例	最小值	149.89
		最大值	160.14
		平均身高	155.02

注：L表示左侧，R表示右侧

---

① 公安部课题组：《中国汉族男性长骨推算身高的研究》，《刑事技术》1984年第5期，第1～49页。

② 张继宗：《中国汉族女性长骨推断身高的研究》，《人类学学报》2001年第4期，第302～307页。

③ 原海兵、李法军、张敬雷等：《天津蓟县桃花园明清家族墓地人骨的身高推算（Ⅰ）》，《人类学学报》2008年第4期，第318～324页。

　　综合计算可以看出，屈家山墓群男性居民的平均身高约为160.08厘米，女性居民的平均身高约为155.02厘米。

三、小　　结

　　通过对屈家山墓地人骨田野考古现场的观察和实验室鉴定分析，大致有如下收获。

　　第一，保存人骨遗存的8座墓葬中有10例个体。其中男性3例、女性2例，性别不详5例。除M7、M10未骨性成年外，其他应均为成年个体。由此可知，屈家山墓地是以成年个体为主要埋葬对象的墓葬群。

　　第二，通过长骨推算身高可知，屈家山墓群男性居民平均身高约为160.08厘米，女性居民平均身高约为155.02厘米。

后　记

　　本报告为新川创新科技园考古项目系列报告之一。为配合新川创新科技园园区建设，成都文物考古研究院与四川大学、西南民族大学、贵州大学等高校组织专业队伍对园区建设范围内文物点开展了考古发掘工作。屈家山Ⅱ号墓地是由成都文物考古研究院联合贵州大学历史与民族文化学院于2021年1～8月开展发掘和初步整理工作的，两家单位于2022年4月完成报告编写工作。

　　本报告编委会主任为颜劲松，主编为夏保国、左志强，副主编为陈亮吉、吴功翔、余周剑、谢涛、杨占风。成都文物考古研究院学术委员会对报告进行了审核，陈云洪审阅了报告全文。

　　屈家山Ⅱ号墓地项目领队由成都文物考古研究院左志强担任，贵州大学历史与民族文化学院夏保国任执行领队，陈亮吉（现为中山大学社会学与人类学学院博士研究生）任发掘现场责任领队。贵州大学历史与民族文化学院2020届硕士毕业生曾小芳，2019级硕士研究生何欢、刘钻兰，2020级硕士研究生张自然、吴功翔（现为南京大学历史学院博士研究生），2021级硕士研究生余周剑、李晨、李悦，本科生郭江锋（现为吉林大学考古学院硕士研究生）、谭煌、张俊峰，贵州民族大学民族学与历史学学院2019级硕士研究生李凌波、2020级硕士研究生杨敏、2021级硕士研究生汤红豆，景德镇学院2021届本科毕业生颜丽娟（现为贵州大学历史与民族文化学院硕士研究生），成都工贸职业技术学院2021级学生刘海军，技术人员朱丙辉、许红利、黄春雷、党倩、杨凤伦、张灿乐等先后参加发掘、勘探与修复、绘图和拓片等工作。

　　本发掘报告的编写由夏保国、左志强统筹，具体分工是：第一章，第一节由陈亮吉、杨敏执笔，第二节由左志强、杨敏执笔，第三节、第四节由夏保国、李凌波执笔。第二章，第一节由陈亮吉、杨敏、谢涛、曾小芳、刘钻兰、何欢、余周剑执笔，第二节由杨敏、陈亮吉、杨占风、张自然、余周剑执笔，第三节由夏保国、杨占风、左志强、李晨执笔。第三章，由吴功翔、余周剑、谢涛、何欢、张自然、夏保国执笔。第四章由吴功翔、颜丽娟、左志强、刘钻兰执笔。第五章，第一节由陈亮吉、左志强、夏保国执笔，第二节由陈亮吉、谢涛执笔，第三节由张自然、夏保国、杨占风执笔，第四节由吴功翔、余周剑、左志强执笔，第五节由吴功翔、左志强、李晨、夏保国执笔。附录的人骨鉴定报告由原海兵、夏保国完成。夏保国、左志强最后改定全书。

报告遗迹图由发掘人员初绘，余周剑进行修正和电子清绘。器物修复由黄春雷、杨凤伦完成；器物图由党春倩手绘，余周剑、门震宇、颜丽娟等进行电子清绘。田野摄影由陈亮吉、曾小芳、何欢、刘钻兰等完成，李悦、张俊峰、李晨完成修正排版。拓片由曾小芳、杨凤伦、刘海军完成，部分拓片工作由徐豪、周久堡提供协助。报告中使用的测绘图由白铁勇实测并提供。参加报告校对的有贵州大学历史与民族文化学院2022级硕士研究生门震宇、席鹏龙、李明勇、吴家威、刘欢等。

在项目组织实施过程中，四川大学考古文博学院白彬、索德浩、原海兵等，西南民族大学旅游与历史学院王建华、雷玉华、乔栋等，四川省文物考古研究院孙智彬、刘化石等专家学者，或莅临项目现场予以指导，或对屈家山Ⅱ号墓地的报告稿本提出了宝贵修改意见。

本项目的顺利开展，是成都文物考古研究院与贵州大学历史与民族文化学院战略合作框架协议的具体落实及其重要成果。贵州大学人文社科处、历史与民族文化学院领导崔海洋、杨军昌、徐练、陈爱东等，以及闫平凡、雷蕾、查飞能、李笛、姜煜竹等老师给予关注和各方面的支持。

国家社科基金中国历史研究院重大历史问题研究专项"秦汉统一多民族国家形成过程的考古学研究"（主持人郑君雷，项目批准号：LSYZD21018）项目团队为本发掘项目开展和报告编写提供学术支持，夏保国结合本项考古发掘与报告编写开展了国家社科基金一般项目"秦汉时期云贵高原融入中华文明多元一体格局的考古学研究"（项目号：23BKG015）的预研究和贵州省哲学社会科学规划重点课题"战国秦汉时期云贵高原的聚落、人口与文明进程研究"（项目号：21GZZD35）的部分研究，本报告也是上述项目的阶段性研究成果。

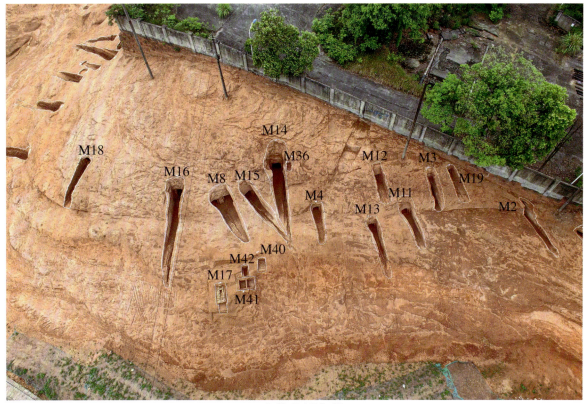

1. 山体北侧墓葬

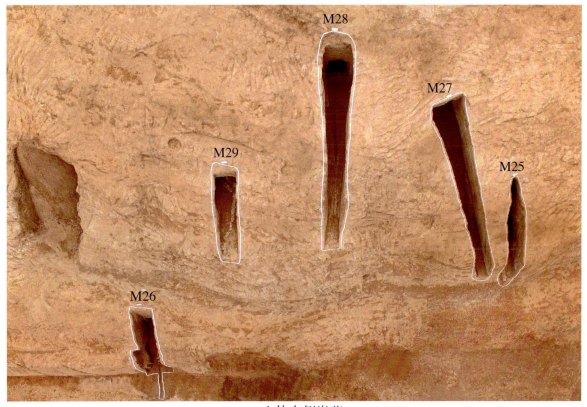

2. 山体东侧崖墓

山体北侧与东侧崖墓分布图

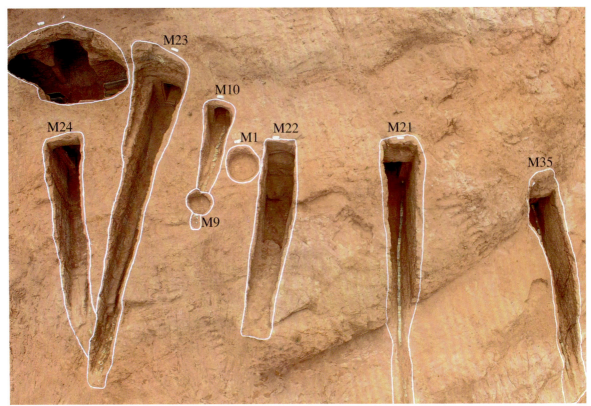

1. 山体北侧与东侧相夹的山谷地带崖墓

2. 山体北侧与东侧相夹的山谷地带墓葬

山体北侧与东侧相夹的山谷地带墓葬分布图

1.山体南面山脚处遗迹

2.山体南面山腰处遗迹

山体南面山脚和山腰处遗迹分布图

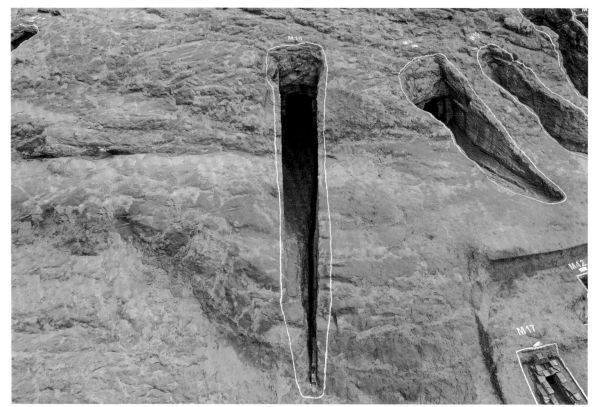

1. M16墓道

2. M16墓门前卡槽

M16墓道、墓门前卡槽

1. M16侧室西北角壁龛

2. M16侧室西南角壁龛

M16侧室壁龛

1. M18墓道

2. M18墓室后龛

M18墓道、墓室后龛

1. M14墓室

2. M14后室墓门

M14墓室、后室墓门

1. M14后室墓门斗拱

2. M14后侧室墓门

M14后室墓门斗拱、后侧室墓门

1. M14石棺前端

2. M14石棺右壁

M14石棺

1. M27墓道

2. M27后室墓门

M27墓道、后室墓门

1. M27仿木构直棂窗

2. M27仿木构建筑二层楼阁石雕、石阶、石台

M27仿木构建筑

M27墨书题记

1. M27仿木构二层楼阁、石阶

2. M27仿木构二层楼阁侧面

M27仿木构建筑

1. M24墓门

2. M24墓室

M24墓门、墓室

1. M35墓道

2. M35墓室

M35墓道、墓室

1. M3墓道

2. M4墓门

M3墓道、M4墓门

1. M25墓门

2. M43墓道

M25墓门、M43墓道

1. M15墓门

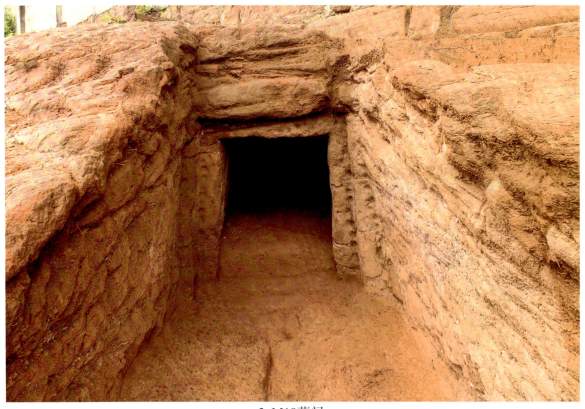

2. M19墓门

M15、M19墓门

1. M23墓门

2. M28-1

M23墓门、M28-1形制

1. M8墓门

2. M12墓门

M8、M12墓门

1. M29墓道俯视

2. M29墓道正视

M29墓道

1. M26俯视

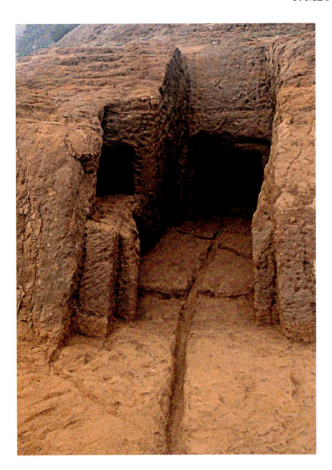

2. M26正视

M26形制

1. M30

2. M40

M30、M40形制

M33、M39形制

1. M42

2. M41

M42、M41形制

1. M51

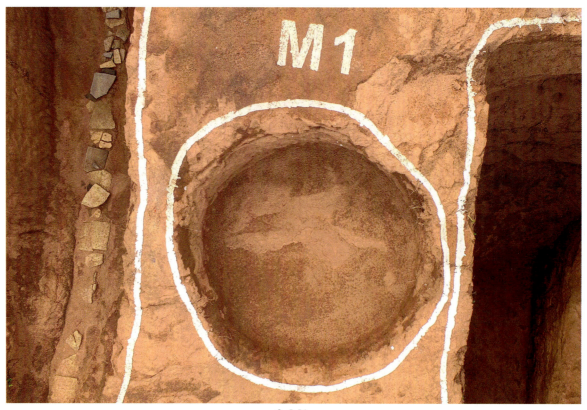

2. M1

M51、M1形制

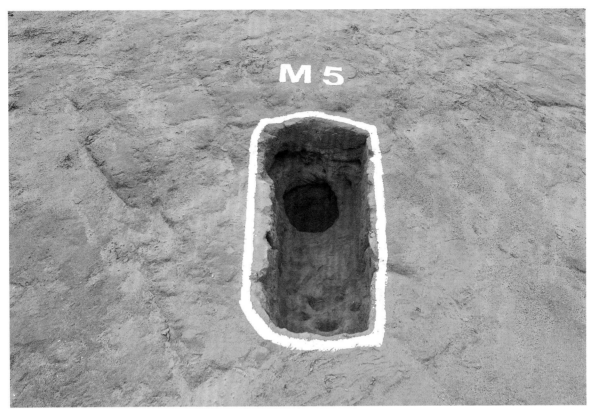

1. M5

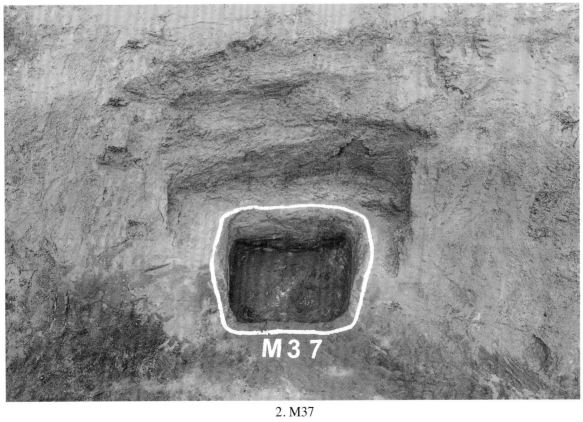

2. M37

M5、M37形制

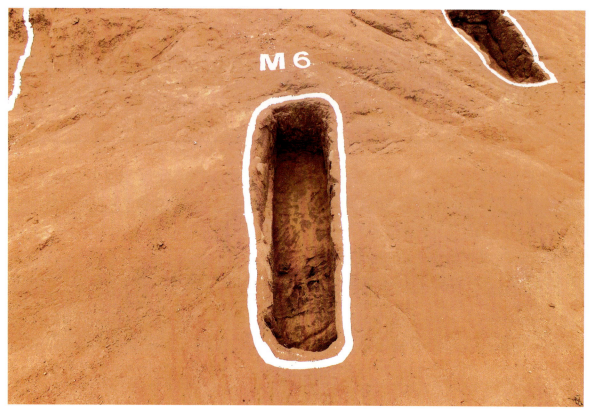

1. M6

2. M31

M6、M31形制

1. M45

2. M48

M45、M48形制

1. Ⅰ式有领罐（M27：18）

2. Ⅰ式有领罐（M18：8）

3. Ⅰ式有领罐（M35：10）

4. Ⅰ式有领罐（M27：12）

5. Ⅱ式有领罐（M43：2）

6. A型Ⅰ式喇叭口罐（M18：1）

陶有领罐、喇叭口罐

1.A型Ⅰ式（M14：42）

2.A型Ⅱ式（M21：1）

3.A型Ⅱ式（M21：2）

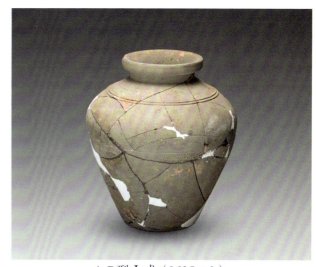

4.B型Ⅰ式（M35：9）

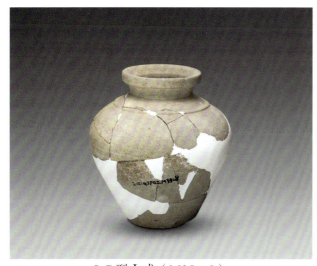

5.B型Ⅰ式（M35：8）

6.B型Ⅱ式（M4：6）

陶喇叭口罐

1. A型Ⅰ式（M16∶5）

2. A型Ⅰ式（M27∶16）

3. A型Ⅱ式（M8∶2）

4. A型Ⅱ式（M14∶43）

5. A型Ⅱ式（M8∶4）

6. A型Ⅱ式（M13∶15）

陶小口束颈罐

1. A型Ⅱ式小口束颈罐（M29：2）

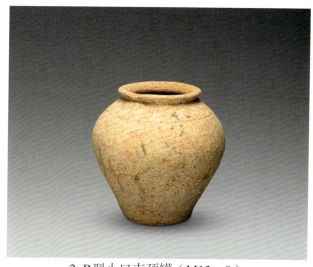

2. B型小口束颈罐（M13：8）

3. B型小口束颈罐（M11：3）

4. C型小口束颈罐（M4：4）

5. C型小口束颈罐（M14：15）

6. 双耳罐（M13：7）

陶小口束颈罐、双耳罐

1. Ⅰ式侈口罐（M27∶14）

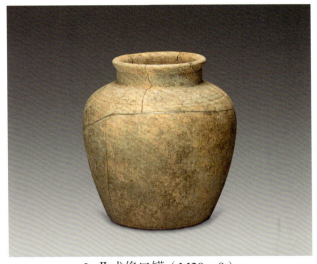

2. Ⅱ式侈口罐（M29∶9）

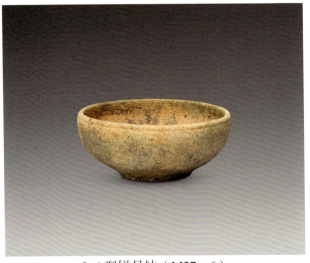

3. A型饼足钵（M27∶6）

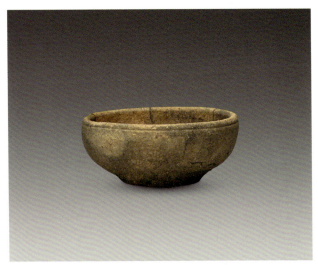

4. A型饼足钵（M27∶5）

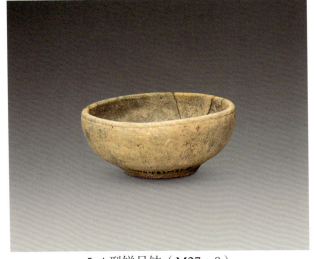

5. A型饼足钵（M27∶8）

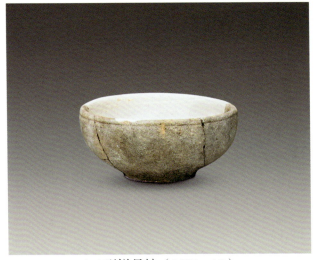

6. A型饼足钵（M27∶10）

陶侈口罐、饼足钵

1. B型（M14∶8）

2. B型（M14∶22）

3. B型（M14∶50）

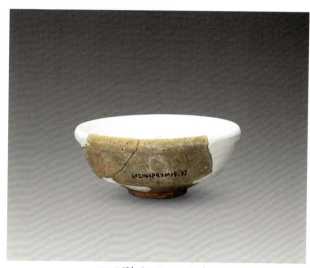

4. C型（M14∶37）

5. C型（M27∶2）

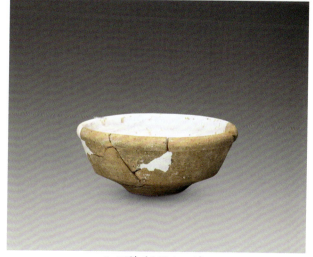

6. C型（M24∶5）

陶饼足钵

1. C型（M14：41）

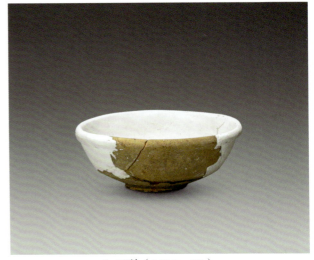

2. C型（M14：23）

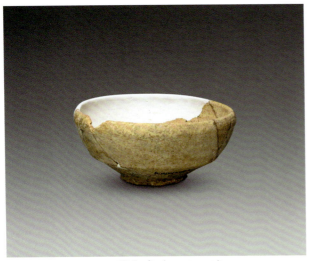

3. Da型 I 式（M18：4）

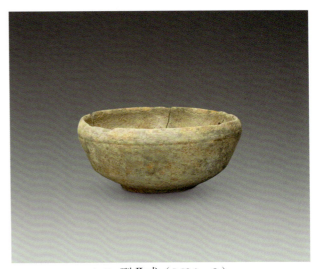

4. Da型 II 式（M24：8）

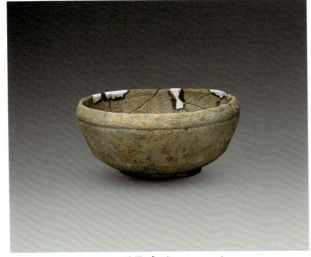

5. Da型 II 式（M24：3）

6. Da型 II 式（M24：7）

陶饼足钵

1. Da型Ⅰ式饼足钵（M27：15）

2. Db型Ⅱ式饼足钵（M21：9）

3. Db型Ⅱ式饼足钵（M35：4）

4. Db型Ⅱ式饼足钵（M21：6）

5. Db型Ⅱ式饼足钵（M21：7）

6. A型平底钵（M14：6）

陶饼足钵、平底钵

1. A型（M14：19）

2. A型（M14：25）

3. A型（M14：48）

4. B型（M14：45）

5. B型（M14：46）

6. C型（M8：1）

陶平底钵

1. D型平底钵（M43∶1）

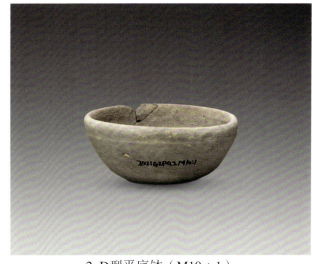

2. D型平底钵（M10∶1）

3. Aa型碗（M14∶32）

4. Aa型碗（M16∶7）

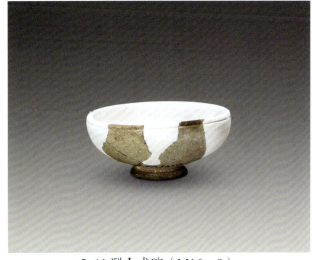

5. Ab型Ⅰ式碗（M16∶9）

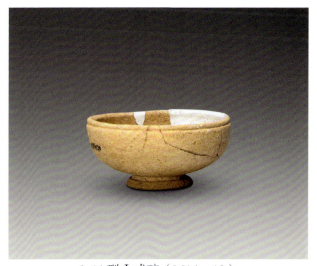

6. Ab型Ⅰ式碗（M14∶10）

陶平底钵、碗

1. Ab型Ⅱ式（M10：4）

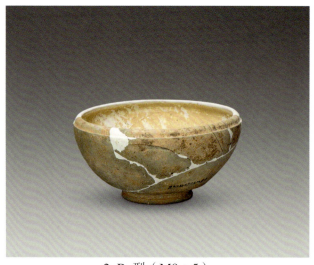
2. Ba型（M8：5）

3. Ba型（M29：5）

4. Bb型（M2：3）

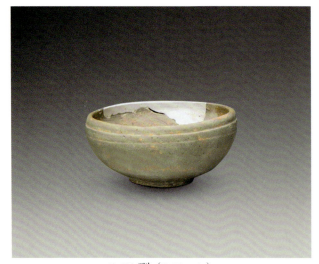
5. Bb型（M4：1）

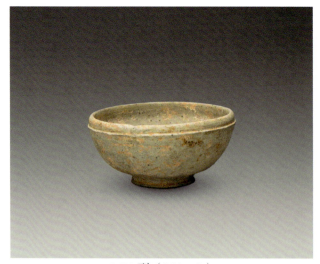
6. Bb型（M4：3）

陶碗

1. Bb型碗（M4：5）

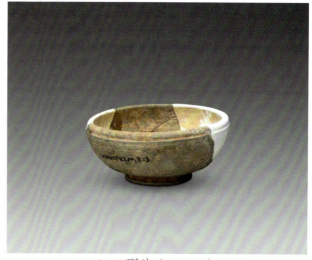

2. Bb型碗（M8：3）

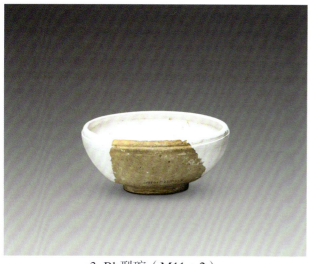

3. Bb型碗（M11：2）

4. Bb型碗（M25：2）

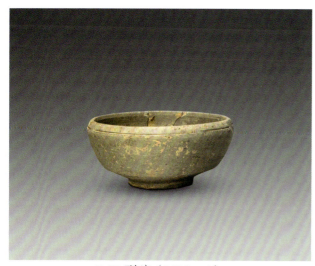

5. Bb型碗（M29：6）

6. Aa型圜底釜（M18：5）

陶碗、圜底釜

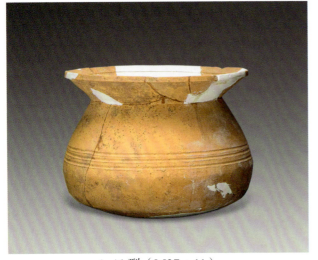

1.Ab型（M27：11）

2.B型Ⅰ式（M14：49）

3.B型Ⅰ式（M18：9）

4.B型Ⅰ式（M18：10）

5.B型Ⅱ式（M21：12）

6.B型Ⅱ式（M24：2）

陶圜底釜

1.B型Ⅱ式圜底釜（M14：18）

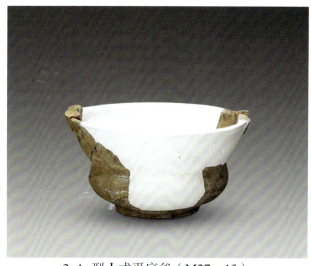

2.Aa型Ⅰ式平底釜（M27：13）

3.Aa型Ⅰ式平底釜（M27：9）

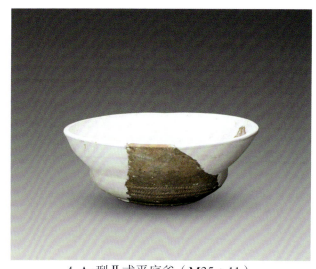

4.Aa型Ⅱ式平底釜（M35：11）

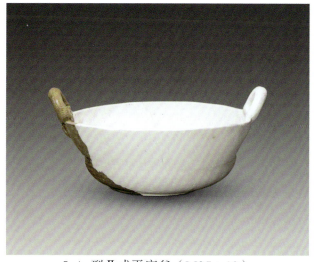

5.Aa型Ⅱ式平底釜（M35：12）

6.Ba型平底釜（M23：2）

陶圜底釜、平底釜

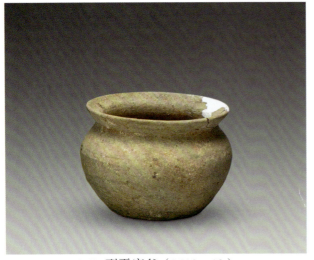

1.Ba型平底釜（M13∶12）

2.Ba型平底釜（M15∶1）

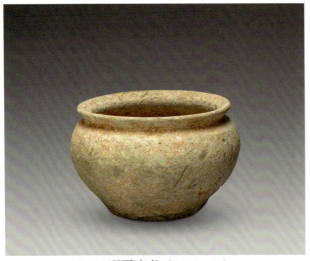

3.Bb型平底釜（M13∶5）

4.Bb型平底釜（M29∶12）

5.瓮（M21∶16）

陶平底釜、瓮

1. Aa型（M2：1）

2. Aa型（M13：1）

3. Aa型（M13：3）

4. Aa型（M13：13）

5. Aa型（M13：11）

6. Aa型（M29：3）

陶盏

1. Aa型（M13：14）

2. Aa型（M13：4）

3. Ab型（M13：10）

4. Ab型（M29：13）

5. B型（M23：6）

6. B型（M23：3）

陶盏

1. B型盏（M23：5）

2. A型盆（M11：4）

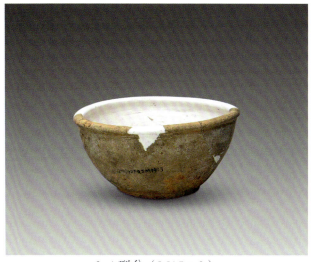

3. A型盆（M15：3）

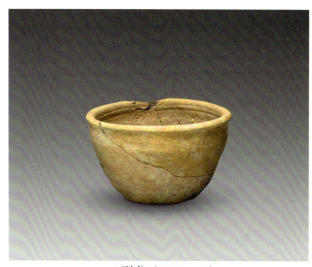

4. A型盆（M23：1）

5. A型盆（M29：10）

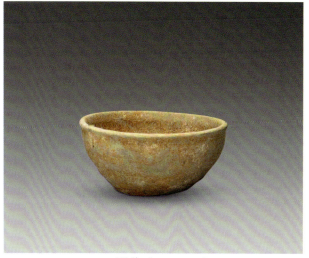

6. B型盆（M13：6）

陶盏、盆

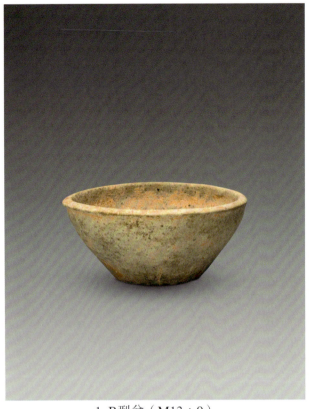

1. B型盆（M13∶9）

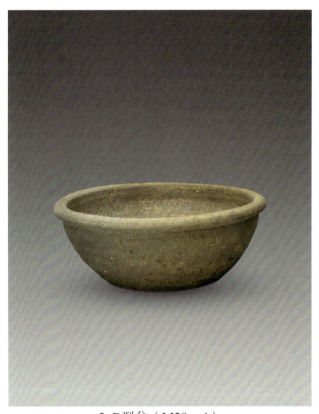

2. B型盆（M29∶4）

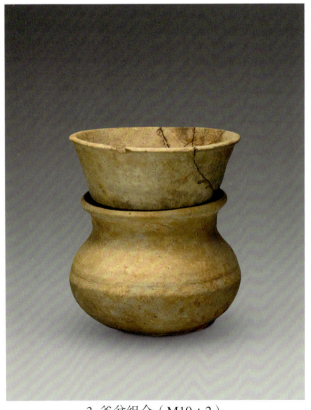

3. 釜盆组合（M10∶2）

4. 釜盆组合（M4∶2）

陶盆、釜盆组合

1. 囷（M23：4）

2. 囷（M29：1）

3. 囷（M13：2）

4. 甑（M14：33）

5. 甑（M16：4）

6. 甑（M14：47）

陶囷、甑

1. 纺轮（M16：1）

2. 纺轮（M27：4）

3. 纺轮（M14：13）

4. 灯（M16：8）

5. 锺（壶）（M14：21）正视

6. 锺（壶）（M14：21）侧视

陶纺轮、灯、锺（壶）

1. 豆盘（M14：28）

2. 盘（M14：38）

3. 耳杯（M14：40）侧视

4. 耳杯（M14：40）俯视

5. 辘轳（M16：3）

6. 器盖（M14：39）

陶豆盘、盘、耳杯、辘轳、器盖

1. M27 : 7

2. M27 : 7

3. M35 : 1

4. M35 : 1

陶俑首

1. M35：2

2. M35：2

3. M35：3

4. M35：3

陶抚琴俑

1.执箕俑（M16：6）

2.子母鸡（M18：6）

3.鸡（M14：20）

4.鸡（M14：20）

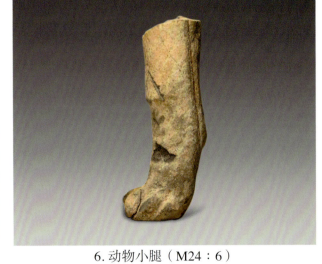

5.蛙（M18：3）

6.动物小腿（M24：6）

陶人物俑、动物俑

1.屋顶（M21：5）

2.仓（M29：7）

3.仓（M29：8）

4.仓（M29：8）

陶屋顶、仓

1. 镜（M18：2）背面

2. 镜（M18：2）正面

3. 釜（M11：1）

铜镜、釜

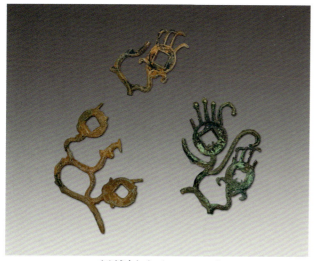

1. 摇钱树叶（M14：3）

2. 戒指（M19：1）

3. 泡钉（M21：13）

4. 饰件（M26-2：1）

5. 弩机（M28：4）

6. 弩机（M28：4）

铜摇钱树叶、戒指、泡钉、饰件、弩机

1. 铁锸（M27：3）

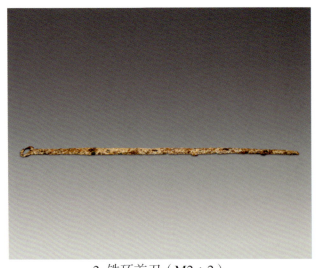

2. 铁环首刀（M2：2）

3. 铁环首刀（M14：5）

4. 铁镰（M10：3）

5. 铁刀（M35：6）

6. 石凿（M14：1）

铁锸、铁环首刀、铁镰、铁刀、石凿

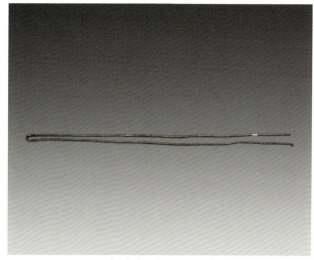

1. 银发钗（M15：2）

2. 琉璃耳珰（M14：30）

3. 瓷碟（M24：4）

4. 瓷双耳罐（M21：15）

5. 瓷四系罐（M29：11）

6. 瓷盏（M24：11）

银发钗、琉璃耳珰、瓷碟、瓷双耳罐、瓷四系罐、瓷盏

1. M14：2

2. M14：9

3. M14：24

4. M14：26

5. M14：34

6. M14：35

陶瓦当

1. M14∶36

2. M13∶16

3. M23∶8

4. M23∶9

陶瓦当

1. M23：10

2. M28：1

3. M28：2

4. M28：3

陶瓦当

1. 武士俑（M42：1）

2. 武士俑（M42：2）

3. 文吏俑（M42：3）

4. 文吏俑（M42：4）

5. 文吏俑（M42：11）

6. 文吏俑（M42：12）

陶武士俑、文吏俑

1. 匍匐俑（M17：1）

2. 匍匐俑（M42：7）

3. 鸡（M42：9）侧视

4. 鸡（M42：9）正视

5. 狗（M42：8）

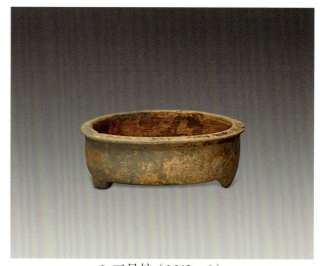

6. 三足炉（M42：6）

陶匍匐俑、鸡、狗、三足炉

1. A型四系罐（M30：1）

2. B型四系罐（M30：2）

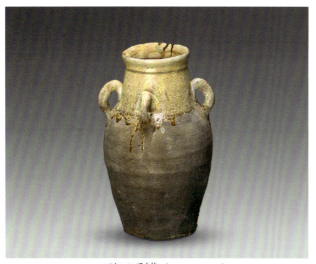

3. B型四系罐（M38：1）

4. 双耳罐（M41：2）

5. 双耳罐（M42：5）

6. 双耳罐（M41：4）

瓷四系罐、双耳罐

1.A型（M30：3）

2.A型（M38：2）

3.Ba型（M42：10）

4.Ba型（M41：1）

5.Bb型（M41：5）

瓷盏

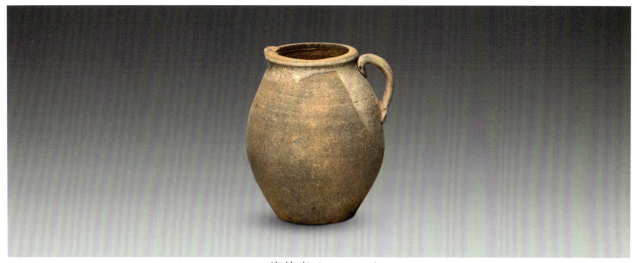

1. 瓷执壶（M54：1）

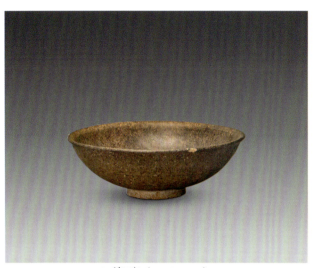

2. 瓷碗（M54：2）

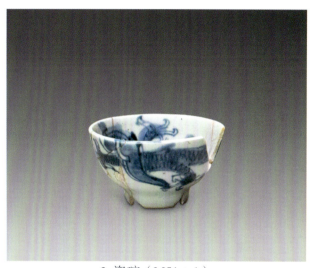

3. 瓷碗（M51：1）

4. 铜饰件（M31：2）

5. 银簪（M31：1）

瓷执壶、瓷碗、铜饰件、银簪

1.A型（M45：1）

2.B型（M45：2）

3.B型（M48：1）

4.B型（M48：2）

瓷龙纹谷仓罐